三语教育与三语教学

Sanyu Jiaoyu Yu Sanyu Jiaoxue

刘全国　著

中国社会科学出版社

图书在版编目(CIP)数据

三语教育与三语教学 / 刘全国著 . —北京：中国社会科学
出版社，2013.4
ISBN 978 - 7 - 5161 - 2560 - 1

Ⅰ.①三… Ⅱ.①刘… Ⅲ.①少数民族 – 民族语 – 教学
研究 – 中国②汉语 – 少数民族教育 – 教学研究 – 中国③英语 –
少数民族教育 – 教学研究 – 中国 Ⅳ.①H2②H19③H319.3

中国版本图书馆 CIP 数据核字(2013)第 084874 号

出 版 人	赵剑英	
责任编辑	任 明	
特约编辑	李晓丽	
责任校对	王雪梅	
责任印制	李 建	

出　　版	中国社会科学出版社	
社　　址	北京鼓楼西大街甲 158 号 （邮编 100720）	
网　　址	http：//www.csspw.cn	
	中文域名：中国社科网　　010 – 64070619	
发 行 部	010 – 84083685	
门 市 部	010 – 84029450	
经　　销	新华书店及其他书店	

印　　刷	北京奥隆印刷厂	
装　　订	北京市兴怀印刷厂	
版　　次	2013 年 4 月第 1 版	
印　　次	2013 年 4 月第 1 次印刷	

开　　本	710×1000　1/16	
印　　张	15.75	
插　　页	2	
字　　数	248 千字	
定　　价	45.00 元	

凡购买中国社会科学出版社图书，如有质量问题请与本社联系调换
电话：010 – 64009791
版权所有　侵权必究

序　言

又是一年春草绿。

回眸凝望，涉足三语教育与三语教学研究已有八九年时间了。

自 2004 年起，因课题研究需要，我曾多次赴甘肃省甘南藏族自治州调研。当时，根据教育部的要求，英语课程刚刚走进民族地区的小学课堂，由于专业师资紧缺、教材针对性差、课程结构不合理等客观因素的制约，少数民族地区小学英语教学在艰难中慢慢起步，逐步推进。作为研究者，我立刻对英语作为第三语言介入少数民族的教育体系后，少数民族教育中语言图景发生的变化以及由此引发的一系列问题产生了浓厚的兴趣。少数民族语言、汉语和外语（主要是英语）三种语言接触过程中在认知机制、迁移模式、文化建构等方面的影响与互动成为我经常思考和关注的问题。带着对这些问题的思考，我于 2005 年和 2006 年申报并主持了有关三语教育与三语接触的教育部人文社科研究项目和国家社科基金项目，并在导师姜秋霞教授的鼓励和支持下将自己的博士学位论文选题确定在这一领域。2007 年在导师的悉心指导下完成了题为《三语环境下外语教师课堂语码转换研究》的博士学位论文并顺利通过答辩。如今，两项课题均已结题，遂将自己多年对三语教育与三语教学的粗浅研究进行整理，述成此书，以求各位同人和读者批评指正。

本书分为理论篇和实证篇两个部分，对我国少数民族地区外语教育中的三语教育和三语教学的相关问题进行了探讨。理论篇主要探讨了三语教育和三语教学中的概念厘定、形态划分及其特征描写、三语教育与三语教学的多语言环境及多元文化环境、三语教育与三语教学模式、三语接触模式、三语课堂文化建构等问题；实证部分在实证研究的基础上探讨了三语环境下我国少数民族地区三语师资的现状分析及补偿机制，我国不同少数民族裔学生的外语学习动机、学习策略、学习困难、学习风格等问题。

在从事三语教育与三语教学研究工作中，我得到了诸多无私的帮助、鼓励和支持。感谢母校西北师范大学在少数民族教育和外语教育方面为我提供的学术滋养；感谢西北师范大学外国语学院对我从事的三语教育与三语教学研究一贯的大力支持；感谢甘肃省甘南藏族自治州、临夏回族自治州等教育部门和样本学校对三语教育与三语教学研究的鼎力相助；感谢参与调查研究和深度访谈的全体教师和学生对三语教育与三语教学研究的全力配合。

本书在研究过程中得到导师姜秋霞教授的指导和帮助，所使用的研究工具也是在姜秋霞教授主持开发的研究工具基础上修改的，同时还参阅了 Trambley 和 Gardner 教授、文秋芳教授、高一虹教授、王海啸教授的相关研究工具，在此深表谢意。

感谢曹进教授对我三语教育与三语教学研究的鼓励、支持和帮助。

从事三语教育与三语教学研究期间，我亦深受英国班戈大学冯安伟教授、香港教育学院 Bob Aadmson 教授、英国杜伦大学苏诺教授、延边大学张贞爱教授、西南大学刘承宇教授、兰州大学王法吉教授、青海民族大学马福教授等人的启迪、关爱与支持，在此诚表感谢。

本书写作过程中得到诸多青年老师和研究生的大力帮助。西北师范大学慕宝龙老师在数据收集和分析过程中付出了大量艰苦细致的劳动，并承担了部分章节的撰写工作；西北师范大学李倩老师、甘南藏族自治州州委党校何旭明老师，以及西北师范大学研究生永学红同学等参与了部分章节初稿的撰写工作；研究生王耀华、施多东、贾寅凤、王向林、徐珂、苟文蓉、马月参与了部分资料搜集、整理和校稿工作，在此一并致谢。

感谢编辑老师在本书出版过程中耐心、细致的劳动。

由于本人学识有限，书中定有诸多不妥与纰漏之处，敬请批评指正。

作　　者

2013 年 3 月于北京

目　录

上篇　理论篇

下篇　实证篇

上　篇

理　论　篇

第一章

绪　论

第一节　三语教育与三语教学概念的厘定与内涵

近年来，双语教学研究成为民族教育研究的一大亮点。双语教学研究是国际特别是北美民族教育研究的热门课题，这一领域的研究在国际和国内都取得了较大的进展，人们对双语教学的文化价值判断、双语教育规划、双语教育与民族心理、民族学生课堂上双语教学的实施模式等问题进行了深入的研究和探讨，取得了较好的效果。然而，遗憾的是，人们在关注双语教学这一民族教育的重要特点的同时，却忽视了民族地区外语课堂教学中的三语教育与三语教学现象。

（一）三语教育与三语教学

就其本质而言，教育是一种培养人的社会活动。狭义的教育主要指学校教育，是教育者根据一定的社会要求，有目的、有计划、有组织地通过学校教育的工作，对受教育者的身心施加影响，促使他们朝着期望方向变化的活动。教育涉及作为主格意义上的实施者和作为宾格意义上的接受者。教育是一个过程概念，教育是一种社会性的实践。

教学是教师、学生的共同活动，是在教师的指导下，学生自觉地、积极地认识活动。一方面，教学包括教师的活动，也就是教；另一方面，又包括学生的活动，也就是学。教师和学生、教和学，是教学相互联系的两个方面，而且是教学不可缺少的两个方面。所谓教学，乃是教师教、学生学的统一活动；在这个活动中，学生掌握一定的知识和技能，同时，身心获得一定的发展，形成一定的思想品德。① 教学概念的核心精神即在"教学"中"教"与"学"是统一的，只有理论研究或

---

① 王策三：《教学论稿》，人民教育出版社 1985 年版，第 88 页。

实践中着力有所侧重的情况，不存在"分"或"合"的问题，一旦真的"分开"，则教学就消失，就不复存在。①

严格来说，三语教育是运用三种语言或以第三种语言进行教育的社会活动，而三语教学则是运用三种语言或以第三种语言进行的教学活动。事实上，三语教育的提法主要来自英文"Trilingual Education"一词的汉译，主要用于泛指运用三种语言或以第三种语言进行的教学活动，而国内运用比较通行的术语三语教学来指称这一概念。由此可见，国外三语教育与国内三语教学的概念在内涵与外延上都极其相似。由于本书主要讨论英语作为第三种语言添加在我国少数民族地区双语教育与双语教学基础上后产生的语言教学现象，为了消弭这一概念在国内外认知上的误差，本书统一运用三语教育和三语教学并置的提法来指称同一概念，即运用三种语言或以第三种语言进行的教学活动。

三语教育与三语教学是在民族地区外语课堂教学的主要形式之一，特别是在儿童母语和汉语（第二语言）水平相当的情况下，三语教育与三语教学成为外语教师教学语言的主要选择之一。在三语环境下，儿童的外语学习受母语和第二语言（汉语）的影响和迁移，因此，民族地区的儿童在外语学习机制和学习心理上表现出了诸多特点，系统地研究民族学生的外语学习过程将为该地区的英语教育决策提供理论依据，为外语学习研究提供宝贵的素材。随着人类知识总量的激增，学科划分日趋精细复杂，交叉学科和新兴学科异军突起，三语教育与三语教学将成为外语教育学重要的研究领域，随着双语教学、民族教育学和人类语言学的发展，这一领域的研究将会进入外语研究和民族教育研究的学术视野。

（二）三语教育与三语教学的形态分类

在全球视野下，三语或多语教学是多元语言社区较为普遍的现象，如欧洲经济一体化和欧盟的建立使很多欧盟成员国的语言更加多元化，语言接触的现象也更为复杂。多元文化的教育政策使一些国家原本复杂的语言教育更加错综复杂。美国、加拿大等移民国家实行的消减性语言教育政策，中国少数民族外语三语教育与三语教学等使三语教学呈现出

---

① 丛立新：《教学概念的形成及意义》，《北京师范大学学报》2007 年第 5 期。

纷繁复杂的存在形态。由于各多语国家地缘文化差异和语言现实相去甚
远，目前对三语教育与三语教学形态缺乏系统科学的分类。因此，为使
三语理论研究更加科学系统，可尝试以课堂教学目标语言为标准，首先
将广义的三语教育与三语教学区分为第三语言教学和狭义的三语教学。

　　第三语言教学是以第三语言为课堂教学目标语言的教学，而狭义的
三语教学是运用三种语言实施的课堂教学，其教学目标不是让学生学习
一门语言，而是运用三种语言获得相应的学科知识，如物理、化学、生
物等。在此基础上可对两种形态进行进一步分类（见表1-1）。

表1-1　　　　　　　　三语教育与三语教学形态分类①

形　　态		教学工具语言	教学目标语言（L3）	三语教学属性描述			实施对象
				添加性	保留性	淹没性	
第三语言教学	形态1	L3	+	-	-	+	接受第三语言教育的双语移民
	形态2	L3	+	+	+	-	接受第三语言培训的双语人
三语教学（狭义）	形态3	L1，L2，L3	-				除第三语言外的三语学科教学
	形态4	L1，L2，L3	+	+	+		以第三语言为目标的三语学科教学

　　说明：1. L1、L2 和 L3 分别代表第一语言、第二语言和第三语言；

　　2. 教学目标语言和三语教学属性描述中，"＋"代表"是"，"－"代表"否"。

　　由此可见，课堂语言和三语教学的属性变量是影响三语教学分类的
重要因素，教学内容是否是第三语言对三语教学的分类也具有区分意
义。现将本书区分的四种三语教学形态具体阐述如下。

　　形态1：

　　以第三语言为教学工具语言，以第三语言发展为目的的非添加性
（non-addictiveness）（削减性）第三语言教学。这种教学形态一般具有
消减性，即教育的目的是让第三语言逐渐代替双语人的第一和第二语
言；在课堂语言的运用上一般全部使用第三语言，因此具有淹没性
（submersion），如美国、加拿大等移民国家对双语移民实行的以英语为

---

　　①　刘全国：《三语环境下外语教师课堂语码转换研究》，博士学位论文，西北师范大学，
2007 年。

第三语言的教学。

形态 2：

以第三语言为教学工具语言，以第三语言发展为目的的添加性第三语言教学。这种教学形态具有明显的添加性质；在多元文化社会中，这种语言教育通常并不以牺牲双语人的第一和第二语言为代价，因此就有保留性质（maintenance）；课堂教学语言运用除第三语言之外，一般辅以第一或第二语言，如很多少数民族机构举办的对民汉双语人实施的出国前英语培训教育。

形态 3：

综合运用三种课堂语言，以除第三语言外的学科教学为内容的教学形式。这种教学旨在教授学科知识的同时，可以提高学生第三语言能力的发展，因此具有添加性和保留性。课堂语言不只是第三语言，因此，不具有淹没性，如我国目前在一些地方试验的三语学科教学，如中学化学三语学科教学等。

形态 4：

综合运用三种课堂语言，以第三语言为教学内容的教学形式。这种教学旨在提高学生第三语言能力的发展，因此具有添加性和保留性。课堂语言不只是第三语言，因此，不具有淹没性。我国现行的少数民族地区实行的外语教学大都属于这一类型，这也是本书讨论的三语教学形态。严格来讲，这种形态也应属于形态 3 的范畴，因为第三语言的教学也属于学科教学的范畴，但鉴于第三语言既作为教学语言又作为教学内容的特殊性，故将这一形态单独讨论。

需要指出的是，从理论上来讲，每种属性的变化都会产生新的形态。因此，表 1-1 列示的四种形态远没有穷尽和包罗三语教育与三语教学的所有类型，只是从笔者所掌握的文献中了解到的目前国内外较为普遍的四种三语教学形态，并借鉴双语教学属性的三个维度（添加性、保留性和淹没性）对它们进行了描写。三语教育与三语教学的形态是极其错综复杂的，随着三语教育理论和实践的不断发展，三语教育与三语教学的界定和分类将会不断得到丰富和发展。

第二节　三语教育与三语教学研究的
前沿性和创新性

　　我国现有的三语教育与三语教学是在双语教学的基础上添加了第三门语言的教学形式，当外语进入操民族语言和第二语言的双语课堂或社区时，课堂三语接触和三语教学的现象随即产生。随着我国社会经济的全面发展和课程改革的逐步推进，少数民族地区的办学条件和师资状况得到明显改善，外语逐步进入民族教育的课程体系，并且占据日益重要的位置，三语教学成为少数民族地区外语教学普遍采用的形式之一。但三语教学或者说三语生态的存在并不表示三语教学研究和三语教育理论的同步推进，相反，我国乃至全世界的三语教育理论研究和三语教学研究都还只是停留在起步阶段，此类研究属于新课题，并没有相对成熟的理论可以借鉴。三语教学目前还处于在双语教学理论的指导之下进行的状态。换言之，三语生态和双语理论的关系严格来说是一种理论与实践上的错位。在三语环境下，民族语言、汉语和外语之间的语码转换以及它们所承载的三种文化的交融和冲突成为民族地区外语课堂的重要特色。这种特殊的语言教育现象所蕴含的复杂机制和深刻内涵为外语教育学和民族教育学提供了宝贵的研究素材，由此派生出的对三语环境下外语教育和民族教育相关问题的研究也将成为具有开拓意义的研究课题。此类研究有利于三语接触理论、三语教育理论的开拓性探索，有助于建立三语自身相对成熟的理论体系，促进三语教学发展和民族地区教育的进步。

　　确定三语环境下影响民族地区学生外语英语能力发展的因素，并提出相应的对策有助于促进这些地区英语基础教育的发展。民族地区学生在外语学习过程中面临着种种困难，母语（民族语言）、第二语言（汉语）和外语的相互干扰和迁移使他们的外语学习过程更为复杂、独特。尽管目前对民族地区的双语教学开展了大量的卓有成效的研究，但国内对外语学习过程中三种语言的相互作用模式尚未展开深入的系统研究。研究探讨民族学生外语学习心理和学习机制的特点，在此基础上提出适合民族学生外语学习的教学模式和对策，将有助于解决长期以来困扰少数民族学生外语学习的种种障碍，促进民族地区外语教育的发展。

　　借鉴第二语言习得和双语教学的理论，提出了切实可行的民族地区外语课堂的三语教育与三语教学模式。三语教学是民族地区外语课堂教学的主要形式之一，特别是在儿童母语和汉语（第二语言）水平相当的情况下，三语教育与三语教学成为外语教师教学语言的主要选择之一。民族地区的外语教学既符合外语教学的一般特点与普遍规律，又受地方经济、民族文化传统和社会发展水平等诸多因素的影响，表现出极大的多样性和复杂性。国内三语教学研究由于处于起步阶段，研究多关注的是师生课堂语码转换、三语现象分析、课堂讲授技巧等，在教学中还没有相对成熟的模式可以借鉴，本书的一个很重要的目的就是通过教育现状分析，尝试构建相对可行的三语教学模式，系统地研究适合民族地区现状的外语三语教学模式，在国内尚属一个新兴的研究课题，其开展有助于提出系统化的三语教学理论来指导教学实践。

　　三语环境下外语教学模式的提出将会丰富和发展三语教学理论。在北美，对三语教学已开展了系统的研究，然而，这一课题尚未进入国内学者的研究视野，我国民族地区的三语教学就其形式和现状来说，都表现出极大的多样性和独特性，系统研究民族地区外语三语教学，并尝试构建民族地区外语三语教学的理论框架，已成为一个十分紧迫的、意义深远的研究课题。本研究外语三语教学田野工作的开展，将为三语教学理论的构建、丰富和发展提供宝贵的第一手素材。

　　值得一提的是，三语教育与三语教学全新的模式构建方法也是本书的独特之处。以往双语教学模式的构建都有相对成熟的理论做指导，在实践中完善发展，是属于自上而下的构建理念；三语教学模式的构建是无相应的条件。本研究从三语接触生态现状和具体教学问题出发，通过语言习得特点分析，在提出相应解决方案的基础上实施模式构建，从而达到指导教学实践和丰富三语教育理论的目的。自下而上的模式构建方式也是一个新的尝试。

第三节　三语教育与三语教学研究的意义

　　受民族文化、地区特点和语言差异的影响，少数民族地区的学生在英语学习中面临着种种困难和障碍；母语和第二语言（汉语）的迁移和影响，使民族地区学生的英语学习机制表现出其特有的复杂性。三语教育与三语教学研究彰显出极其重要的理论创新意义和现实应用价值。

探索民族地区学生外语学习中母语、汉语和英语三种语言的相互作用和影响机制，对认识民族地区学生外语学习障碍、丰富和发展外语教学理论具有重要意义。双语环境中要考虑的是两种语言中文化等一系列因素对于语言教学、习得的影响作用，而三语环境的存在使语言间的相互作用更加复杂，呈现出了多语文化相互间的制衡和作用机制。对于三语教育和三语教学环境的分析研究有助于从较高的层次来理解语言迁移等现象，有利于从一定高度出发，全面、科学地研究各语言间的作用，推进双语教学理论与课堂实践的提高。

长期以来，少数民族地区经济发展落后，教育资源匮乏，英语教育存在诸多问题。少数民族地区的学生在英语学习的资源和条件上无法享受与其他学生均等的机会和条件。教育资源和办学条件的差异造成了少数民族地区英语教育的不公平。民族地区由于其特殊的语言生态，使本地区学生的学习受到很大影响。诸如教师待遇、教育设备、技术投入以及学习观念的影响在某种程度上形成了本地区教育发展的恶性循环链条，严重阻碍了教育发展和民族地区整体发展。以教师待遇为例，教师待遇低下使教师对教学所实施的投入就会减少，给原本师资就紧缺的问题雪上加霜，教师工作量过大使得教师自身教育提高的机会大大减少，从长远讲会降低其教学能力。深入调查了解少数民族地区学生英语学习的现状和存在的问题，对于相关影响因素的调查及成因分析有利于对症下药，在此基础上提出三语环境下促进民族地区学生这一弱势群体外语学习的对策和建议，有助于消除民族地区外语教育不公平现象，实现本地区英语教育的快速发展和全国英语教育的公平、协调发展。

本书将为西北民族地区基础教育决策和课程改革提供理论支撑。《新课程标准》的实施，标志着我国基础教育课程改革的全面实施，在新一轮课程改革的大潮中，民族教育面临着进退两难的尴尬境地，新课程的实施对民族地区的外语教师和学生来说都是一个全新的挑战。民族地区的外语教育现状与新课程标准提出的要求存在一定差距，因此，应对新课程改革中的民族外语教育的三语问题开展系统的研究，对课程改革中出现的困难和问题逐一进行分析，提出相应的对策和建议；对民族地区外语教学三语教学的成绩进行总结，探讨民族地区外语基础教育改革的特殊性和复杂性，在此基础上提出三语环境下民族地区外语教学改革的行之有效的模式，为民族地区基础教育决策和课程改革提供理论借鉴。

我国基础教育《英语课程标准》的实施，对民族地区的外语从业教师的业务能力和综合素养提出了新的更高的要求，而目前民族地区基础教育英语师资在数量和质量上都与该地区的教育需求之间存在一定的差距，全面准确地了解民族地区外语教育的现状和结构，探索适合民族地区切实情况的外语三语教学模式，为民族地区外语教学改革提供了可资借鉴的发展思路。全国性的外语教学改革基本都是建立在汉族学生的学习特点、现状之上，教改成果在民族地区的推进异常缓慢。我国教育现状的复杂性和多样性是《英语课程标准》面临的巨大挑战。不同经济区域教育资源的分布不均、人均教育投资差异及教师资源等问题已经随着教改的深入逐渐显现，特别是在经济欠发达地区和少数民族地区，这些问题已经开始严重制约我国中学英语教学和改革的进程及教育的整体发展。若不及时处理，会造成英语教育上的恶性循环。[①] 国内多数研究者将目光集中在《英语课程标准》的特点及理念上，而对于少数民族地区在《英语课程标准》实施过程中的具体困难及补偿机制方面的关注少之又少。这就要求我们在教育政策的制定、执行和具体教学工作开展的过程中，必须多维度、全方位考虑各种因素的影响，确保《英语课程标准》的贯彻落实，发挥中学英语教育的最大效度。本书的调查研究可找出相关问题，弥补不足，有力地提高少数民族地区的教育教学水平。

三语教育与三语教学研究的开展有利于国家西部开发战略的实施，符合地区经济发展的需要，同时也对建立、改善新形势下我国各民族关系有着积极意义，在某种程度上，这代表了民族地区文化教育事业和语言文学教育教学发展的方向[②]。在西部大开发的新形势下，以多元文化

①　刘全国、慕宝龙：《经济欠发达地区英语教师资源现状及其补偿机制》，《基础教育外语教学研究》2009年第4期。
②　敖木巴斯尔：《三语教育改革实验研究课题的理论构思与实践框架》，《民族教育研究》2004年第1期。

的并存和发展为纽带的现代经济文化形态迅速向民族地区渗透，已经打破了封闭的落后的经济模式和生活方式，人们的知识视野、价值观、行为方式和思想意识都发生了深刻变化。① 在少数民族地区培养具有三语能力的创新型人才有利于增强民族凝聚力，发展民族经济，逐步降低国内各民族间经济的巨大差异，改善民族间关系，构建和谐社会。

① 敖木巴斯尔:《三语教育改革实验研究课题的理论构思与实践框架》,《民族教育研究》2004 年第 1 期。

第二章

我国少数民族地区的多语言教育生态环境

第一节　我国少数民族地区双语教育与双语教学的现状与发展

在英语进入我国少数民族基础教育体系以前，我国少数民族地区的多语言教育形态主要表现为民族地区普遍推行的双语教育。我国民族地区基础教育阶段开设英语课程以来，我国民族地区多语言教育由双语教育演进为三语教育。毋庸置疑，三语教学在理论上离不开相对成熟的双语教学的研究的滋养和补充，在实践上又以双语教学为其厚重的不可或缺的现实基础。

本节将分别以我国少数民族地区实施的双语教育与三语教育为例，探讨我国长期以来的多语言教育的生态环境。

一　国内外双语教育与双语教学现状概述

（一）国外双语教育现状概述

多元语言国家为推行其语言文化政策，采用了各种积极措施推行双语教育。

美国是一个移民国家，来自世界各国的移民在这个国家中使用着他们各自的语言，致使当局认为这种局面会给国家的统一形象带来影响。

自18世纪起，美国开始了正式的英语大一统的语言政策和语言教育。那是以牺牲移民母语为代价的教育。但是随着社会的发展和形势的变化，多元文化的观点和机会均等的呼声占据了主流。1968年美国通过了《双语教育法》，以确保每个公民在教育上的平等机会和权益。

早在20世纪60年代，澳大利亚就通过了国家支持少数民族语言的政策，由国家扶持并实施双语教育。各种语言学校如雨后春笋，遍布澳洲各地，它们的职能同样是在保持少数民族（主要是移民）语言的同时，使移民和少数民族学生能尽快融入讲英语的主流社会中去。①

新加坡的语言政策可以分为英国殖民时期的"独尊英语、放开其他"、独立前后的"独尊英语、多语并重"和20世纪70年代以来的"多语并存、英语独尊"三个发展阶段。现在，新加坡实际上实行的是民族语—英语的双语教育。

在欧洲，随着20世纪60年代欧共体的成立，使得其成员国的语言除了本国的官方语言、国内各少数民族语言外，再加上欧共体共同接受的英语。经过30多年"双语教育"的努力，如今的欧盟成员国几乎成为全民双语国家。

因此，在过去的30多年里，国外的双语教育经过了"以牺牲少数民族学生母语为代价的"淹没型，以学生母语作为辅助手段的过渡型、浸没型，以及保护少数民族学生母语的保持型、双轨制等阶段，双语教育在理论研究、教育模式、教学实施等各个方面都得到不断发展和不断完善，取得了可喜的成绩。

进入21世纪以来，双语政策在西方国家发生了一系列的变化。首先是2002年在美国加州通过法律，取消了实施近30年的《双语教育法》，改为《英语习得法》。② 然后是澳大利亚从2006年起，取消了由政府资助的亚洲语言项目。这标志着从2006年起澳大利亚联邦政府不再拨款支持少数民族语言项目，这些项目包括语言学校建设、语言教学和各种语言项目的实施。欧盟设立在荷兰墨卡托的双语和多语中心的"墨卡托通讯"（*Mercator News*）2009年11月2日报道，一部分欧盟学者和群众正在呼吁，欧盟需要"更多的双语而不是多语"，这一主张大有蔓延之势。在新加坡，凤凰卫视2009年11月20日报道：新加坡前总理李光耀表示，英汉双语教育在新加坡是一个失败的实践。李光耀说对于母语不是英语的青少年来说，用汉语给他们讲授课程的经验是失败的，这样做的结果是他们的英语没有得到充分的发展，而汉语也没有学好。这对他们今后的工作和学习都是不利的。李光耀的讲话可以被视为

---

① 刘汝山、刘金侠：《澳大利亚语言政策与语言规划》，《中国海洋大学学报》（社会科学版）2003年第6期。

② 顾华详：《美国双语教育发展的教训与警示》，《国家行政学院学报》2008年第1期。

新加坡对双语教育持否定态度的一个标志。①

在俄罗斯，新教育法规定公民有权以自己的母语接受教育，并在教育系统提供的可能范围内选择其接受教育的语言；教育机构有权根据自身特点选择教学语言；国家支持俄罗斯联邦境内不具备自己国家组织机构的民族用自己母语实施教育过程而进行的人才培养。在教学语言多元化方针指引下，"语言和文学"类课程甚至出现了三种结构方案：

（1）作为国语的俄语、本族语、本民族文学、文学、外国语；

（2）作为教学语言的俄语、共和国（边疆区、州）语言和文学、文学、外国语；

（3）作为教学语言的俄语、文学、外国语；

至今，全俄罗斯联邦共有 73 种语言作为教学语言被使用。②

（二）国内双语教育与双语教学现状概述

我国对双语教学问题高度重视，对双语教学工作有明确的规定。国务院［1991］32 号文件《国务院批转国家民委关于进一步做好少数民族语言文字工作报告的通知》中就指出："以招收少数民族学生为主的学校，有条件的应当采取少数民族文字的课本，并用少数民族语言授课，在适当年级增设汉语文课程，实行双语教学，推广全国通用的普通话。"国务院［2002］14 号文件《国务院关于深化改革加快发展民族教育的决定》规定："大力推进民族中小学'双语'教学。正确处理使用少数民族语和汉语教学体系，有条件的地区应开设一门外语课。要把双语教学教材建设列入到当地教育发展规划，予以重点保障。按照新的《全日制民族中小学汉语教学大纲》，编写少数民族学生使用的汉语教材。要积极创造条件，在使用民族语授课的民族小学从小学一年级开设汉语课程。"

我国在民族自治地方的民族中小学实行民族语文授课和汉语教学的"双语"教学机制。截至 2012 年年底，全国各级各类学校中少数民族在校学生总数为 2521.27 万人。其中，普通高等学校的少数民族在校生

---

① 翁燕珩：《如何看待最近十年国外双语政策的变化》，《中央民族大学学报》2011 年第 1 期。

② 安方明：《俄罗斯社会转型期教育改革中多元文化的体现》，《民族教育研究》2002 年第 3 期。

数为 422. 84 万人，占学生总数的比重 6. 23%；普通中学的少数民族在校生数为 804. 72 万人，占学生总数的比重 8. 38%；普通小学少数民族在校生数为 1077. 75 万人，占学生总数的比重 10. 63%。目前，全国各级各类学校中少数民族专任教师数已达 127. 01 万人，具体情况见表 2 - 1 和表 2 - 2。

表 2 - 1　　　　　我国各级各类学校少数民族学生统计①

	学生人数总计（人）	少数民族学生人数（人）	占学生总数的比重（%）
一、高等教育			
（一）研究生	1538416	76630	4. 98
博　士	258950	12125	4. 68
硕　士	1279466	64505	5. 04
（二）普通本专科	22317929	1508295	6. 76
本　科	12656132	929970	7. 35
专　科	9661797	578325	5. 99
（三）成人本专科	5360388	331081	6. 18
本　科	2250457	145434	6. 46
专　科	3109931	185647	5. 97
（四）其他各类高等学历教育			
1. 在职人员攻读博士、硕士学位	420294		
2. 网络本专科生	4531443	198172	4. 37
本　科	1640403	74120	4. 52
专　科	2891040	124052	4. 29
3. 其他			
二、中等教育			
（一）高中阶段教育			
1. 高中			
普通高中	24273351	1833393	7. 55
成人高中	745002	32272	4. 33

---

① 数据来自中华人民共和国教育部网站（http：//www. moe. gov. cn/publicfiles/business/htmlfiles/moe/s6200/201201/129610. html）。

续表

	学生人数总计（人）	少数民族学生人数（人）	占学生总数的比重（%）
2. 中等职业教育			
普通中专	8777141	675599	7.70
成人中专	2123974	145249	6.84
职业高中	7263332	379153	5.22
技工学校			
（二）初中阶段教育			
1. 普通初中	52759127	4970029	9.42
2. 职业初中	34173	11481	33.60
3. 成人初中			
三、初等教育			
（一）普通小学	99407043	10482369	10.54
（二）成人小学	1946573	295107	15.16
其中：扫盲班			
四、工读学校			
五、特殊教育	425613	32407	7.61
六、学前教育	29766695	2127237	7.15

注：成人高中数据包括成人初中数据。

表2－2　　　　　　　　**各级各类学校少数民族专任教师**①

	专任教师总数（人）	少数民族专任教师人数（人）	占专任教师总数的比重（%）
一、高等教育			
（一）研究生培养机构（不计校数）			
1. 普通高校			
2. 科研机构			
（二）普通高等学校	1343127	64831	4.83
1. 本科院校（含独立学院）	935493	47396	5.07
其中：独立学院	126720	4324	3.41
2. 专科院校	404098	17323	4.29

---

① 数据来自中华人民共和国教育部网站（http://www.moe.gov.cn/publicfiles/business/htmlfiles/moe/s6200/201201/129611.html）。

	专任教师总数（人）	少数民族专任教师人数（人）	占专任教师总数的比重（%）
3. 其他机构（点）（不计校数）	3536	112	3.17
（三）成人高等学校	45887	2664	5.81
（四）民办的其他高等教育机构	17794	210	1.18
二、中等教育			
（一）高中阶段教育			
1. 高中			
普通高中	1518194	103189	6.80
成人高中	7913	137	1.73
2. 中等职业教育	680954	33054	4.85
普通中专	295029	17661	5.99
成人中专	56979	3073	5.39
职业高中	306973	11714	3.82
技工学校			
其他机构（教学点）（不计校数）	21973	606	2.76
（二）初中阶段教育			
1. 普通初中	3523382	302975	8.60
2. 职业初中	1975	358	18.13
3. 成人初中			
三、初等教育			
（一）普通小学	5617091	583932	10.40
（二）成人小学	28686	3056	10.65
其中：扫盲班			
四、工读学校			
五、特殊教育	39650	2450	6.18
六、学前教育	1144225	56574	4.94

　　同时，在全国范围内，双语教育涉及面更为广泛，从学前教育到高等教育，从学科教育到外语教育，双语教育已成为国内教育最主要的教育形式和重大命题之一，详见表2-3。

表2-3　　　　　　　　　**我国各省区少民族双语教学统计①**

省份	各省（区）少数民族情况		各省（区）双语教学情况			
	民族成分（个）	少数民族人口（人）	占该地区总人口的比重（%）	实施双语教学的学校数（所）	接受双语教学学生数（人）	双语教学专任教师数（人）
甘　肃	55	3040000	11.88	319	43498	1078
广　西	37	16827705	38.37	65	28000	1300
黑龙江	51	2002246	5.30	353	51000	5369
吉　林	48	246360	9.03	605	108515	4864
四　川	53	4115424	5.00	2489	218627	3071
辽　宁	51	7010000	16.60	390（2006）	117990（2006）	8734（2006）
内蒙古	49	5157600	21.61	894	274300	28104
青　海	34	2513000	46.71	859（不含高中）	174967	8850
云　南	52	1335000	30.00	3689	127046	9903
西　藏	—	248400	92.00	1008（不含高中）	455780	15523
新　疆	47	12261000	61.00		145138	8487
总　计		54756735			1744861	95283

二　双语教育理论发展

20世纪50年代以来，国外双语教育理论迅速发展，人们对双语教育课程、双语教育模式、双语教育方法论以及双语教育的文化价值判断、双语教育规划、双语教育与民族心理等问题进行了较为深入的探讨和研究。双语教育的理论研究呈现出异彩纷呈的可喜局面，平衡理论、思想库模式、阈限理论、依存假设、Lambert的态度—动机模式、Gardner的社会—教育模式、Bernard Spolsky的双语教育评价模式、Colin Baker的"输入—输出—情景—过程"双语教育模式，以及卡明斯Jim Cummins的双语教育等理论从不同的视点和维度对双语教育的有关重要问题进行了探讨。

————————

① 李儒忠：《中国少数民族双语教育历史进程综述》，《新疆教育学院学报》2009年第1期。

　　然而，正如 R. C. Gardner 所言，"对任何理论模式的真正考验，不仅在于它能够揭示它所阐述的现象，而且在于它能够提出进一步调查的建议，提出新的问题，促进新的发展，拓宽新的视野"。应当看到，双语教学的基础理论还处于不断地修正完善和发展变化中，学界对各种双语教育理论中有些关键问题的见解还存在争议，但双语教育各种基础理论的多元共生从一个侧面说明了双语教育理论研究的繁荣。

　　同时，对双语教育的分类更加科学完善。对双语教育类型的界定和区分是双语教育研究系统化的又一重要标志。淹没式双语教育（submersion bilingual education）、种族隔离主义语言教育（segregationist language education）、过渡性双语教育（transitional bilingual education）、滴注式语言计划（drip-feed language program）、分离主义少数民族语言教育（separatist minority language education）、沉浸式双语教育（immersion bilingual education）、保留性双语教育（maintenance bilingual education）、双向双语教育（two-way bilingual education）和主流双语教育（mainstream bilingual education）等概念的区分和界定，不仅解决了双语教育各种类型难以甄别、易于混淆的尴尬局面，也为双语教育的操作模式提供了可资借鉴的理论依据。随着我国双语教育事业的蓬勃发展，广大民族语文工作者和民族教育工作者对我国双语理论、双语教学等问题开展了广泛而深入的研究，取得了可喜的成果。

　　就其本质而言，双语教育是运用两种语言传承知识、培养受教育者的社会实践活动。这是双语教育的本质属性和价值归宿。然而，作为一种以两种语言为介质的教育活动，双语教育与语言学、第二语言习得等学科有着千丝万缕的联系，这就规约了双语教育和双语教学的复杂性。自20世纪中叶以来，双语教育经过半个多世纪的发展，已形成较为完备的"理论—模式—实践"的三维科学体系，从双语教育规划与政策到双语教育理论，从双语教育模式到双语教育师资、教材和方法都已形成各自的体系。双语教育的系统性使双语教育的理念贯穿于课程设计、教材编写、大纲制定、教学组织和教育评价等各个教育环节，规约着双语教育的实施效果和发展走向。

　　中国的双语教育实践证明，实行双语双文教学能大大提高教学质量，有利于开发少数民族儿童的智力。在目前和今后相当长的时间里，少数民族语文是少数民族社区主要的交际工具，因此在学校使用民族语文，无论是在促进民族语文的发展上还是在发展少数民族儿童的思维水平、提高教育质量方面都具有十分重要的意义。但是，随着社会的发展，现代化传媒手段的普及，民族间文化、经济的交往越来越频繁，势必需要进一步使用功能最强的全国通用的汉语文，这已成为少数民族群众的迫切需求。各民族从自身发展的长远利益着想，在掌握民族语文基础上，有必要通过学习和掌握汉语文，进而更快地掌握最先进的科学文化知识，了解最先进的科学技术，使自己尽快跟上科技飞速发展的步伐，实现民族的现代化。英语是当今世界的通用语，是进行国际交流、合作的重要工具，民族地区要发展经济、文化、教育乃至走向世界，必须实施英语语言文化教育。民族地区的教育应该在双语基础上向三语教育发展，而三语教学与研究在双语教学研究成果基础上进行是一条必经之路。

第二节　我国少数民族地区三语教育与三语教学的现状与发展

一　我国少数民族地区三语教育与三语教学的发展

在 2002 年 7 月召开的第五次全国民族教育工作会议上，当时的教育部部长提出："要保持一个民族的兴旺发达，就必须打破封闭，向别的民族学习优秀的文化和先进的科学技术。对我国各少数民族来说，在学习使用本民族语言文字的同时，要按照有利于民族长远发展，有利于提高民族素质，有利于各民族科学文化交流的要求，大力加强汉语教学，积极推广普通话，有条件的民族中、小学还要开设外语，以适应现代化建设的需求。"[①] 在民族政策的保障下，在国家有关部门领导高度重视、关心和支持下，以双语教育改革和增设英语课为主要内容的三语教学已在全国少数民族地区轰轰烈烈地开展起来。

----

① 国家民委语文室：《加强双语教学，切实提高民族教育质量》，《中国民族报》2002 年 10 月 1 日。

　　然而，民族地区的三语教育与三语教学现状却不容乐观。由于我国的少数民族人口主要集中分布在边远、高原、山区等地区，经济和教育发展都比较缓慢。少数民族地区教育的落后导致了三语教育与三语教学的相对滞后，其主要原因可归纳为以下几点：

　　（1）三语教学处于自发、松散状态；

　　（2）三语教育缺乏科学系统的认知基础；

　　（3）三语教育缺乏机制保证。

　　目前就全国范围内小学英语教学地区差异大，在大纲或课程标准、教材使用、课程设置（课型与课时等）、师资情况、课堂教学方法、评估方法等方面都无统一标准。从 2003 年 8 月起全国英语教学实施改革，从小学、初中、高中起年级使用新编英语实验教材。此举措使得英语教学的断层、不衔接问题显得尤为突出。另外，教材的编写因未考虑到少数民族学生的民族特殊性，无形中加重了少数民族学生英语学习的难度。以西北藏区某些地区为例，尽管藏区中学英语教学现在使用人民教育出版社出版的全国统编教材，但藏族学生是我国一个特殊的英语学习群体，受民族特性和认知方式的影响，其英语学习心理和学习方式既有与第二语言学习相同或相似的地方，又表现出独特性[①]，因此这些教材对藏区学生的适合性有待论证，在教材选用上忽视了藏区英语教育的特殊性，从而使教学困难重重，在很大程度上影响了教学质量。同时，教科书或教材内容与少数民族学生的实际语境脱节，文化和经济发展差异使他们无法在认知过程中形成意象图式进而理解课本上出现的很多内容。

　　我国对三语教学的研究刚刚起步，缺乏相应的理论指导和制度保障，存在着指导思想不明确、目标制定不合理、教育理念和考试评价机制存在误区等一系列问题。有的学校进行的所谓的"三语教学"只不过是汉、英单语分阶段的强化训练而已，有的则是教育的功利化使然，片面追求生源，给三语教学的后续发展带来了不良的影响。三语教育是一个复杂的系统工程，它涉及党的教育方针、教育科学研究、三语研

　　① 刘全国：《西北藏族学生英语学习风格的调查研究》，《民族教育研究》2005 年第5 期。

究、语言科学研究、三语教学学科建设和三语实践的方方面面。① 我国的教育工作者必须在三语教学研究过程中总结经验，积极探索，不断创新，探索出适合少数民族特点的三语教学理论、三语接触理论、语言对比理论、语言迁移机制等，发展和提高少数民族学生的母语、汉语、英语水平，为三语教学提供坚实的理论指导，从而推动三语教育学科的建设和发展。

此外，由于少数民族地区恶劣的自然生态环境和落后的教育环境，本地从业教师整体素质相对较低，学历水平普遍偏低。目前，"孔雀东南飞"的现象比比皆是，民族地区毕业生不愿意回本地区从事教育事业，民族地区教师流失现象较为严重，有能力的教师大都选择去东南沿海发达地区发展，师资水平成为制约少数民族地区英语教学发展的又一瓶颈。因此，相关教育主管部门和学校应出台相应措施，稳定师资队伍，提高教师整体素质，培养"三语"型教师，促进教育观念的转变、教育内容的更新和教育模式、教学方法的改革，推动建立完善的、开放的、与现代化建设相适应的现代化教育体系和素质教育机制，为培养三语或多语的少数民族高素质人才打好基础。

调查显示，缺乏认知基础是民族地区英语水平停滞不前、制约三语教学的又一重要因素。民族地区的文化大多以宗教文化为背景，在传统的宗教价值观的影响下，少数民族形成了自己的生活方式和生活态度。落后的经济发展在一定程度上影响了少数民族学生的人生观和价值观，使他们忽视了自身受教育的机会，"读书无用论"冲击着家长和学生，加之迫于经济压力，许多家长减少或放弃对孩子教育的投资，因此辍学现象比较严重，对三语教育的重视更无从谈起。在很多学生看来，学习英语只是为了应付考试，除此之外，他们看不到英语学习跟他们的生活有什么直接的关联。部分民族学生只将外语看作工具性学科，把学习外语的目的仅仅与本地区用得上外语的经济、商业、旅游活动联系在一起，而且将外语的工具价值定位于旅游商务活动中的日常交流和讨价还价。② 一部分家长认为，民族语在中考、高考中不计入总分，成绩好坏

---

① 盖兴之：《三语教育三题》，《大理学院学报》2003 年第 6 期。
② 姜秋霞、刘全国、李志强：《西北民族地区外语基础教育现状调查》，《外语教学与研究》2006 年第 2 期。

不影响学生前途，子女会说即可，不必花费时间和精力加强学习。出于教育的功利性考虑，这些家长缺少对教育的理性思考，加之教师三语教学大都是潜意识的语言教学行为，三语教师对自己的语言使用习惯和语言选择行为很少进行反思和总结，这些都给三语教学的开展带来了重重阻碍。因此，树立多元文化民族教育观念，转变家长看待三语、教师教授三语、学生学习三语的态度迫在眉睫。

二 我国西北地区三语生态现状

西部大开发是我国社会经济发展的重点，发展教育又是西部大开发的根本所在。西部包括 12 个省、自治区、直辖市，面积为 685 万平方公里，占全国总面积的 71.4%，人口约占全国的 28.8%，据不完全统计，55 个少数民族中有 52 个分布在西部。西部地区少数民族人口众多，因此，少数民族基础教育的发展不仅直接关系到西部的经济和社会发展，而且对传承中华民族 5000 年的文化，促进中华民族的共同繁荣发挥着举足轻重的作用。国家教育部及各地区相关教育机构对西北地区基础教育特别是英语教育的大力支持、沿海发达地区的对口支援以及西北地区自身的改革发展使西北基础教育英语教学得到了快速发展。民族地区在本民族语言、汉语和英语的三语环境下开展基础教育教学。

以藏族为主的少数民族自治区西藏为例，区内有藏、汉、门巴、珞巴、回、纳西等民族，还有尚未确定民族的登巴人和夏尔巴人，据 2010 年第六次全国人口普查统计，全区常住人口中，藏族人口为 271.64 万人，占全区 90.48%。[①] 总体而言，全区通用以藏语文为主的藏、汉两种语言文字。藏族及其他世居西藏的少数民族如门巴、珞巴、回，以及登巴和夏尔巴人都使用藏语文，从内地省区来藏的汉族及其他民族的干部职工和经商打工人员除极少数人外一般不懂藏语文；内地来藏人员不分民族基本上统一使用汉语文，藏族及世居西藏的其他少数民族的国家干部和科技人员基本上能熟练地使用汉语文，在县城以上城镇居住的部分藏族群众能听懂一些日常生活所用的汉语，居住在靠近青

---

① 数据来源于中国西藏新闻网（http://www.chinatibetnews.com/xizang/2011-05/07/content_693534.htm）。

海、四川、云南的西藏东北部和东南部地区的藏族老百姓能讲一些带有相邻省区口音的汉语。① 到了 20 世纪 90 年代中期以后，西藏自治区内事实上已形成了以县以下广大农牧区为主要地域的藏语文授课体系和以地区以上中心城市为主要地域的汉语文授课体系。

西藏使用英语的范围很窄，大部分中高级知识分子都学过一点英语。考虑到藏族学生既要学好母语，又要学习汉语，而且都是主课，学习负担太重，因此除大学以外，在初中等学校的少数民族学生班中一般没有开设英语课。从 1951 年人民解放军进驻昌都建立昌都小学开始，到我国"九五"计划期间，西藏的小学都没有开设过英语课。1956 年建立西藏第一所中学——拉萨中学后的头几年，虽然在全区范围内已相继成立了几所中学和中学班，但也没有开设英语课。直到 20 世纪 60 年代初期西藏才在中学开始开设英语课。在 20 世纪七八十年代建立的西藏高等学校，都开设英语课。而中等专业学校则基本上都没有开设英语课。"九五"计划期间，根据西藏投入西部大开发的需要，也即根据全面提高西藏各族人民的整体素质，促进西藏经济社会全面跨越式发展的需要，西藏自治区在实施中央颁布的《中国教育改革和发展纲要》、《中共中央国务院关于深化教育改革全面推进素质教育的决定》等重要文件中，注意完整地执行党的民族语文政策，根据"教育要面向现代化，面向世界，面向未来"的要求，决定在上好高等学校及中学汉族班英语课的同时，创造条件逐步在城区小学和中学藏族班开设英语课。但是，在当前减轻学生课业负担，全面推进素质教育的时候，又让少数民族学生同时学习三门语文课，势必又会增加学生的学习负担，这个矛盾怎么解决，目前西藏正在探索试验中。

当前，在西藏各级各类学校中藏、汉、英三种语文课的开设情况大致如下：高等学校中，西藏大学、西藏民族学院的各系科、各专业都作为主课开设了藏语、汉语、英语三种语文课，"西藏藏医学院"则因特殊的情况，除在藏医本科班和藏药专科班同时开设有藏、汉、英三门语文课外，在成人藏医班则只开设藏、汉两种语文课，没有开设英语课；中等专业学校和职业学校中有的以主、辅课的不同方式开设了英语、汉

---

① 数据来源于中国西藏信息中心网站（http：//www.tibetinfor.com.cn）。

语课，有的只开设藏语、汉语课而未开设英语课。普通中学中无论初中或高中，也无论是藏族班还是汉族班，全区所有班级都开设有汉语课和英语课，藏族班开设有藏语文课，并且是主课，但汉族班除个别情况外都没有开设藏语文课。使用的汉语文教材各地有所不同，高中使用的都是全国统编教材；地区以上城区初中一般使用全国统编教材，也有个别学校使用五省区协作教材；县初中一般使用五省区协作教材，也有使用西藏区编教材的；藏语文课使用的都是西藏区编教材；英语课使用的都是全国统编教材。全区的小学藏族班都上藏语文课，而且都做主课；全区的小学汉族班都开设有汉语文课，也都做主课；全区乡中心小学和县完全小学的藏族班都开设汉语文课；只有三个年级的村小学和教学点，除个别情况外，因教师没有能力教汉语文，一般只能在三年级教点汉语拼音；全区属藏语文授课体系内的小学，除汉语课外，其余各门功课都用藏语文授课；全区属汉语文授课体系内的小学，除藏语课外，其余各门功课都用汉语文授课；根据自治区教育改革规划和发展计划，有的小学已在全部汉族班开设英语课，并在部分藏族班试开英语课，如拉萨市实验小学、拉萨市第一小学等。

内蒙古、新疆以及青海以藏族为主要少数民族的地区基本情况虽因社会经济发展不同有所差异，但民族地区三语环境及其观照下的语言教学现状却较为类似。

本书对甘肃民族地区的外语教育现状进行了调查研究，以期为其他少数民族地区三语教学研究提供基础数据。

三 甘肃民族教育生态概况[①]

截至 2006 年年底，甘肃省民族地区有小学 2011 所，在校学生 406848 人，专任教师 17629 人；普通中学 20 所，在校学生 188751 人，其中初中学生 139775 人，高中学生 48976 人，专任教师 9578 人；教师学历合格率分别为：小学 97.9%、初中 93.51%、高中 68.63%。全省民族地区实现"两基"的县达到 12 个，占民族地区县（市）的 57%，人口覆盖率达到 54.5%；小学学龄儿童入学率达到 97.59%，女童入学

---

① 本书的实证研究部分以部分甘肃少数民族地区为样本来源。

率达 96.81%；初中学龄儿童入学率达到 79.21%，女童入学率 75.96%。①

2006 年省教育厅继续以民族地区"两基"攻坚县为重点积极开展"三位一体"对口帮扶活动，各单位帮助民族县进一步完善了"两基"攻坚计划，多方筹资改善办学条件，捐赠办公桌椅、课桌凳等设备，抽调教师支教，资助贫困家庭学生等多种方式帮扶支教，促进了民族地区"两基"工作。经过省、州、县各级政府和教育部门的共同努力，2006年 9 月，张家川、舟曲、迭部三个民族县通过省政府"两基"评估验收。2011 年 11 月，甘肃省"两基"的主要指标达到了验收标准，全面实现了"两基"目标。②

从以上数据可以看出甘肃省民族地区中小学比例约为 1：10，而东部地区的比例约为 1：6。中学办学规模不足、辍学率居高不下成为制约民族地区教育发展的一个重要瓶颈。以甘肃为例深入调查西北民族地区小学英语教育和中学英语教育情况，有助于了解该地区教育现状和社会教育需求之间的矛盾关系，为解决这一问题提供研究基础。

我国少数民族大部分居住于边疆和西部地区，少数民族地区约占全国领土总面积的 64%，少数民族人口占全国人口总数的 8.4%，形成地广人稀、人口密度小的分布态势③，而汉族的分布则几乎遍及全国。由于历史和地域的原因，我国少数民族杂、聚居区形成了民汉通用的双语大环境。据统计，我国少数民族总人口中已经有将近 50% 的人，程度不同地掌握了汉语（包括说普通话的和说当地汉语方言的）④。他们对形成民族情感和民族凝聚力的民族语言有着深厚的感情，但同时尊重汉语作为民族间互通有无桥梁的实用价值，因此，对双语的接受不再经历艰难的语言抉择，更加着眼于民族生存与发展，注重融入主流社会，融入世界发展格局。

民族地区丰富多彩的自然及人文旅游资源不啻为中华民族自然资源

① 甘肃省教育厅办公室、甘肃省教育科学研究所：《2007 甘肃教育年鉴》，甘肃教育出版社 2008 年版，第 254—255 页。

② 甘肃省教育厅官方网站（http：//www.gsedu.gov.cn/Article/Article_9858.aspx）。

③ 王军：《教育民族学》，中央民族大学出版社 2007 年版，第 62、86 页。

④ 黄行：《中国少数民族语言活力研究》，中央民族大学出版社 2000 年版，第 64 页。

的瑰宝，吸引了大批的外地人、外国人，旅游、商业等行业不断兴起，英语这一新生事物日益走进少数民族的生活，并扮演着越来越重要的角色。与此同时，越来越多的少数民族意识到，"三语兼通"是发展地区经济、文化、教育的必然选择。民族地区这种多元共生的语言环境为三语教学的顺利开展提供了绝好的语言生态基础。

第三章

我国少数民族地区的多元文化生态环境

第一节 文化多元性的特点

文化，是一个民族特有的历史积淀。不同的民族由于其不同的地域、传统和生活方式，创造出了不同的文化内容与表现形式。早在先秦时期，我国的文化就出现过"诸子百家"的争鸣盛世。近代以来，我国内部的民族边界逐渐细化、固定化和"数字"化：先由晚清的"满汉"两族演进至民国的"五族"，再经过 20 世纪 50 年代的民族识别而增加到当前的 56 个兄弟民族。今日中国汉族人口占全国总人口的 90%，但中国 64% 的国土是少数民族自治地方，少数民族的人口也多达 1.05 亿人。我国的 56 个民族讲 5 大语系的 70 多种语言。各民族使用近 30 种文字。在数千年的历史发展过程当中，中国各民族分别创造出了灿烂的文化，它们都有各自传承发展的空间。因此，中国文化是一个内涵非常博大的概念和范畴，56 个民族的历史和传统共同构建了璀璨夺目的中华文明，同时也形成了现在我国多元文化精彩纷呈的局面。

一 多元一统

从文明的源头来看，中华民族的文化在起源上就是多元的。陈连开通过对考古资料的分析，修正了认为中华民族与文化起源于黄河中下游然后向四周扩散的单源中心说，阐述了中华文化一方面呈现多元区域性不平衡发展的特点，另一方面又具有周边文化向中原汇聚及中原文化向四周辐射的特点。在中国新石器文化的诸多区系中，虽然黄河流域的仰韶文化和龙山文化对周边文化区域的影响很大，但周边地区之所以能形成自己的文化区系，如长江中游文化区、燕辽文化区、黄河上游甘青文化区、华南文化区、北方游牧与渔猎文化区等，都是因为有原创的土著文化为基础。同样，中原周边民族群体也对我国青铜器文化的发展作出了独特的贡献。在民族之间的交往变得频繁之后，民族文化的发展更容易成为一种借鉴外来文化的再创造。① 正如费孝通先生在论述中华民族的多元一体格局时所说，在这个格局的形成过程中，许多分散的民族群体经过接触、混杂、联结和融合，以及分裂和消亡，最后形成一个"我中有你"、"你中有我"而又各具个性的多元统一体——"华夏文明"。

二　和而不同

费孝通先生也把"和而不同"的理念引入民族关系之中，提出各民族的文明之间要"各美其美，美人之美，美美与共，天下大同"②。冯友兰先生用"和而不同"的哲理回顾与展望不同国家民族文化发展的趋势和归宿："在中国古典哲学中，'和'与'同'不一样。'同'不能容'异'；'和'不但能容'异'而且必须有'异'，才能称其为'和'。……'仇必和而解'是客观辩证法，不管人们的意愿如何，现代的社会，特别是国际社会，是照着这个客观辩证法发展的。"③ 他还憧憬各民族历史文化是"同无妨异，异不害同；五色交辉，相得益彰；八音合奏，终和且平；万物并育而不相害，道不同而不相悖；小德川流，大德敦化，此天地之所以为大"。自新中国成立以来，民族自治政策的开展，更是加强了各民族自己文化传统的发展和繁荣。在华夏文明的大天空之下，它们犹如一颗颗璀璨的星星，在构成中华文化大传统的同时，也各自绽放出灿烂的光芒。

第二节　我国少数民族地区的多元文化生态

一　博大精深的汉文化

中国文化源远流长，历史悠久广博精深，就其发展阶段来说，有先

---

① 王学俭、买艳霞：《西部地区文化素质教育与文化的多元性》，《兰州大学学报》2002年第 5 期。

② 费孝通：《创建一个和而不同的全球社会》，重庆出版社 2005 年版。

③ 冯友兰：《中国现代哲学史》，广东人民出版社 1999 年版。

秦文化、汉唐文化、宋辽文化、明清文化等分类；就早期形成的文化区域而论，则有中原文化、巴蜀文化、齐鲁文化、燕赵文化、楚文化、吴越文化等；按治国思想来分，则有儒家、道家、法家、兵家、墨家等之说。正是这些特色鲜明的不同称谓的文化，最终构成了多元一统的汉文化。这种文化面貌的一致性，在以往学者的研究中被广泛关注并加以深入探讨。① 同时，作为一种统一的、内涵极为丰富的文化，汉文化也呈现出相当明显的多样性特点，并在很多方面表现出来。汉文化的统一性和多样性特点在汉文化起源、形成以及发展等不同阶段都有体现。事实上，也正是这种统一性与多样性特点的辩证存在，才使得汉文化以至中国历史文化不断进步和发展。

二 精彩纷呈的少数民族文化

我国少数民族大多聚居在西北、西南、东北地区。

西北民族地区是两大世界性宗教伊斯兰教与佛教盛传的地区。聚居在这里的少数民族多是全民信教，其中回族、维吾尔族、哈萨克族等十个民族信仰伊斯兰教，藏、蒙古、土、裕固等民族信仰藏传佛教（俗称喇嘛教）。宗教与西北各少数民族关系因其结合时间、程度、方式的不同，体现为三大类：

第一类是以维吾尔族与蒙古族为主。宗教在其民族最初历史阶段作用不大，但后来随着宗教传播及其与政治势力的密切关系，逐渐改变了整个民族的心理状态和民族意识，使之符合新的宗教观念。

第二类是藏族。自 7 世纪以来，佛教就逐渐开始在藏族的思想意识和生活习俗中占据了主导地位，随着政教合一体制的建立，宗教渗透藏族社会生活各个方面，成为藏文化体系的主导。

第三类是回、东乡等族。宗教在这些民族的形成中起过重大作用，宗教规范与民族的共同性紧密融合为一体。②

东北是一个汉、满、蒙、回、赫哲、鄂温克、鄂伦春、达翰尔、锡

---

① 雷虹霁：《汉文化形成时期的多样性与区域性特点——以汉代历史文献为中心的考察》，《南都学坛》2009 年第 4 期。

② 高新才、马文龙：《西北少数民族传统文化的现代化思考》，《兰州大学学报》1999 年第 4 期。

伯、朝鲜等多民族聚居的地区，各民族间 300 多年的相互渗透和融合，逐渐形成了东北地区独具特色的风土人情和历史传统。而在西南的云南、贵州、广西、四川、西藏等地都是多民族省区，共有 30 多个少数民族生活在这里。淳朴的民风、独特的地域文化，诸如农耕、游牧、节庆、服饰、饮食起居、婚丧、建筑、语言文字、宗教信仰等，构成了一幅浓郁而又色彩斑斓的中国民俗风情图画。在东南部的黔、湘、桂三省交接之处，居住着苗、侗、瑶、水、壮等 20 多个少数民族，是中国苗族、侗族最大的聚居地。在这里，古老的文化被崇山峻岭拥抱，神秘的文化传统在此随处可见。

不同的少数民族在其各自的发展过程中都创造出了各自灿烂的文化，有蒙古文化、满文化、藏文化、氐羌文化、西夏文化等，不同的少数民族又有各自不同的信仰和宗教，按宗教而分，有佛教文化、道教文化、伊斯兰文化等。各少数民族中间都保存着相当丰富的文学资源，少数民族文学中的三大史诗——藏族的《格萨尔》、蒙古族的《江格尔》、柯尔克孜族的《玛纳斯》，以及维吾尔喀拉汗王朝时期的《突厥语大辞典》、《福乐智慧》，元代的《蒙古秘史》等经典作品等，无一不显示着博大精妙的民族文化和传统，正是这些经典之作，构成了丰富瑰丽的中国大一统文化。

第三节　我国少数民族地区的多元文化教育

我国奉行"中华民族多元一体"的民族格局理论，所谓"一体"指中华民族的实体，"多元"指中国境内的 56 个民族，"一体"与"多元"是辩证统一的关系。少数民族语言、汉语和外语之间的相互作用、相互影响形成的多语言生态环境是我国少数民族地区基本的语言图景。

就三种语言的功能和作用而言，一般来讲，少数民族使用的母语或第一语言是少数民族使用最为普遍，也是使用时间最长的语言之一，是少数民族历史文化传统、社会生活方式和思维方式的基本表征形式和符号体系。同时，少数民族语言既是少数民族文化的重要载体，也是少数民族文化的重要元素。在多元文化教育语境下，少数民族语言具有重要的价值和意义。

第二语言教育的重要功能之一是培养多语、多文化人才，在第二语言学习和运用过程中吸收、融汇并传播多种文化。在我国现有的多元文化教育格局中，第二语言一般用来指称和表述我国现行的官方语言——汉语。第二语言教育既担负着继承和弘扬本民族文化传统的重任，又担负着吸取人类最先进的科学文化，用来充实和发展自己的重任。世界上任何文化都不是单一的，都需要吸纳其他优秀文化，各民族都有自己的优秀文化传统，继承和发扬本民族的优秀文化传统并不意味着排斥学习其他民族的优秀文化传统。

外语是我国多元文化教育中的第三种语言，在英语教育进入我国民族地区的基础教育体系后，外语成为我国多元文化教育的重要组成部分。少数民族外语教育因为师资水平相对较低、教学资源相对不足等问题成为我国外语教育和民族教育共同关注的重点问题。

多元文化教育是我国民族教育所面临的重大命题，民族地区文化结构的复杂性和多元化使多元文化教育成为少数民族地区教育的必然选择。外语进入民族地区课程体系后，外语文化进入少数民族地区的教育文化格局，外语课堂上的三种语言及其所承载的三种文化共同构成民族地区外语教育的多元文化生态环境，这种多元共存的生态环境成为研究多元文化教育的绝好素材。

三语教学是我国少数民族地区一种特殊的多元文化教育形式。多元文化教育的理论和思想对我国民族地区外语三语教学具有一定的指导意义。20世纪80年代以来，多元文化理论的研究得到了极大的丰富和发展，学者们围绕多元文化教育的宏观理论构建、多元文化教育模式的国别研究和国际比较等问题对多元文化教育进行了广泛深入的研究，产生了一批有代表性的研究成果；20世纪90年代以来，多元文化教育的研究路向主要集中在实践应用和理论反思两个方面，多元文化教育思想得到了进一步的丰富和发展。在长期多元文化教育的实践基础上，从事多元文化教育研究的学者们在多元文化教育的目标、多元文化教育的课程模式以及多元文化教育的评价等方面开展的研究取得了长足的进展，极大地丰富了多元文化教育的思想和理论。

一　三语环境下的外语教育的文化传承功能

作为一种特殊的教育活动，少数民族语言、汉语和外语三语环境下的外语教学不仅是培养学生的语言应用能力的主要手段，也是生成多元文化价值观的重要途径。在民族地区的外语教育过程中，学生不仅受三种语言形态相互转换的影响，而且还在三种文化环境中习得语言知识、发展语言能力。少数民族地区外语课堂中民族语言文化、汉语言文化和外语文化共同构成了民族学生的文化生态环境，这种多元的文化语境对民族学生的文化养成是至关重要的。三种语言的接触使三种文化因子相互作用、相互渗透，共同构成了民族学生的文化养分。

二　多元文化语境下的外语教育的人才培养功能

多元文化语境下的外语教育要求我国少数民族学生不仅要了解本民族文化和中华各民族的文化，还要了解外国文化，努力培养少数民族学生学习、融汇各种文化的能力，拓宽少数民族学生的视野和知识面；要有前瞻性，根据形势变化、经济发展、社会进步的需要采取积极对策，切实提高少数民族学生适应主流文化社会和国际社会的能力，促进个人的全面发展。

第四节　多元文化语境下我国少数民族
三语教育与三语教学

我国少数民族地区的语言环境呈现为少数民族语言、汉语和外语相互作用、相互影响的局面。大多情况下是某一民族聚居区的一个或几个民族使用同一民族语言，同时接受汉语和英语教育。换言之，少数民族地区的语言环境是一个多种文化共同作用下的三语环境。由于我国各地经济、社会、文化发展的起点不同，教育发展的水平存在较大的不平衡性；同时，三语教学研究工作相对滞后，缺乏相应的理论指导，多数地区三语教学仍然徘徊在起点低、进步慢、质量差，没有相关理论指导的阶段，严重制约了我国少数民族地区外语教育和全民族整体教育水平的提高。

我国少数民族地区三语环境下的外语教学现状概括起来主要有以下特点。

一　三语教学处于自发状态

虽然三语教学作为我国少数民族地方一种新型的特色语言教学现象，逐渐由零星的自发试验到目前已初具规模，但到目前为止还没有形成系统的三语教学理论；民族地区三语课堂的存在虽已使一些教师和科研工作者开始投入精力，但大多都是以"教者感言"之类的成果结束。民族地区汉语、英语水平差距很大，在一定程度上抑制了本地区教育的发展。

二　三语教学缺乏认知基础与研究支持

民族地区教育资源分布严重不平衡，国内外最新的双语教学科研成果得不到切实实施，加上操民族语、汉语、英语三语技能的研究者少之又少，三语教学既缺乏研究基础，又缺乏实践基础。目前关注三语教学的研究者不是不懂民族语就是汉语水平不高，难以进行深入研究。汉英语言翻译与迁移研究发展迅速，而汉藏、藏汉、英藏、藏英语言翻译与迁移研究研究相对发展迟缓，这使得三语语码转换及三语教学理论缺乏研究基础。

三　三语教学缺乏机制保证

少数民族地区汉语、英语水平差异巨大的最大原因就是没有统一的教育模式。目前，我国少数民族地区大致有四种并存的语言教育模式①，即：

（1）普通模式：同非民族地区的教学方式，英语作为必修课开设；

（2）以汉为主的教学方式，单独开设藏语课，英语作为副课开设；

（3）以藏为主的教学方式，单独开设汉语课，英语作为副课开设；

（4）以藏为主的教学方式，单独开设汉语课，不开设英语课。

没有统一的教育模式，导致地区之间英语、汉语水平差异巨大，甚

---

①　基于本研究 2004 年 6 月开展的三语教学田野工作的数据，近年来国内民族地区语言教育的模式大为改观。

至部分地区没有英语教育的现象存在。民族地区语言教育教学呈现"百家争鸣"的局面，给三语教学、科研人员的成长和各地区教育均衡发展造成了不良影响，加剧了教育资源的不均衡现状，同时也剥夺了部分民族地区学生接受更高层次教育的机会。

第四章

我国三语教育与三语教学的实践形态

　　我国是个多民族国家，英语进入我国少数民族教育体制后，各少数民族地区以英语为第三语言的三语教育和三语教学现象表现出百花齐放、异彩纷呈的局面，三语教育与三语教学因地域特征及双语模式的不同呈现出复杂性和多样性。本章结合地域文化、三语教育与三语教学模式对我国各民族现行的三语教育与三语教学实践形态进行描写。

第一节　延边地区朝鲜族三语教育与三语教学

　　我国朝鲜族大部分居住在东北三省。延边朝鲜族自治州是中国吉林省辖下的一个自治州，是我国唯一的朝鲜族自治州，通常简称为延边州或延边。延边位于吉林省东部的中朝边境，首府为延吉市，辖区面积43474平方公里，人口约217万人，是中国最大的朝鲜族聚集地。现时自治州全部人口当中，汉族占超过半数以上，达59%；朝鲜族另占余下的约39%。[①] 在多元文化的背景下，朝鲜族的三语教育是较为成功的。

　　延边建立了从幼儿教育到高等教育的民族教育体系，朝鲜族聚居区以开办单民族学校为主，在民族杂居区实行民族联校制，单独编民族班，用本民族语言上课。

　　延边地区由于特殊的地理位置（与朝鲜、韩国接壤）及经济发展较快等因素，该地区教育理念更新也相对较快，易于接受新的教学理念。[②] 此外，朝鲜族家长对英语重视程度较高，大多数家长愿意让孩子

---

　　① 数据来源：http://baike.baidu.com/view/69884.htm? fromId=69882。

　　② 严海英：《少数民族地区语言教育现状及对策——以延边为例》，《中国科技博览》2010年第11期。

参加辅导班或者兴趣班来提高英语水平。因此，朝鲜族儿童接触英语时间较早，有些地区幼儿园就开设了英语课，有些地区小学一年级开设英语课。因此，相比其他少数民族地区，延边朝鲜族自治州三语教育发展起步较早。

延边州朝鲜族学校中的课程教学除汉语外大多使用民族语——朝鲜语，教材也用民族语编写，汉语文课用汉语授课。小学阶段，学生逐渐从单语的角色转换成双语角色，在掌握母语的基础上学习汉语。朝鲜语文课时与汉语文课时相同。同时在三年级开设英语课，一周为三课时，相比汉语、朝鲜语要少得多，教材为全国统编教材。由于延边地区的经济基础较好，有良好的英语师资队伍，因此有些学校在一年级就开设英语课。但是，由于课业负担过重，在汉语还没有熟练掌握的情况下就学习第三语言对学生容易造成语码混乱及过重心理负担。因此有专家学者反对此类做法，建议在母语和汉语平衡的状态下学习英语。

初中阶段，要求学生基本上过好朝鲜语文关，汉语课打好听、说、读、写能力的基础。学好本民族语言的同时要学好第二语言，最终让学生能够流畅地使用朝鲜语和汉语两种语言。形成朝鲜语文、汉语文"相辅相成"的教学模式。朝鲜语文的课时逐渐减少，汉语文课时逐渐增多。同时，英语课的课时也在增加，加强第三语言的学习与运用。

高中阶段，朝鲜语文以提高为主，大量开设汉语文课，使汉语由一门学科的学习逐渐转变成学生学习其他学科的工具与手段。在高中阶段，朝鲜族学生基本上完成了用母语思维转换或用汉语思维的过程，因此英语学习的过程也逐渐地从朝—汉—英三种语言的转换逐渐过渡到汉—英两种语言的转换。

同时，延边朝鲜族双语教育在国家民族政策指引下，不断进行双语教学改革，打破传统思维定式和行为模式，遵循学生学习语言的规律，采用浸润式双语教学模式把双语学习渗透到非语言学科，实现了教学活动和学习中的"双语"化。

浸润式双语教学模式初期注重第二语言（汉语）的提高，以渐进式、添加性为主要特征。由于散居区的朝鲜族儿童在上小学之前，已经与家长与社区有所交流，耳濡目染地接触到了汉语。在日常交流中也能流利地用汉语表达，该阶段通常处在语言"内化"过程中。所以在学习英语过程中呈现的是汉—英两种语言的语码转换。

　　为了提高教学质量，该区投入大量的人力、物力进行多种方式的改革和试验。如朝鲜族幼儿园朝鲜语"浸没式"实验；朝鲜族小学拼音学汉语领先、注音识字、提前读写实验，便是采用此类教育模式的成功典范。① 在汉语环境丰富的情况下习得汉语并熟练掌握汉语较为容易，英语的学习过程不再依靠母语的辅助，直接过渡到汉—英两种语言的语码转换过程。

　　朝鲜族儿童英语教育与全国英语教育之间构成了部分与整体的关系，同时与其他少数民族的英语教育形成了横向的关系。部分和整体的一致性取向与分支的多样性取向是中国朝鲜族英语教育的特殊性之一。② 由于对英语文化持开放态度，接触时间较早，因此朝鲜族学生在双语基础上能够发展起较高水平的英语能力。处于平衡双语状态的学生学习英语后，在语音意识、词汇意识和句法意识中都表现出优势，这主要是因为平衡双语者在元语言意识各项任务能力上的发展，可能受益于学习者的双语水平达到了阈限理论的第二阈限，因此在认知发展方面表现出优势。

第二节　新疆、西藏、内蒙古少数民族三语教育

　　我国西部地区是少数民族主要聚居的区域。主体少数民族语言为维吾尔语、蒙古语、藏语、哈萨克语等，这些民族语言保存完整，使用范围较广，有较多的用民族文字撰写的文献典籍和统编的民族语文教材，均有完整的从基础教育到高等教育的双语教育模式。在学校课堂上用民族语授课，汉语文作为一门课程一般从小学中年级（晚期）开设，课时逐年增多。高等院校中均有相对应的民族语文专业，如藏语专业、维语专业、蒙古语专业等。该地区的少数民族学生在学习本民族语文的同时又在双语政策下积极地学习并使用汉语。在没有损伤母语及其相应文

---

① 曾丽：《儿童三语习得中元语言意识的发展对我国少数民族外语教育政策制定的启示》，《外语教学与研究》2011 年第 5 期。

② 转引自张贞爱《中国朝鲜族教育研究综述——作为第三语言教育研究》，《延边大学学报》（社会科学版）2008 年第 6 期。

化的状况下发展起一种较高的第二语言能力。① 因此，双语环境的背景下，在条件允许的情况下在基础教育阶段开设一门外语——英语，与国际社会接轨。西部地区实施三语教学的课程设置和具体教学等根据该地区经济文化背景、双语教育模式的不同而特色各异。

一 新疆维吾尔自治区三语教育与三语教学

新疆维吾尔自治区，简称新，位于亚欧大陆中部，地处中国西北边陲，总面积 166 万平方公里，占全国陆地总面积的 1/6。新疆是一个多民族聚居的地区，共有 47 个民族成分，其中世居民族有维吾尔、汉、哈萨克、回、柯尔克孜、蒙古、塔吉克、锡伯、满、乌孜别克、俄罗斯、达斡尔、塔塔尔等 13 个。截至 2011 年年末，新疆总人口达 2208.71 万人，其中少数民族人口约占 60%。②

维吾尔族主要聚居在西北边陲新疆维吾尔自治区，也有少量居住在湖南桃源、常德等地。"维吾尔"是维吾尔族的自称，意为"团结"或"联合"。维吾尔族有自己的语言，维吾尔语属阿尔泰语系突厥语族；文字系以阿拉伯字母为基础的拼音文字。新中国成立后，推广使用以拉丁字母为基础的新文字，现两种文字并用。

为适应西部大开发对少数民族高素质人才的需求，提升少数民族学生的整体教育质量，新疆政府大量培养英语师资，引进人才，积极推广发展少数民族的英语教育。近几年新疆三语教育在原有的双语教育的基础上有了一定的发展和提高。

（一）民族语文主导下三语教学模式

新疆的维吾尔族、哈萨克族、柯尔克孜等民族主要采用这种教学模式。该模式要求少数民族学生学习民族语及相应的文字，在建立第一语言的基础上引入第二语言——汉语的学习。各门课程主要以民族语文为教学媒介语，实施课程计划，使用统编教材，汉语作为第二语言教学课程，即所谓的民加汉的方式。该模式分两个阶段实施：

第一阶段，民族学校从小学至高中以母语授课，从小学三年级开

---

① 黄崇玲：《双语教学的理论与实践》，上海译文出版社 2009 年版。
② 数据来源于新疆维吾尔自治区人民政府网站（http://www.xinjiang.gov.cn/xjgk/xjgk/2012/207070.htm）。

始，将汉语作为一门语言课学习。民族学校大部分在初中阶段开设英语课，有少部分城镇民族学校在三年级开设英语课，采用"先英后民"的方式进行教学，语码转换时需要借助民族语解码。

第二阶段，考入大中专院校后（民考民学生）在预科阶段先重点集中学习一两年汉语，将汉语转换为工具语言，然后进入专业学习。高等教育阶段，在学习汉语的基础上开设一门基础英语或基础俄语，教学用语为汉语，也就是"1+1+1"的教学模式。①

（二）"双语+英语"的三语教学模式

新疆各地区学校大部分为民汉合校，根据学生来源主要有三种类型的班级：民语班、汉语班、双语班。

双语班以民语结合汉语的形式授课。部分课程如语文、地理、历史等课程使用民语授课；数学、体育、音乐等课程使用汉语授课。汉语文课时随着年级逐年增加，民语文的课时随着年级逐年减少。民族语文和汉语文均作为一门课程贯穿于整个基础教育阶段，使少数名族学生在不损伤本民族语言的情况下，发展起一种较高的第二语言的能力。该模式重点强调初级阶段加强汉语水平的提高，在进入高中阶段后主要的教学用语为汉语，在民族语和汉语文的基础上开设英语课，教学用语主要为汉语，在语法较难的环节中使用维吾尔语进行解释便于学生更好地理解，降低学生对学习第三门语言的焦虑性。二语、三语迁移会贯穿维吾尔族学生学习汉语、英语的整个过程。在迁移过程中，学生对两种语言掌握程度会发生变化，而且在不同的学习阶段两种语言会表现出不同的语言迁移特征。

二　西藏自治区三语教育与三语教学

西藏自治区地处世界上最高的青藏高原，平均海拔4000米以上，南与喜马拉雅山脉与印度、尼泊尔、锡金、不丹、缅甸等国接壤。北部和东部与新疆、青海、四川、云南等省区为邻。据2001年我国第五次人口普查结果显示，西藏总人口为261.63万人，其中，藏族人口

---

① 魏宏君：《中国少数民族"三语教学"形式简析》，《石河子大学学报》（哲学社会科学版）2005年第4期。

242.72 万人，占人口总数的 92.2%，其他为汉族和其他少数民族。这些数字表明，藏族一直是西藏自治区的主体民族。①

藏族主要聚居在西藏自治区以及青海、甘肃、四川、云南等省。藏语属汉藏语系藏缅语族藏语支，有卫藏、康巴、安多三种方言，各种方言之间差别并不大。藏文是有 4 个元音符号和 30 个辅音字母的拼音文字，自左向右书写，字体主要为"有头字"（楷体）和"无头字"（草体）两种，通用于整个藏族地区。藏语和汉语都属于同一个语系，语言距离比较近，比起汉语诸方言，藏文语法较为接近曲折语语法，藏族学生在学习汉语时较其他语系的少数民族困难较小。从语言距离的角度和语法规则角度分析，藏族学生学习汉语和英语都有便利因素。

（一）西藏三语教育的改革过程

为了加快西藏教育的发展，1994 年，中共中央、国务院提出了"重视藏语文教学，积极推行双语教学，做到藏、汉兼通，创造条件开设外语课"的语言教学方针。1999 年西藏自治区教育委员会提出各地应根据自身的实际情况选择合适的语言教学。自 20 世纪 90 年代以来，西藏主要地市级的中学都开设了英语课，部分县级中学和小学也相继开设了英语课程。同时西藏的所有高校都开设了外语（英语）语言的教学，将汉语文、藏语和英语作为必修的基础课程。目前，在西藏随着九年义务教育的普及和新课程体系的改革，英语教学将进一步得到加强。自 20 世纪 90 年代以来，尽管外语（主要是英语）教学在各级各类学校开展并逐渐普及开来，但对藏、汉、英三语教学的研究还处于起步阶段。鉴于目前西藏三语教学广泛开展的局面，我们必须在借鉴双语教学模式基础上探索出与西藏相适应的三语教学模式，以满足西藏三语教学蓬勃发展的需要。②

（二）西藏自治区三语教育与三语教学现状

西藏地区主要以藏语为主要交流语言。在聚居区内，政府公务活动使用藏族语文和汉语文，以民族语文为主。家庭成员之间以及人际交往使用藏族语，公共场所的标志使用藏族语文和汉语文。城镇中小学实行

---

① 数据来源：http://zhidao.baidu.com/question/89304817.html。

② 史民英、肖铖：《西藏"三语教学"的价值取向及模式探析》，《民族教育研究》2009年第 6 期。

交互式的汉民双规制教学体系。

小学阶段，民族班以藏语为教学用语，三年级开设汉语课。汉族班的学生以汉语授课为主，从三年级开设藏文课，藏语文课教学的具体要求要比藏族班学生低一些，升入初中后，藏语文课依然作为一门主课进行开设。在基础阶段，汉语文课与民族语文课并行发展，形成少数民族语文与汉语文相互渗透、并行发展的交互性格局。民族班在初中阶段开设英语课，课时由少到多。高等教育阶段，大中院校中除藏语言文学、藏医等专业课程和公共藏文课外，其他专业课、专业基础课、公共课都用汉文教材，并运用汉语进行教学；汉族和其他母语非藏语的少数民族学生都必修公共藏语课。英语为必修课，教学用语为汉语。该模式实现了民族传统教育与现代教育的结合，从语言上达到了"民汉兼通"，并在"民汉兼通"的条件下学习一门外语，从而实现了人才规范上民族人才与现代人才的统一结合。

目前西藏全区的绝大部分中小学都是汉藏双语学校。小学阶段开设汉语课，同时开设藏语课；部分课程用汉语授课，部分课程用藏语授课，实行藏汉双语教学的原则。小学一年级开始实行汉藏双语教学，除藏文课外多数课程用汉语授课，实行小学、初中、高中十二年学制，达到高中毕业后既懂藏语文，又能用汉语从事工作或继续学习的双语兼通的水平。小学阶段过好语言关，重点提高汉语水平，为以后的学习打好基础。在初中阶段开设英语课，授课用语主要以汉语为主，在兼通藏汉双语的情况下学习第三语言，减少了语言障碍。

三　内蒙古自治区三语教育与三语教学

内蒙古自治区简称内蒙古，省会为呼和浩特。位于中国北部边疆，西北紧邻蒙古和俄罗斯，面积 118 万平方公里。以蒙古族和汉族为主，还有朝鲜、回、满、达斡尔、鄂温克、鄂伦春等民族。

蒙古族是内蒙地区主要的世居少数民族，有悠久的民族文化，通用蒙古语。蒙古族是典型的游牧民族，过去蒙族小学被称为"马背上的小学"。内蒙古地区地跨"三北"（中国东北、西北、华北）融合了草原游牧文化、喇嘛教文化和西夏文化及其他文化因子，形成了特有的多元文化环境。其三语教育起步相对较早。从语言学角度分析，蒙古语属于阿尔泰语系,汉语属于汉藏语系,英语属于印欧语系,三种语言是非亲属语言,其间存在着语言的变化形式、语序等诸多不同,蒙古族学生极易将三种不同的语法规则混淆不清,特别是在时态、数的一致性和主谓间的一致性上无法正确良好地掌握目标语英语。蒙古语—汉语—英语之间相互迁移干扰,对蒙古族学生学习英语造成了一定的困难。

内蒙古地区实行的"蒙、汉、英"三语教学,既是内蒙古民族教育改革与发展中的重点和难点,也是当前内蒙古民族教育改革与发展的突破口。

该地区积极提倡学习母语,在保护民族文化、传承民族语言的前提下,学习汉语和英语。在小学一年级开设蒙古语、汉语,到三年级时开设英语。三语教学模式与新疆等少数民族地区较为相似,但在多媒体教学、个性化英语教学中有较大的突破。小学阶段,学生在打好汉语语言关的基础上积极开发第三语言课堂,鼓励实施多媒体教学,提高蒙古族学生学习英语的兴趣。

通辽市蒙古族学校在坚持用本民族语言授课的同时,积极进行三语教学改革试验,努力探索三语教学的规律和特点。蒙古族学校小学进行蒙语、汉语教学,小学阶段开设英语课。初中进行蒙语、汉语、英语三语教学,除在教学中运用蒙语教授蒙古语文、数学、物理、化学、生物、历史、地理、政治、体育等九门课程外,用汉语讲授汉语文和英语,将汉、蒙、英三语作为必修课。在学好蒙、汉双语的同时,学习和掌握英语,实现三语并进。在三语教学的总体策略上,弄清主、次关系,根据三语教学的特点,立足于整体,发挥蒙、汉、英各科教学的自身优势,各科优化和整体优化相结合。构建三语听、说、读、写、译五种思维品质的能力结构,从而达到提高学生语言能力的目的,达到"蒙、汉兼通学好英语"的三语教育与三语教学目标。

第三节　云南少数民族三语教育与三语教学

云南简称"云"或"滇",地处中国西南边陲,北回归线横贯南部。总面积39.4万平方公里,占全国总面积的4.1%。2010年,全省总人口为4596.6万人,云南是民族种类最多的省份,除汉族以外,人口在 5000 人以上的世居少数民族有彝族、哈尼族、白族、傣族、壮族、苗族、回族、傈僳族等 25 个。其中，哈尼族、白族、傣族、傈僳族、佤族、拉祜族、纳西族、景颇族、布朗族、阿昌族、普米族、德昂族、怒族、基诺族、独龙族 15 个民族是云南特有的。全省少数民族人口数达 1533.7 万人，占全省人口总数的 33.37%，是全国少数民族人口数超过千万的 3 个省区（广西、云南、贵州）之一。①

　　云南省境内的少数民族中，除汉族外有 25 个少数民族，除回族、满族使用汉语外其余都有自己的语言和文字。各民族间关系密切，文化、语言相互渗透。有一些少数民族 20 世纪 50 年代后使用新创文字，但通行面积不大，如壮族、侗族、苗族、土家族、佤族等民族。在多元文化的冲击下，有些人口较少的少数民族文化，由于语言通行面较窄等因素，没有得到良好的发展与延续。

　　由于民族语的使用具有一定的局限性，汉语的主导地位逐渐提升，该地区更注重汉语教育。在发展中起较高水平的第二语言——汉语的前提下，该地区少数民族的母语受到了一定的影响。在多元文化环境中生活的少数民族学生，容易出现语言损耗的现象。即第二语言或外语学习者操母语生活在第二语言环境中而产生的母语技能退化和丧失的现象，同时也指接受语言教学后由于经过若干时间不使用而产生的第二语言或外语技能和知识丧失或退化的现象。②

一　"民文递减，汉语递增"的三语教学模式

　　民汉教学双语教育贯穿整个小学阶段，云南省的傣族、傈僳族、景颇族地区的双语教学都属于这类模式。③ 进入小学后，民族语言文字的辅助使用率慢慢减少，逐渐过渡为汉语教学。一年级起开设民族语文课和汉语会话课，三年级到六年级民族语文课逐步减少，汉语文课程逐年增加。有些地区三年级开设英语课，汉语作为主要的教学用语，语法及难理解的部分用民族语进行教学。

---

① 数据来源于云南省人民政府门户网站（http://www.yn.gov.cn/yn_ yngk/index.html）。
② 蔡寒松、周榕：《语言耗损研究述评》，《心理科学》2004 年第 4 期。
③ 朱崇先：《双语现象与中国少数民族双语教育体制和教学模式》，《民族教育研究》2003 年第 6 期。

二　"民—汉—英"三语教学模式

该模式指民、汉两种语文及两门课程并行发展的情况下，重点发展汉语。具体分为两类运行：

1. 民族语文与汉语文过渡的两个阶段，小学一至三年级同时讲授民、汉两种语文，民族语文的课时由多到少递减，而汉语的课时逐年增加；四至六年级学习汉语言和英语，用民族语文辅助教学，例如云南省的白、汉双语教学实验就属于此种类型。

2. 小学阶段分为民族语文和汉语文两个阶段。小学一至三年级讲授民族语文，四至六年级讲授汉语文，用民族语和汉语辅助教学。三年级开设英语课，民、汉、英三种语言的学习同时进行。英语课主要以汉语为教学用语。云南部分傣族、佤族的学校实施这种模式。民汉双语平衡状态下，促进第三语言——英语的学习和掌握。

第四节　海南黎族三语教育与三语教学

海南省位于中国最南端，居民包括汉、黎、苗、回、彝、侗、瑶等30多个民族。世居的居民有黎、苗、回、汉等民族。千百年来，古朴独特的民族风情使海南岛社会风貌显得丰富多彩，其中最具有特色的便是黎族的生活习俗。黎族是海南的土著民族，主要居住在琼中黎族苗族自治县。黎族的语言属于汉藏语系壮侗语族的黎语支，是海南少数民族中使用人数最多的语言。海南地区经济较发达，人口较少的黎族生活在汉文化环境中，为了方便交流，放弃学习本民族语言，或只在小范围的家庭成员中使用黎语，导致黎语逐渐退化。发展至今的黎族，长期与大陆疏离，在独特的地理环境和生存条件下，已逐渐形成其独特的文化——移民性岛屿文化。

黎族地区，小学阶段不开设民族语文课程，只开设汉语和英语（有些偏远地区的小学不开设英语）。黎族学生大多是只在家庭成员中使用黎语（有些学生已经放弃使用黎语，只使用汉语），较多情况下使用汉语，因此汉语水平较高。学习英语的历史较短，起步较晚，教学效果不理想。受地域、师资、教材、本族语等因素的影响，黎族学生在英语学

习方面遇到了很多困难。很多学生的英语发音不准，语感差，黎语方言
影响大。英语教学过程中往往只注重语言知识的教授而忽略了学生的学
习过程和学习方法，使教和学在某种程度上脱节。在这样的环境下，英
语学习很难得到保证。因此，海南黎族的三语教育实际上是三语双文的
教育，有别于其他地区的少数民族地区的三语教育。

为了提高少数民族地区教育，海南省教育部门也出台了些扶持少数
民族地区的政策，为少数民族地区增设"特岗"和"青年志愿者"服
务岗位以吸引一些优秀大学毕业生到民族地区工作，也取得了一定的效
果，但是这些岗位有限，而且时间短，只能暂时解决个别学校的困难。
而师资力量欠缺的问题并没有得到实质的解决。受教学任务重和经济因
素影响，教师接受培训和进修的机会很少，很难有机会更新他们的教学
方法和教育理念。①

海南地区汉语环境丰富，来自语言少数群体的黎族学生在入学之初
起就和语言多数群体一起接受第二语言——汉语教育。

学前阶段：黎族学生在入学前掌握黎族语，并通过生活中的情景、
图片及传媒的帮助学习汉语或进入双语幼儿园学习掌握汉语。

早期阶段：完全接受主流文化教育，只学习汉语文。在学校及大环境中
使用汉语言，在家庭成员间、族群中使用黎族语。从实际运用的频率来定义，
汉语已是他们的第一语言，因此在学习过程中汉语思维起决定性作用。

思维整合阶段：在经过1—3年的学习后，基本进入思维整合阶段，
原来的母语不再对思维意识起决定性的作用，取而代之的是直接用汉语
的思维模式解答问题。

我国少数民族地区三语教育与三语教学的实践形态因各地的社会文
化语境和教育环境表现出异彩纷呈的多元化趋势，多元复杂的三语教育
与三语教学实践形态是以英语为目标语言的第三语言教学与各地的社会
文化语境、双语教育模式、外语师资现状等变量互动作用的结果，这些
形态为我国三语教育和三语教学的理论探索和模式建构提供了坚实的实
践基础和现实依据。

---

① 李树刚：《海南少数民族地区英语基础教育的现状与对策》，《琼州学院学报》2012年
第3期。

第五章

三语教育语境下的三语接触模式

语言接触（language contact）是由于外来因素的引入而使原本高度系统化的语言结构不得不模式重组，无论是语义系统还是语法系统乃至一些此类聚合（如亲属、颜色等词汇）都面临重组的挑战，对语言的结构、功能产生巨大影响。语言接触和语言影响是其发展、演变的必要因素，是语言生存与发展过程中的一个重要而普遍的现象。语言接触的研究就是要从接触环境、接触过程和接触影响等角度来考察双语或多语现象，对多语者、接触过程和接触环境进行调查分析，在历时与共时等交叉维度中进行考证，其研究目的就是为语言文化战略的制定、外语习得策略、理论的研究和语言思维的优化服务。语言接触主要分为方言（语言变体）接触和系属语言接触两大类，本章主要讨论系属语言接触问题。

第一节　语言接触

语言接触是双语或多语社区内普遍存在的语言现象。对于语言接触的关注和研究也已有较长的历史。从 N. S. Trubetzkoy 对"谱系树"理论的"同构"　（语音、语法同构）和"对应"的质疑，到 Johannes Schmidt 的"波浪理论"，从 F. Boas、L. Bloomfield、A. Jakbson 和 U. Weinreich 等有界论者着眼于语言内部结构对语言接触的研究，到 V. Kiparsky 和 S. Thomason 等无界论者的社会因素决定论，以及我国学者陈保亚、赵杰、吴福祥等人的研究，研究者从不同角度对于语言接触都进行了各自的阐释。然而纵观整个研究过程，我们不难发现，与比较成熟的双语接触和双语教学相比，国内外对于三语或多语接触的研究尚处于起步阶段，相关的研究成果还是零散的，还未形成成熟的研究思路，而国内的相关研究从理论和时间上都属空白。但值得注意的是，在我国民族地区的外语基础教育中存在较为普遍的三语（多语）接触现象，母语（民族语言）、第二语言（汉语）和英语之间以及各自所代表的文化之间的博弈成为民族地区外语课堂文化生态环境的一大特色，语码转换与交替成为外语课堂教学的主线，对英语教学起到了很大的影响作用。国内学者将目光聚焦于改善教育条件、师资水平以及加大教育投资等问题，对于这一问题尚未进行系统研究。此类问题的深入研究，有望对民族学生的外语学习过程实施科学解码，掌握学生外语习得过程机制和心理特点，为民族地区外语教育和多元文化生态系统的改善服务。

第二节　三语接触模式的构建基础

　　语言接触研究是对语言社区内各语言元素相互依存、作用的关系进行的研究，是建立在相关语言、文化和民族学理论之上的。多语环境和多语现象本身既是研究的目标，又是研究的基础；语言、文化和民族学中诸如接触语言学理论、多元文化理论、族群理论等作为研究工具也在语言接触研究中发挥着重要作用，是研究进行的理论基础。语言接触研究就是在一定的现实和理论基础之上进行的。

一　三语接触模式构建的理论基础

（一）接触语言学理论

　　狭义上的接触语言学可以追溯到 20 世纪 50 年代初，此前，学界对语言接触的兴趣一直集中在跨文化借词的研究上，虽然欧洲对古典语言接触的关注已由来已久，但 J. Fishman 和 E. Haugen 首次对现代形态语言接触的非语言因素进行了研究，综合考虑了语言接触的种族、干扰与迁移、社会文化、语域和态度等因素对语言接触的影响。

　　接触语言学是 1979 年在布鲁塞尔举行的首届世界语言接触与语言冲突会议上首次提出的，是多语研究中产生并发展起来的一个交叉学科，是从语言、语言使用者和语言范围三个视点解读语言接触现象的。接触语言学对语言现象的研究不仅涉及话语分析、文体学、语用学等语言本体层面，而且还综合考虑了语言外因素，如语言接触的民族环境、语言社团状况、语言界限、移民问题以及参与接触的各种语言形态等。

这一理论的主要魅力在于从语言本体因素、语言使用者主体因素和语言使用环境客观因素三维层面对语言接触现象进行解读，克服了上述学科研究传统和方法的诸多局限，较好地涵盖了影响语言接触和语码转换的语言因素和非语言因素，为本研究对语码转换的透视维度提供了重要的理论基础。

（二）多元文化理论

在我国，多元文化教育主要被称为多民族文化教育或少数民族教育，主要是从文化背景的广域视角来研究民族教育的有关问题。在综合各种不同说法的基础上，我国民族学学者把多元文化教育看成社会中各种集团和个体在文化上、情感上和认知上的需求。它追求的是为少数民族、移民、妇女与残疾人等处境较差的社会集团的子女们提供平等的教育机会，以及提高不同民族的文化集团间的相互尊重与理解。

多元文化教育理论可概括为以下几点：

第一，权力分配不公而不是生物形态上的不同，是导致不同文化群体差异的主要原因；

第二，文化上的差异是力量和价值之源；

第三，教师和学生应该接受并欣赏文化的多样性；

第四，尽管对弱势群体公开的歧视已不多见，潜伏的偏见、低期望现象还时时存在，而且成为弱势群体学生学习成绩低的主要原因；

第五，教育工作者能够和家长、社会共同努力创设一种支持多元文化教育的环境；

第六，学校应该教授弱势群体学生在社会取得平等地位所需的知识和技能。以上理论的核心是文化多元和教育平等的理论。多元文化教育理论为我们科学分析各语言之间以及其代表的文化之间的相互作用和影响提供了理论依据。

（三）族群理论（theories of Ethnicity）

人类学的族群理论自 20 世纪 70 年代以来成为一个热门话题，并与我国的民族理论有互相参照的意义。"ethnic"一词含义的关键性转变出现在 20 世纪 70 年代。1969 年，Fredrik Barth 出版了《族群与边界》一书，详细讨论了有关"ethnic group（族群）"的理论问题。

Barth 认为，传统的族群界定基本上是一个族群等于一个种族、一种文化、一种语言、一个社会以及相互排斥和歧视的团体。在反思传统族群观的基础上，Barth 提出族群研究的焦点不在于它所包含的文化要素和地理边界，而在于其社会边界。自 60 年代末到 70 年代初，与殖民时代的结束相吻合，"族群"概念取代了"部落"在人类学研究中的重要地位。

虽然族群只是诸多社会分类中的一种，但从目前的学术研究看，"族群"越来越多地和"社会性别"（gender）、"边缘人群体"等"社会问题"一道成为联系全球化、历史、权力、文化的"大手笔"课题。美国式的"族群"在与俄国式的"民族"的对抗中占据了优势地位，族群正在成为世界性支配话语，而族群概念将长期是一场权力话语和一场不平等的对话。族群理论追问的是族群的"本质"：人们为何分成不同的族群？人们怎样分成不同的族群？族群是如何维持的？族群将会如何变迁？因此族群理论最终化为族群性（ethnicity）研究或族群认同（ethnic identity）研究。

实际上，"族群理论"与"民族理论"分别代表主位和客位两种不同的视角，分别强调主观和客观两种不同的立场。但它们又有着难以割舍的共同点：它们针对的对象是同一个，它们也都希望达成对族群（民族）问题的阐释和解决。同时，族群理论的多元化和互相补充的理论形态，也为中国民族理论的一元性、单线式框架提供了有利的参照与借鉴；为我国少数民族地区外语课堂三语接触的解读提供了一个全新的视角和有效的研究工具。

二　三语接触模式构建的现实基础

在全球视野下，多语接触已经是现代生活社区一个较为普遍的现象。世界上有 6000 多种语言，经济文化的发展、移民以及史上多次战争等因素使它们相互碰撞，跨文化、语言交际出现深度和广度上的快速延伸，多语接触及其背后所映射的文化间的接触在促进交际发展的同时也使语言不断发生演变，从某种程度上导致了交际话语权、文化地位的变化，语言制衡出现空前的多样性。多语接触大致有以下三个发展特点。

（一）语言符号系统和文化系统不断在接触中更新，语言文化向多元化发展

各语言在接触中不断更新自己的符号系统，填补表达空缺，体现出语言符号特征的增加、消失、替代和保留。语言接触中多以"借贷"的方式解决表达空缺，即自身语言符号系统中没有而从接触中的另一体系所存在的成分中借用，导致一种语言不断具有另一种语言的特性，循环往复的语言接触就会使一种语言具有许多不同语言的特征，形成多元化发展的态势。这一过程中语言成分的借用必然导致文化的借用，所以一种语言的语言符号系统的多元化过程与其文化的多元化过程是并行的。

（二）语言接触呈现的是一个优胜劣汰的过程，语言势力的消长是全球语言生态环境自身的平衡调整和优化

一些语言在接触中得到发展，影响逐步扩大并占据交际上风，另外一些语言在接触演变中逐渐丧失话语权，出现深层结构变化和语言转用，甚至濒临灭亡。较大区域上各接触语言的演变导致了语言联盟、混合语及国际辅助语的出现，并在一定程度上反作用于跨文化交际和语言文化的发展。虽然全球语言文化体系的此消彼长是一种优胜劣汰的过程，但我们还是要在不损害整体利益的情况下尽可能地保护弱者，以避免语言文化生态环境的恶性循环。

（三）语言接触以政治、经济发展为基础，在某种程度上体现了殖民性

当代语言在接触的过程中虽说影响是相互的，但相互作用的合力方向还是决定于其背后所隐藏的语言主体的政治经济势力对比：强势政治、经济主体的语言在接触中发挥的影响作用是主要的、弥漫性的；而其受到的影响是次要的、边缘化的。如英美等国家历来的经济政治强势走向导致英语对于其他语言的影响占据主位，而其他语言在接触过程中更具"英语性"，弱肉强食的殖民特色在语言接触中得到了有力的彰显。各语言主体在政治经济较量的同时也在极力制定各种语言政策和策略，力争语言文化较量中立于不败之地。

三语（多语）现象在交际中渐为普遍，其复杂态势在交际中逐渐呈加强趋势，相应的多元文化教育政策使语言教育更具难度。如美国、加拿大等移民国家实行的消减性语言教育政策、中国少数民族地区多语环

境及外语教育所带来的三语接触使三语生态环境呈现出更加错综复杂的存在状态。由于各多语国家、地区和民族间地缘差异、历史文化积淀差异，其研究有利于各多语国家、民族和地区语言教育政策策略的制定、文化战略的制定，在一定程度上可以促使其在相互交流及政治经济博弈中取得优势，保持、提升其话语权，因此语言间和文化间的相互作用及其语言演变规律的研究具有很大的理论和现实意义。

第三节　我国少数民族地区的三语接触模式

一　我国少数民族地区的三语接触模式内涵

（一）三语接触形式

我国三语接触基本可以分为三类：一是少数民族地区两种民族语言与汉语之间的接触；二是少数民族地区民族语言和汉语以及英语的接触；三是高等学校教育中语言专业学生的第二外语与其母语、第一外语的接触。三种语言接触导致多语生态环境不断复杂化并最终导致语言演变和交际活动变化。三语接触既可指不同语言在三语者心理层面的习得过程，也可指实际三语社会环境中的真实接触。本书所关涉的是少数民族地区由于外语教育的实践导致的英、汉、民族语言接触，研究以课堂活动为关涉对象，故既涉及语言接触的心理层面，又涉及语言接触的现实层面。

（二）分析维度

在对语言接触进行描述和研究方面，有对其时间、程度的研究，有对语言接触心理过程的研究，也有对接触层次的研究，鉴于我国三语环境的特殊性、三语课堂语言接触的特殊性及其所造成的影响，本章从三语生态、语言接触过程及影响方面对其接触模式加以探索。

二　我国民族地区的三语接触模式建构

（一）我国少数民族地区三语接触的环境模式

我国少数民族地区三语环境出于地缘、政治、经济等多种原因有其独有的特殊性和复杂性，对其语言接触生态环境模式的研究有助于我们从语言生态实际出发，掌握语言接触及演变的规律，通过科学引导等方式促使其形成良性发展、循环，为我国民族地区的语言教育和文化发展服务。

1. 我国三语接触生态环境模式的共性特征

我国语言按系属分类可分为汉藏、阿尔泰、南亚、南岛和印欧 5 个语系，语言数量超过 130 种。其中属于汉藏语系的语言近 80 种，汉语以外的诸多语言主要分布在西北、西南和华南，使用人口共约 5000 万人。阿尔泰语系语言有 20 种左右，分布在东北、华北和西北，使用人口约 1700 万人；南亚语系有 10 几种语言，分布在云南和广西的小部分地区，使用人口约 50 万人；南岛语系是分布在台湾的近 20 种高山族（原住民）语言，海南回族讲的回辉语也属这个语系。印欧语系仅俄罗斯和塔吉克两种语言，分别分布在黑龙江和新疆的个别地区。此外还有五屯、唐汪、倒话、五色、艾依努等五六种被认为是混合型的语言。①近年来我国民族地区外语教育（英语为主）发展迅速，英语的介入使我国少数民族地区的语言现状更为复杂。英—汉、英—民和民—汉语言之间以及各语言变体之间的作用更为多样。

无论是高等学校教育中语言专业学生第一、二外语与母语的接触还是少数民族地区不同民族的语言与汉语之间的语言接触，抑或是民、汉、英三语接触在语言生态环境上都有很大的共性。三语环境的存在受到多种因素的制约，如语言背后所映射的文化接触、冲突与融合，交际者三语相对水平、语言接触时长和民族身份等对三语环境的作用，语言内外因素、语言联盟内外因素等。我国三语接触生态环境模式的共性特征可用图 5 – 1 表示。

其中 A、B、C 分别代表相互接触的三种语言，自身的语言生态环境。AB、AC、BC 分别代表三语语言中每两种语言的交互区域，即双语区。D 是三语区，即三种语言交互使用、作用以及语言演变最重要的区域。AB 两种语言相互作用形成 AB 双语区。语言在双语区的相互碰撞中演变、发展、融合或分离，形成双语现象语码转换和交换。AC、BC 同样如此。在此基础上，AB、BC、AC 三个双语区相互作用使语言接触

---

① 黄行：《语言接触与语言区域性特征》，《民族语文》2005 年第 3 期。

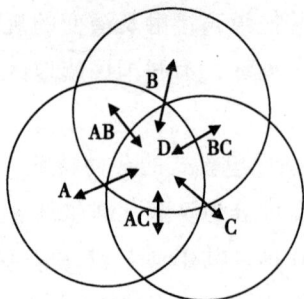

图 5 - 1　三语接触生态环境（共性）模式

的程度加深，语言演变更加迅速，变异程度更高；语码转换、交换具有
三语特征，交换、转换的方式更加灵活。

2. 外语课堂语言接触环境在我国少数民族地区呈现的个性特征

上述三语生态环境模式仅能体现三语生态环境的共性。但由于地缘
差异、文化、历史等原因，我国少数民族地区三语生态环境呈现了极大
的复杂性和特殊性。这使得考察我国少数民族地区三语生态环境更具难
度，我国少数民族地区教育（特别是语言教育）同时受到了相当大的
挑战。正因为如此，此类研究才更具理论和现实意义。研究发现，我国
少数民族地区三语接触生态环境具有以下特殊性。

（1）三语接触环境中语言因子具有不确定性

我国少数民族语言众多，多语地区的语言成分随语言使用者杂居程
度的差异而变换。"三语"是相对于语言学习者个体而言的本民族语
言、汉语和英语为主的交互作用场景，宏观环境下我国民族地区外语课
堂的语言接触不止三种语言，如研究调查地区的民族语言有藏语、东乡
语等。本书涉及的民族语其实是一个语言聚合，严格说来，只能用多语
来描述。

（2）三语接触环境中语言与民族身份不对应

研究发现，汉族学生基本以汉语为母语，回族由于无自己独有的语
言，也基本以汉语为母语。汉语的地位和作用使得许多少数民族学习者
以汉语为母语，加上部分少数民族学生的双语经历和语言及文化的部分
错位给研究带来了很大的难度。

（3）在三语接触中汉语居中心地位，英语的比重不断增加

我国汉族人口居多，相对于少数民族地区而言，汉族聚居区的经济

发展迅速，汉语在国际政治、经济中的地位远高于其他民族语言；历史上统一的多民族文化积淀使我国各民族在共同的中华文明底蕴下发展。历史上民族融合也以趋于汉语为主要方向。诸多原因使汉语在三语交际中居于中心地位。近年来，英语作为国际文化交流中的通用语言越来越受到青睐。我国民族地区英语教育向广度深度发展，这使英语在这个特定的三语社区内呈现份额小但迅速扩大的趋势，这是我国少数民族地区三语接触复杂性的另一个方面。

我国少数民族地区复杂的三语生态环境表明，我们应该在语言教育、文化战略制定中注重交际效率的同时，适当调控各语言间的制衡关系，避免一种语言或语言联盟对另一语言或语言联盟的压制性迁移，甚至语言的恶性转用或灭亡，促进语言接触演变的良性发展。

（二）我国少数民族地区三语接触的过程模式

多语者在语言交际中都会通过交际试探寻求最佳交际工具（语言），大多成功的交际语言策略都会在失败—成功的交际经历中获得，同一交际场景中的语码转换和由交际对象的变化引起的语码转换和交替都是其正常现象①，不同语言间的交际过程可简单表示，如图 5 - 2 所示。

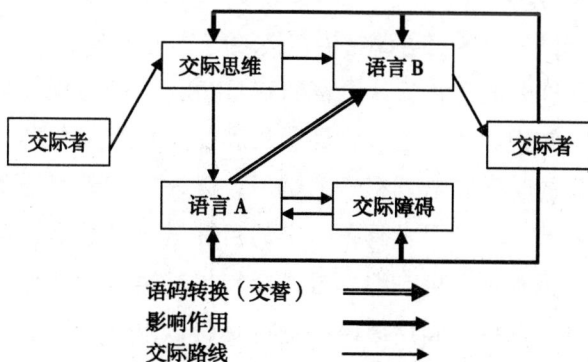

图 5 - 2 不同语言接触过程

（1）多语者交际共性过程

在交际初期，交际者在交际过程中产生一定的交际思维，在自身已

---

① 严格来说，同一学习目标用不同工具语言表述并针对不同人群的现象应该属于语码交替，但在同一交际场景中，又具有语码转换的性质。

有的交际策略和交际环境的影响下，投递交际意向，这一过程还受到许多其他因素的制约，如交际者对于交际对象理解能力的预测和对方的交际心理、态度等。在初步交际和尝试失败之后，交际者会迅速进入交际的第二个阶段，即语码转换。语码转换是一个异常复杂的过程。交际者将已经编码的交际思维连同交际者的消极反应一起通过另一种语言翻译出来。语码转换过程也受到很多因素影响，其中很重要的一个因素便是交际者的双（多）语能力。它决定于交际者的民族身份、语言态度、语言接触时长等。若双（多）语能力高，则语码转换或交替过程顺利，反之则严重影响交际效果。影响语码转换的过程还有交际者对交际场景的适应能力，对于交际对象语言思维的诊断力等。语码转换或交替过程是多语者对失败交际尝试之后的一个关键过程，语码转换结束之后，交际者进行再次尝试以达到成功交际的目的。值得说明的是，这一交际过程中的语码转换或交替次数取决于交际对象的语言水平现状、交际信息充足程度等。交际对象中如果有不同语言的单语者，语码转换或交替便呈现多次顺应现象。交际成功后，交际者对其交际策略和语言思维进行适时调整和完善，交际的重复使交际者语码转换与交替以及本身交际能力得到不断提高。

（2）我国民族地区三语课堂语言接触的个性特征

英语具有目标语言和工具语言的双重角色。英语作为学习目标时不仅包含语言知识，而且还包含其所代表的文化及文化群。学习过程中蕴含了文化的学习和语言符号的学习，此外还有语言使用环境中一切潜规则的习得。在学习者具备一定的目标语水平之后，英语就会由单一的角色变为双重角色，即学习目标和工具语言。教师对学习目标知识通过原语言保持，利用原语言进行解码以求得交际成功，而后随着目标语水平的提高，使学生逐渐适应教师的解码，并不断以此更新自己的目标语概念体系，提高中介语水平，使其逐渐向目标语靠近，从而使目标语学习策略不断提高。本书所采集的一段课堂用语数据就可表明这一点①：

---

① 刘全国：《三语环境下外语教师课堂语码转换研究》，博士学位论文，西北师范大学，2007年，第136页。

教师：（指着写在黑板上的新词汇）Get up, get up, who know
get up?

Get up, (1.0) Yes, please.

学生："睡觉"。

教师：OK, Good. Right. Sit down. No. Get up. 是 "起床" 的意
思, 不是 "睡觉", "睡觉" 是 sleep. Get up 是起床。

Get up ནི་ཡར་ལངས་པའི་དོན་རེད། (Get up 是起床的意思)
（在黑板上用藏文写下 get up 的藏文翻译）。

　　教师和学生间以及学生之间的第一语言和双语水平不一致。工具语
言的选择策略性要求很高, 调查显示, 民族地区学生第一语言部分为汉
语, 部分为藏语, 部分为东乡语, 还有少数其他语言, 部分学生有双语
能力。教师的情况也大致如此。师生在工具语言水平上差异显著, 这给
教师及学生课堂语言交际带来了很大障碍。

　　(3) 我国少数民族地区三语接触的过程

　　我国民族地区外语课堂语言接触过程基本可以分为源发语交际、语
码转换与语码交替三个阶段, 这三个阶段互相博弈, 构成了整个课堂交
际过程。一位教师对于课堂语言交际的过程作了如下描述：

　　……藏区学生缺乏学习英语的环境, 上课时［教师］多说英语
对他们有帮助, 这样可以让他们多接受一点［英语语言知识］, 因
此我在上课时尽量多说英语。而且, 英语课上必须说英语, 有时担
心他们听不懂时我会使用汉语或藏语。因为大部分学生藏语好一
点, 所以我在用英语讲完之后, 会用藏语重复一下, 让他们接受多
一点……

源发语交际：

英语最初是作为学习目标而存在的, 包括语言符号系统、文化生态
系统和价值观念系统等。这些学习目标在教师进行源发语保持的过程中
以源发语为工具实施解码。解码过程受到教师自身语言结构和价值观念
的制约。教师通过解码获得目标语知识的阐释和对学生的理解期待, 然

后进行交际试探，根据学生的反应判断交际效果并实施调整。

语码转换：

我国民族地区师生复杂的语言结构决定了其课堂交际过程中语码转换的必然性。教师在进行源发语交际时会有很多学生显示出消极反馈。消极反馈来源于教师的表达障碍和学生的理解障碍。在消极反馈之后，教师对学生的反馈现状进行分析，按照学生的民族身份和语言结构，在自身能力允许的情况下，寻求双方共享的工具语言，然后实施重新编码。

语码交替：

我国民族地区不同语言单语者的存在决定了外语课堂语码交替的必然性。教师以源发语和第一次语码转换之后的语言进行的交际试探在部分学生中得到预期效果的同时也超过了另外一部分学生的理解力。因此教师需要由交际的一部分对象转向另一部分，使用他们自身的语言进行表达，取得交际过程的完全成功。根据学生主体的语言结构，语码交替有些情况下需要多次重复才能实现真正意义上的成功交际。整个交际过程模式如图 5-3 所示。

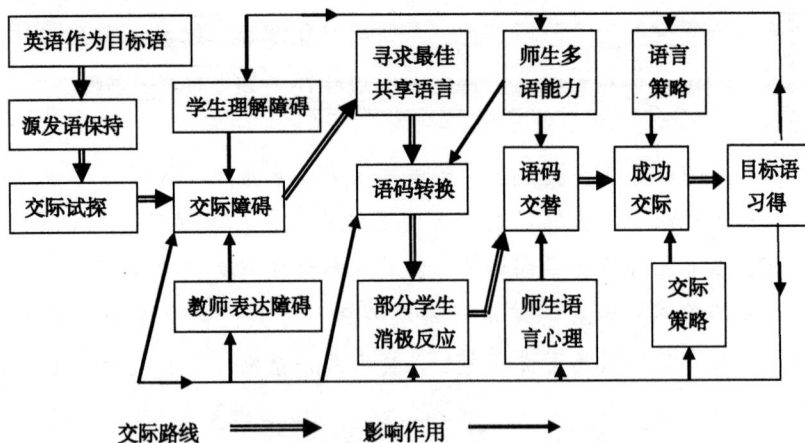

图 5-3　我国民族地区三语课堂语言接触过程模式示意图

教师和学生在目标语言学习和语言接触的过程中不断调整提高自己的语言思维、交际思维和对不同工具语言的认识，频繁的语码转换和交替使学生对于教师课堂用语（来自不同工具语言）的表达由接触到认识、接纳并最终进入接续阶段，在课堂交际中发挥作用。教师同样在课

堂语言交际中对不同学生不同工具语言的回应由接触到接纳并最终进入
接续阶段。整个课堂交际过程使师生的工具语言水平提高的同时使学生
的目标语言水平提高。课堂语言接触过程中目标语言与各工具语言以及
各自代表的文化冲突、融合，使语言不断演变并最终使用，在交际实践
中往复循环。

　　值得注意的是，带有语码转换（交替）的交际过程不仅受教师表达
障碍和学生理解障碍的影响，也受到学生的工具语言期待影响。学生三
语相对水平和目标语学习心理决定了其在课堂语言交际中对教师讲授时
工具语言选择有一定期待：学生大多期待工具语言为自己所熟悉的语
言，少数学生目标语学习动机高，会希望更多目标语作为工具语言在课
堂使用。

　　（4）对于我国民族地区外语课堂语言接触过程的思考

　　从图5-3中可以看出，我国民族地区外语课堂语言接触过程基本
以语码转换与交替为主线，而这一主线使得外语教学环境有了两个鲜明
特色，给我国民族地区英语教育带来了很大挑战。

　　我国民族地区英语教育对三语师资的要求很高。学生中不同语言单
语者对于教师语码转换与交替存在高度依赖，而语码转换与交替对于教
师的语言能力和场景分析能力有着很严格的要求。我国民族地区理想的
外语教师不是双语者或三语者，而是多语者。"多语"的具体概念取决
于民族地区外语课堂单语者的类别数量，也就是说，课堂有多少种语言
单语者，教师除掌握英语之外还要掌握这些语言。众所周知，我国民族
地区由于经济、地缘等因素，教育生态环境极不平衡，外语师资高度短
缺，三语和多语师资更为稀少，高水平的外语师资要求和低水平的外语
师资现状是我国民族地区英语教育发展两个突出的矛盾。如何提高其外
语师资水平、改善其教育生态环境则是一个亟待解决的问题。

　　课堂互动高度受限，英语教学方法的现代化进程举步维艰。语码转
换与交替作为课堂主线使师生间和学生间沟通交流的难度加大，教师的
大部分精力都集中在解码、编码过程中，交际（工具）语言错位的问
题长期得不到解决，现代教学方法无法有效利用，导致英语教学的软环
节还停留在传统阶段。许多研究者将目光聚焦于改善办学条件、加大教
育投资和师资培养等方面，而我们认为，通过汉语、民族语的普及提高

众多民族学生工具语言的效度更是一个值得关注的话题。

（三）我国少数民族地区三语接触的影响模式

语言接触是人类语言的普遍现象。它对于交际者、语言本身以及文化都有很重要的影响。语言接触的普遍性导致语言影响的必然性，即处于中心的汉语要对周边语言产生影响，而周围语言也对汉语产生影响。这一影响表现在结构上就是集团内的语言特征近似，甚至会出现语言混合；表现在功能上就是核心语言优势更突出，而核外语言功能逐次递减，最外层语言的功能是最容易失去的。

（1）语言接触的共性影响

语言接触引起的语言影响从程度上大致可分为表层影响和深层影响两类。表层影响是小范围的、局部的，只改变语言的若干特点，并不进入语言的核心领域，不影响语言的基本特点；而深层影响则是大面积的、全局的，势必会进入语言的核心领域，改变语言的基本特点。每种语言都有其核心词汇，核心词汇构成这一语言的特性。如果核心词汇一旦也被外来词汇所代替，这就不是一般的词汇借用，应属于深层影响、开放型的影响。在深层影响中，语言的基本语序会受到影响而变化，还会吸收虚词来充实自己的虚词体系。在较大的程度上改变了它的句法特点，是一种新的层次的语言影响，它会使语言特征出现较大的甚至质的变化。不管是表层影响还是深层影响，都会有正面和负面效果，即语言在接触中得到了丰富和发展，增强了语言的生命力，促进了语言和谐，使语言的基本结构受到冲击，出现语言功能退化、转用。语言接触使语言相互融合，导致混合语、多语现象、国际辅助语、语言联盟的出现，也会导致语言或语言联盟对于其他语言或语言联盟的压制性迁移，从而导致语言霸权、语言整体转用和灭亡。

语言接触对交际者也会产生深远的影响。语言接触本身可使交际者的交际策略变化，影响交际；还会使其语言思维和语言心理得到改变；在某种程度上语言接触还会影响交际者在交际场合中的话语权；语言接触本身所导致的语言习得和交际活动也密切相关。多语环境下语言接触影响模式如图5-4所示。

（2）我国民族地区外语课堂三语接触的影响

我国民族地区外语课堂三语接触的复杂性和多样性决定了其影响的

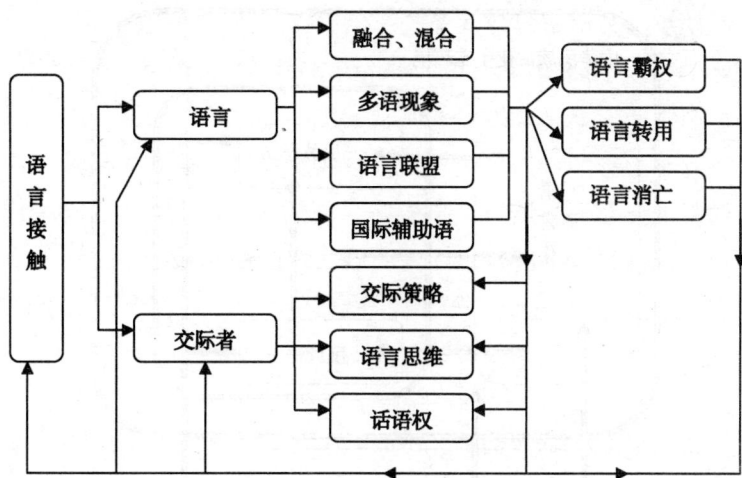

图5-4 语言接触影响模式示意图

独特性。民族地区各语言间的相互作用受到语言与非语言的、文化与非文化的、人文与非人文的影响。我国幅员辽阔，经纬跨度大，由于气候、地缘等差异明显，语言的区域性特征明显，英语教学语言在与各民族语言、方言的相互作用中形成诸多语言变体。所以课堂交际中工具语言杂合程度较高，语言本身具有的已不再是双语特征而是三语或多语特征。

第一，区域内双重语言联盟的存在。

我国历来的民族融合和中华民族几千年历史积淀使得汉语和民族语相互影响加深，汉语和民族语双语程度高于民族语和英语的双语程度，在少数民族地区外语（英语）课堂中的三语接触中，汉、民两种语言呈现在同一语言集团（语言联盟）中，语言影响从语言间的迁移升级至语言集团和语言之间的碰撞。英语在普及的过程中受到相当大的阻力，在民族语和汉语之间，各民族语相互作用远大于民族语本身与汉语之间的作用，即在民族语和汉语这个语言聚合中，民—民语言关系相对于民—汉语言关系而言便成了语言联盟（集团）（如图5-5所示）。汉语普及在民族地区受到的阻力异常强大，汉语普及发展缓慢。

第二，语言方言化与杂合化特征相嵌明显。

少数民族语言的语音和词汇系统向汉语靠拢，当地汉语向少数民族语言靠拢。英语的加入使英语当地化，使当地的汉语和民族语更具英语

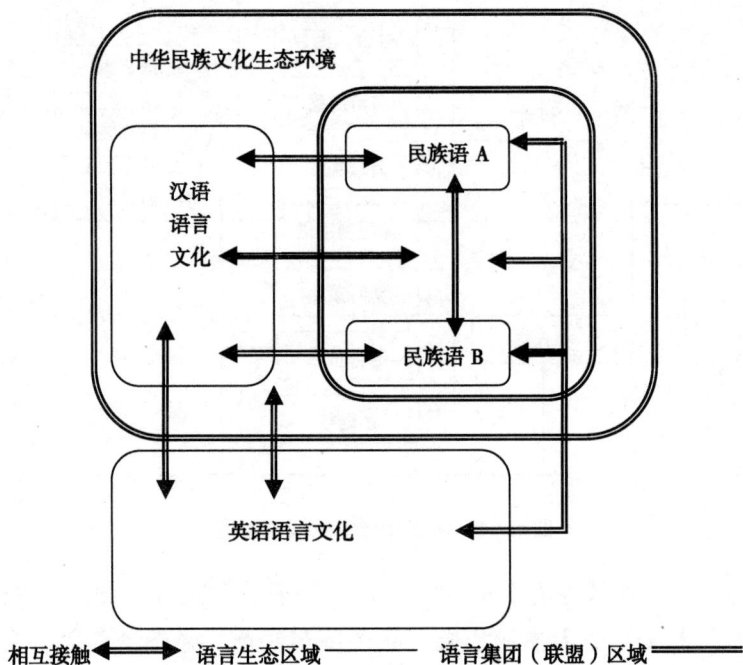

图 5 - 5　我国民族地区外语课堂三语接触影响模式示意图

语言文化特色。民族语、汉语和英语的高度差异性导致语言属性分离，其共性促使语言属性汇聚，这使各接触语言不同程度解构重组，语言变体高度多元化，语言具有方言化与杂合化的双重特征。如：在东乡语的各个层面，汉语的影响无处不在。东乡语在汉语的影响下已经偏离了固有的发展轨道，而向汉语靠拢；同时，东乡语等少数民族语也用它固有的法则影响了当地汉语——临夏话。临夏汉语语序以 SOV 结构为基本形式，临夏人不说"我对你有意见"、"我知道他来"、"你帮我一下"，而是说"我你哈意见有呢"、"我他来的不知道"、"你我啊帮的下！"；受事成分后经常出现类似于阿尔泰语系语言格的"哈"、"啊"；声调调类少，只有三个调类，各调类之间的调值区别又很不明显，但轻重音的作用则非常突出。临夏话不同于普通话的这些特点正是当地东乡语、保安、撒拉语等阿尔泰语系语言的特点。东乡族等少数民族学说汉语时，把母语的特点带进了他们说的汉语中。这种汉语的民族方言特点又进一步扩散到临夏汉语中，成为固定形式。这是临夏汉语向少数民族语靠拢。东乡语在语音结构、词汇系统方面逐渐向汉语靠拢，而临夏汉语在语法上向当地东乡语等少数民族语靠拢，这使临夏地区的几种语言出现了"语言的区域特征"。

　　我国民族地区的特殊语言生态环境决定了其三语接触的复杂过程，也决定了影响模式的特殊性。多样的民族语言、作为强势语言而存在的汉语、区域特征明显的当地方言与具有目标、工具双重属性的英语及其在实际教学中的语言变体相互作用，构成了我国少数民族地区外语课堂三语接触的特殊模式，给我国民族地区语言教育带来了发展的机遇，也使其中一些语言受到生存挑战。如何在民族地区语言教育中调控各接触语言及其所代表的文化间的关系，促进语言接触和演变的良性发展已刻不容缓。

第六章

三语环境下外语课堂三语教学模式

在全球化迅速发展的今天，使用两种以上语言进行交际的现象极为普遍。在双语或多语社区中，人们在两种或两种以上语言环境中进行交际也就成了非常普遍的社会语言现象。课堂是师生双方在互相交往中共同建构知识、传承文化的交际场域，课堂话语是实现课堂交往的语言载体和话语机制。在多语接触环境下，实施三语教学是课堂教学效果得以实现和延续的重要手段，也是这些地区语言课堂的显著特点。

第一节　三语教学模式构建的理论基础

三语环境观照下的民族地区外语教学发展受汉语、少数民族语言和英语三种语言语音语调、句法系统、语用功能、社会文化等各方面因素的影响。本书研究三语教学模式的理论基础主要来源于阈限理论和语言迁移理论。

一　阈限理论（The Thresholds Theory）

阈限理论也可称为临界理论或起点理论。阈限理论认为，精通双语者将对其认知发展产生正面效应；非精通双语者（不能精通任何一门语言者）将对其认知发展产生负面效应。阈限表示学生达到的双语能力水平。它把学生的双语水平粗略的分为三个层次，并阐述了各个层次与学生认知发展之间的关系。

1. 低级层次

没有精通两门语言中的任何一门语言，对认知发展产生负面效应。也就是说，如果我国学生没有精通汉语，势必对他们的认知发展产生负面效应。

2. 中级层次

精通两门语言中的一门语言，对认知发展不产生负面效应。

3. 高级层次

精通两门或两门以上语言，对认知发展产生正面效应。也就是说，如果我国学生精通两门或两门以上语言，势必对他们的认知发展产生正面效应。

在 Jim Cummins 阈限理论的基础上，借鉴 Hamers 等人绘制的"从社会文化和认知的角度看添加性和消减性双语"的示意图，我们可以把对语言的重视程度作为社会文化因素的代表性变量，以语言认知功能的发展作为认知因素的代表性变量，并以这两个变量分别作为横坐标和纵坐标，如图 6－1 所示。

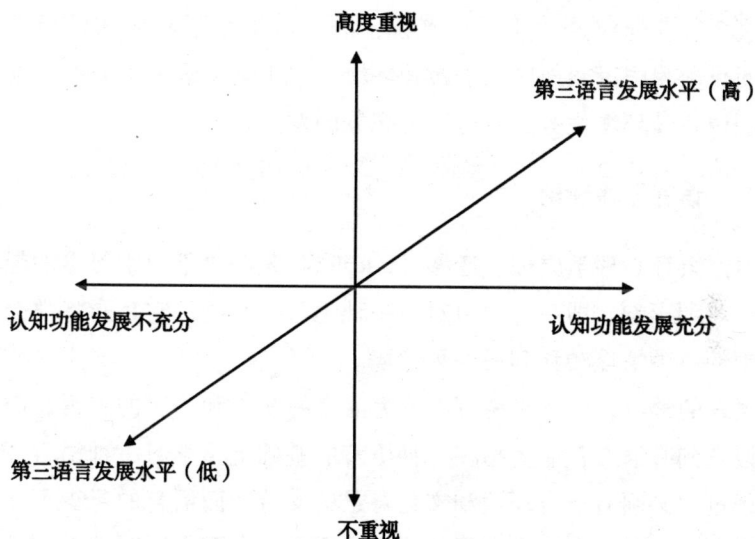

图 6－1　从社会文化和认知角度看第三语言发展水平

在图 6－1 中，第三语言（英语）发展水平是认知功能发展与学习者对语言的重视程度共同作用的结果，认知功能发展得越充分，对语言的重视程度越高，第三语言的发展水平就会越高。根据卡明斯的阈限理论，认知功能的发展在很大程度上依赖于第一、第二语言的水平。研究者认为双语对认知发展的某些方面有积极的促进作用，认为双语者比单语者具有更高的大脑灵活性，更强的抽象思维能力，尤其是概念形成能力，并且具有较强的交际敏感性。① 从认识论的角度考虑，语言学习过程同时也是认知能力增长的过程，学习者学习第二语言的过程是重新组织和重新创造的认知过程，也是通过"重组"提高人的认知能力的过程。少数民族学生在第二语言的学习过程中已经经历过一次"重组"，为第三语言学习积累了一定的知识重组和知识创造的认知潜能。② 第三语言水平的提高必将伴随着认知能力的提高，而认知能力的提高又会促进第一、第二语言的习得和原有知识的巩固，如此形成良性循环。由此可见，民族语言（第一语言）、汉语（第二语言）、英语（三种语言）的习得过程不是相互孤立的，而是一种历时递进和共时依托的关系。

我国民族地区三语接触生态环境的特殊现状为民族地区中小学生的语言学习和认知发展提供了优越条件。根据阈限理论，民族地区学生相对于大多数普通汉族中小学生来说，语言习得水平和认知发展程度更高，而目前我国民族地区三语接触环境下中小学生语言水平普遍偏低的现象则说明其环境优势还有待于更充分的发挥。

二　语言迁移理论

根据教育心理学原理，迁移（transfer）是一种学习中习得的经验对其他学习的影响，即一种学习对另一种学习的影响，它是指将学会了的行为中的一种情境转移到另一种情境。

语言的学习，严格来说可以分为语言的获得和语言的习得，前者指从无语言到有语言；后者指在一种语言的基础上再学习一种语言。语言的获得过程必须有语言环境和文化背景的支持，而语言的习得不一定需要有语言的环境。无论是获得或习得的语言，只要是同时并存在一个人头脑中的语言，都会发生接触。接触是指存在于一个人头脑中的两种或几种语言之间的相互关系、相互作用和相互影响。

语言迁移主要表示学习者建立第二语言体系时第一语言特征的自动参入，即学习者原有的语言知识对新语言之学习产生影响的现象。Od-

---

① 王斌华：《双语教育与双语教学》，上海教育出版社 2003 年版，第 52、98、109、110 页。

② 张贞爱：《少数民族多语人才资源开发与三种语言教育体系构建》，《延边大学学报》（社会科学版）2007 年第 6 期。

lin 在其著作《语言迁移》中这样下定义：迁移是指目标语和其他任何已经习得的（或者没有完全习得的）语言之间的共性和差异所造成的影响。[①] 认知心理学认为：迁移是指在学习新知识时，学习者将以前所掌握的知识、经验迁移运用于新知识的学习、掌握的一种过程。D. P. Ausubel 的认知结构迁移理论认为，任何"有意义"的学习都是在原有知识基础上进行的，"有意义"的学习中一定有语言迁移。无论是"为交际初步运用英语的能力"还是"口头上和书面上初步运用英语进行交际的能力"，实质上都是迁移能力（transfer）的外在表现。迁移又可分为正迁移（positive transfer）和负迁移（negative transfer）两种，如果旧知识的迁移对新知识的学习起帮助、促进作用，它就是正迁移；反之，如果旧的知识、经验的迁移妨碍了新知识的获得，它就是负迁移，即干扰（interference）。相关实验证明，一种语言的使用者在学习另一种语言时，会发现语言各有各的困难。举例来说，母语是学英语的人习得西班牙语作为第二语言要比习得俄语来得更容易。原因之一是，英语与西班牙语比起英语与俄语来说要有更多的共同基础。因此，就语言的相似性来说，我们发现，不同语言之间，如果相似之处越多，则语言的正迁移作用越明显；反之，如果语言之间相似处越少，则语言的负迁移作用越会更加突出。

母语和二语都作为一种语言系统，并且习得过程都是以熟练掌握母语的学习者为主体。因此，母语和二语习得必定有相似联系，有可借鉴之处。因此，基于语言的相似性理论，Corder 提出二语习得过程的"Ll = L2"的假设，认为如果 L1 习得者与 L2 习得者遵循相同的习得顺序，那么 L1 习得与 L2 习得过程有可能也是相同的。同时，Ervin-Tripp 也指出在自然语言环境中 Ll 习得与 L2 习得的过程极其相似。[②] 我国民族地区的学生学习英语的语言环境实际上是三种语言相互融合、三种文化因子相互渗透的三语接触环境。民族学生在以民语为母语，汉语为二语，且认知水平参差不齐的基础上习得第三语言（英语）的，三种语言间会产生多种形态的语言迁移模式。较二语习得中母语的迁移现象相

① Odlin, T. *Language Transfer*, Cambridge：Cambridge University Press, 1989.
② Ervin-Tripp. "Is Second Language Learning Like the First?" *TESOL Quarterly*, No. 8, 1974, pp. 111—27.

比，三语习得因同时受到母语和汉语这两种已习得语言的影响所以更为复杂。Odlin 指出，当学习者已掌握两门语言时，这两种语言都会对第三种语言的学习产生影响，也就是说学习者原有的知识都可能成为迁移的对象。① 学习语言离不开理解，无法理解的语言信息于语言的习得无任何意义，而母语又是已有概念的第一载体，有了母语的知识积累和智力支持，第二、第三语言水平的发展才会如此之快，可见母语在三语学习中发挥了重要作用，脱离母语的三语（英语）教学显然违背了认知规律，是不科学的。外语学习中的母语迁移机制从认知语言学的投射阈可得到解释："通常人们是把较为熟悉、具体的概念阈映射到不太熟悉的抽象的概念阈上，这样以便于对后者的理解。"② 在第三语言习得过程中，母语、第二语言（汉语）的迁移不仅发生在意义层面，还发生在语音语调、句法语法层面。在语音方面，几乎所有的三语习得者甚至高级学习者都会在语音语调上保留以一语为基础的口音，二语迁移似乎相对少见，但如果学习者近期一直处于二语环境中，有时也会出现二语的语音特征；在写作上则会出现以一语为基础的话语特征；在语法上，二语迁移的程度有所不同，主要取决于习得二语时间的长短及水平程度，即大量接触二语及高水平的二语习得者往往涉及更多的二语迁移。③

　　另外，民族地区英语课堂的三种语言两两之间的差异必定会在不同程度上对民族学生的思维产生巨大的影响，因此，在第三语言习得中学生在母语及汉语习得中形成的定式不应成为第三语言学习的障碍，干扰第三语言的学习，而应逐渐克服这种障碍，把已习得的母语、第二语言知识变成第三语言学习的推动力和辅助工具。

　　涉及双语教学甚至语言转换则会有"迁移"现象。了解三语之间的异同有助于将三语环境下的各种负迁移降到最低限度，合理引导、发挥语言间的正迁移作用，促进三语教学的发展；了解探索语言之间特别是三语接触环境中的迁移有助于掌握三语之间的本质关系，进一步探索三

---

① Odlin, T. , *Language Transfer*：*Cross-linguistic Influence in Language Learning*, Shanghai：Shanghai Foreign Language Education Press, 2001.

② 文旭：《国外认知语言研究综观》，《外国语》1999 年第 1 期。

③ 朱效惠：《三语习得中语言迁移研究及其对双外语专业教学的启示》，《广东外语外贸大学学报》2008 年第 9 期。

语接触环境下外语课堂的教学模式和其他科目的三语教学模式，形成三语教学、三语语码转换等相关问题的系统理论，用以指导实践教学；对新课程改革中的民族外语教育的三语问题开展系统的研究，对课程改革中出现的困难和问题逐一进行分析，提出相应的对策和建议；对民族地区外语教学三语教学的成绩进行总结，探讨民族地区外语基础教育改革的特殊性和复杂性，在此基础上提出三语接触环境下民族地区外语教学改革的行之有效的模式，可为民族地区基础教育决策和课程改革提供理论基础。

第二节 三语教学模式构建的社会文化基础

我国在地域上形成的以汉族为主体的各民族"大杂居，小聚居"的分布格局，使少数民族在弘扬和传承本民族优秀的传统文化与文明的同时，培养了同一民族文化认同的民族心理，融入了主流文化与时俱进。2001 年 2 月，教育部在《小学英语课程教学基本要求（试行）》中提出了"学习和掌握一门外语是对 21 世纪公民的基本要求"，从此我国进入民族文化多元化发展新阶段。多元文化教育特征在少数民族地区日益凸显，而三语教学正是多元文化教育借以实现的形式之一。

民族地区在民、汉双语基础上实施的外语教育，其研究必然涉及民族学中的民族心理、民族认同、社会文化习俗、历史传统内容，这也是外语教育和三语教学能够立足和发展的社会文化基础。个体从自己的母体文化进入陌生的异文化后，一方面面临着民族认同的困境，另一方面面临着文化适应的考验，同时还面临着心理疏离感的困扰。[①] 此类问题的研究，对于深入了解少数民族、西方民族与汉族，少数民族文化、西方文化与汉文化之间的关系，促进文化融合中的良好心理适应，维护多民族国家的和谐稳定，具有重要的理论和实践意义。

由于受城市化进程的冲击，许多少数民族学生逐渐意识到要取得较高的社会地位，应该接受汉语文化因而表现出期待同化的民族心理特

---

① 雍琳、万明钢：《影响藏族大学生藏、汉文化认同的因素研究》，《心理与行为研究》2003 年第 3 期。

征。语言是一个民族独特文化的表现形式，它承载着一个民族的全部文化内涵和精神内核，因此，对母语的态度可以反映出民族学生的民族认同心理。在这种由语言表征的文化心理作用下，民族文化可能面临着逐步边缘化的命运。Banks 提出，应鼓励少数民族学生学习与传承本民族自己的文化，因为民族文化能够帮助他们更好地适应现代社会，还能够培养他们的民族认同感和归属感。① 与此同时，另有一部分人却滋生了封闭排外、消极的民族心理，他们以自己的文化为中心，极力想突出本民族（少数民族）的语言文化教育，对本民族以外的成员及语言文化持排斥态度，对国家救济、民族优惠政策产生一定的依赖性，对其汉语、英语的学习产生负面影响。因此，应树立多元文化教育的民族教育理念。在多元文化教育中要坚持扬弃与创新相结合的原则，以开放的胸襟、兼容的态度，对外来多元文化教育进行科学的分析和审慎的筛选，创造出既要维持自己的民族教育传统、保持自身的民族文化特色，又要吸收外来教育的时代内容以壮大自己。②

一 民族认同

民族认同是指某一民族共同体的成员将自己和他人认同为同一民族，对于这一民族的物质文化和精神文化持亲近的态度。这里谈论的民族认同主要指族群认同，常用于多民族的国家中。民族认同包括民族成员在个人间的交往过程中，因彼此在身体特征、语言、生活体验、风俗习惯、行为方式等方面都具有共同的特点，从而互相产生一种亲近感，彼此互相认为对方为同一民族成员。民族认同具有正、负两个方面的功能。从正面来看，民族认同可以产生和加强民族内部的凝聚力，能够促进民族内部的一体化，使民族成员保持团结协作，促进民族团结，克服民族成员在精神上和物质上的不稳定性和孤独感。从负面来看，由于民族认同兼有排他的性质，如果把握不当，民族认同就会出现偏差，表现为瞧不起其他民族或自卑和盲目羡慕别的民族。在民族学校教育中错误

① Banks, J. A., "Fostering language and cultural literacy in the schools", In G. Imhoff (ed.), *Learning in Two Languages from Conflict to Consensus in the Reorganization of Schools*, New Brunswick, New Jersey: Transaction Publishers, 1990, pp. 1—18.

② 乌力吉:《少数民族三语教育的纵横解读》,《贵州民族研究》2005 年第 4 期。

的认同还表现在有的学生对本民族认识过高，有民族优越意识，因此瞧不起别的民族的学生；而有的学生对本民族认识偏低，产生民族自卑情绪，盲目羡慕别的民族的学生。"母语情结"的作用、共同的宗教信仰、少数民族的民族精神以及独特的文化特征等都对民族语认同感起着非常重要的作用。

少数民族学生的民族认同主要包括消极的民族认同、积极的民族认同和主流文化认同三方面。民族认同的不同方面的影响因素都有差异，但一般而言，汉族朋友的数量、父母的民族身份、学习汉语的时间以及汉族的接受性等可以预测少数民族学生的民族认同；民族认同的不同成分与不同的文化适应策略之间存在着广泛的正相关或负相关；消极的民族认同与失范感、社会孤立感和文化分离感之间存在着显著的正相关，而同自我分离感之间相关并不显著；主流文化认同和积极的民族认同与失范感、社会孤立感、文化分离感、自我分离感之间的相关都不显著。

英语和汉语教育使得少数民族学生在阅读本民族传统文化的同时，也能够了解主流文化或其他文化的信息，开阔了眼界，建立了多元文化的世界观。这有助于他们了解到其他民族对本民族文化的看法，对本民族文化中的精华部分有更为深刻的认识，从而提高对本民族文化的认同水平。由于在教学中使用的语言不同，接受民、汉双语教学的专业学习的学生，其民族文化认同低于使用汉语教学的少数民族学生；学习汉语的时间对民族学生的民、汉文化认同都有显著的主效应。汉语言的学习、不同文化之间的交往与融合有助于少数民族学生建立多元文化的观点，理性、平等地对待不同文化，能增强他们对本民族文化和主流文化的认同。

二　文化传统

民族文化是人类文化中显著的特征。一般来讲，同一个民族长期共同参与，分享一种文化制度，久而久之，就会形成一个民族的人们共同的精神形态上的特点。民族是人们在历史上形成的一个有共同语言、共同区域、共同经济生活以及共同文化上的共同心理素质的稳定的共同体。可以说，民族与其自身的文化特征密不可分，一个民族固有的思想观念与行为方式使它与其他民族区分开来，具有独立的社会文化意识和精神状态，文化是界定和衡量民族的一个重要指标，是一个民族区别与其他民族的最基本的标志。文化传统是形成民族差异的主要因素。

在多民族国家中，文化冲突与适应问题常常在少数民族或弱势群体成员身上表现得更为突出。对于少数民族成员而言，面对强大的主流文化，他们既想认同自己的母体文化，又担心过分认同母体文化而不能融入主流社会；既想认同主流文化，又担心过分认同主流文化而失去自己的母体文化。文化差异本身会给个体造成一种心理压力，文化适应的考验和民族认同的困境往往会加剧这种压力，使他们可能产生孤独、无助、恋家、疏离等复杂的心理。

少数民族文化对生活于其中的少数民族成员的心理与行为有着重要的影响，其中以深深根植于少数民族文化传统中的民族价值观的影响最大。这种影响在很大程度上虽是无意识的，却是影响的最高层次，它影响着人们外显的行为方式和内在的思想态度。不同的文化背景下，人们的价值观有所不同，这是目前许多跨文化研究的理论基础。

但同时应该看到，少数民族与汉民族有着很多文化传统上的共同点，比如：

（1）少数民族是中华民族的一员；

（2）少数民族具有灿烂的特色文化，它属于中华文化的宝库；

（3）少数民族是勤劳勇敢，富于智慧和创造精神的民族；

（4）少数民族人民有优良的爱国传统；

（5）少数民族学生热爱祖国，他们是民族地区未来建设的希望与主力。

随着汉语教育在民族地区的展开，少数民族地区的学生逐渐认识到大量学习、接受主流文化和异域文化，对于提高自身的文化认识能力，加深对本民族文化的认识，对于本民族文化的传承与创新有百利而无一害，从文化方面，民族地区学生更愿意接受汉文化和西方文化教育。

三　民族价值观

在长期历史发展过程中，中华各民族逐渐形成的核心内容是崇尚爱国主义，维护祖国统一的主流价值观。除此以外，还存在着每个民族自我认同的价值观，即民族价值观。民族价值观是不同少数民族基于各自的历史文化、生产方式、生活习俗、地理环境等因素所形成的具有地域特色或民族特征的价值观。文化反映了一个民族或社会所共有的理念和传统；价值观是民族文化的内核。少数民族群体通过共享的符号系统——少数民族民间文学、节日风俗、民族语言、内部社会规范等形成对本民族的认同，进而发展和聚合为本民族的民族价值观。所以，从心理学角度来说，民族价值观是民族成员依据自身的需要，随着历史的演进，对民族文化等载体的意义进行评价的稳定态度和包含情感成分的选择倾向的总和。民族价值观强调从族群的角度考察某种民族精神世界中最深层次的因素，它通过少数民族的风俗习惯、宗教、艺术等意识层次体现出来，是一个民族群体的集体意识。

民族成员个体来到世界，在本民族传统文化传承力的作用下，基于血缘、地域、民族风俗习惯等因素综合形成的空间，经由价值认识、价值评价、价值选择，民族价值观逐步灌输到个体的心理和意识体系，构建起与本族民族价值观保持内在一致的个体价值观，并在潜移默化中影响个体的发展。

中华民族统一的长期局面和汉语教育的发展使少数民族文化和汉族文化融为一体，一起构成了中华民族文化体系。在整个文化体系观照下，民汉文化在发展过程中形成了一个强大的共同文化基础，使汉语、外语教育实施有了可能性；民族地区文化认识的发展以及多元文化教育理论的普及则为三语教学提供了坚实的现实基础。

少数民族在自己形成和发展过程中，受其所处的地域、生产方式和社会意识形态等诸多因素的影响，形成本民族特有的文化体系，表现在文化生活的方方面面。少数民族大学生从中学升入大学，从西部少数民族聚居区到非少数民族聚居区，从本民族文化环境到了一个新的文化环境中，这是一个巨变的过程。他们大多来自边疆地区和民族聚居区，在风俗与信仰、目标与价值以及行为与规范等方面与主流民族学生存在差异。少数民族传统的价值观和主流社会的价值观也不尽相同，这种差异会直接影响教育。

第三节　三语环境下外语课堂三语教学模式建构

三语教学是在民族地区外语课堂教学中最鲜明的特色之一，特别是在儿童母语和汉语（第二语言）水平相当的情况下，三语教学成为外语教师教学语言的主要选择之一。民族地区的外语教学既符合外语教学的一般特点与普遍规律，又受地方经济、民族文化传统和社会发展水平等诸多因素的影响，表现出极大的多样性和复杂性。①

　　后现代教育思潮的涌现对我国英语三语教学模式的构建具有重要的借鉴意义。后现代主义是以生物学为导向的，生命的主要特征是新陈代谢，意味着与周围环境的交流，意味着开放。在此方向的指引下，我国当代的英语教学模式非常重视开放性，欣赏多元化的视角，强调广角镜的功能。② 民族地区英语课堂三语教学应秉承这一理念，探索具有理论指导功能和实践操作价值的三语教学模式。

　　实施三语教学能在促进民族文化发展的同时提高汉语水平和外语（英语）水平，促进民族地区教育整体发展和国内各民族英语教育的相对平衡发展。三语教学模式的研究目的就是要通过系统的方法指导民族地区外语教育科学、合理地发展。目前民族地区基础教育英语师资在数量和质量上都与该地区的教育需求之间存在一定的差距，全面准确地了解民族地区外语教育的现状和结构，探索适合民族地区切实情况的外语三语教学模式，可以为民族地区外语教学改革提供可资借鉴的发展模式。

　　此处所指三语教学是指广义上的三语教学而不是仅基于民族地区外语课堂的三语教学活动，所以不仅指课堂活动模式，而应涵盖教学目标与教学大纲的制定、课程体系的建立、三语教材的开发、三语师资培养及科研队伍的发展、三语教学理论的研究等内容，具有很广阔的维度。

一　教学目标

　　三语接触环境下的民族外语教育的课程目标应该表现出多元化特征。③ 课程目标是"泰勒原理"所要解决的首要问题，是课程开发的出

---

① 刘全国：《三语环境下外语教师课堂语码转换研究》，博士学位论文，西北师范大学，2007年。

② 王永祥：《我国中学英语教学模式发展现状和趋势探讨》，硕士学位论文，湖南师范大学，2005年。

③ 刘全国：《三语环境下外语教师课堂语码转换研究》，博士学位论文，西北师范大学，2007年。

发点。三语环境下民族外语课程不仅以发展学生的外语语言运用能力为目标，而且还应注重培养学生健康的语言心理和多元文化意识。在单语或双语环境下，外语课程目标的内容相对单一，学习语言知识、发展语言能力和提高文化素养等成为外语课程目标的主要追求。当英语作为第三语言添加在原有的单语或双语教学的基础上时，外语课程的目标便呈现出多元化的特征，三语接触环境下的外语教育不仅要追求学生外语语言知识、语言能力和文化意识的习得与养成，而且要注重三种语言接触所引发的语言心理和文化共存意识的培养。三语课堂语码转换研究表明，三语教师在三语选择时普遍受语言心理和文化意识的深层影响，因此，三语接触环境下的民族外语课程应该有多元化的目标追求，在强调外语语言能力、语言知识和文化意识的基础上，应将培养学生多语语言心理和多元文化意识纳入课程目标范围。

考虑到我国民族地区外语教育的现状和结构以及双语教学的理论和现实作用，笔者认为我国民族地区三语教学的主要目的是推进民族地区外语教育，所以三语教学的目标制定应以民族地区三语课堂为出发点，围绕我国中小学外语（英语）教学的目标，同时参考双语教学来制定。

（一）三语教育与三语教学目标的制定原则

1. 清晰原则

三语教学目标的清晰是设计的关键。首先教学目标要精确，清晰明了，含混不清的目标使人无法琢磨，不同的人可以有不同的理解。例如各语言目标必须明确新授的词语、语句是什么，以及应该达到的程度，复现的词语、语句是什么。

2. 整合原则

教学目标制定要求阶段性教学目标的整合，教学目标要衔接，脱节、缺少连续性的教学目标必然增加教学的困难，导致教学失败。一节三语课的教学目标应该在一个单元、一个学期，乃至整个学科教学中考察，从而才能从整体上予以正确把握，进而对其进行修改、完善。

3. 层次原则

三语教学目标具有明显的层次性，首先，反映在学科教学目标和语言目标上；其次，语言目标的内容要循序渐进；最后，学科目标的难度和语言目标的难度要均衡。这两个目标难度都很高，教学目标的落实难度就很大，一般情况下当学科目标较高时，语言目标应该放低一些。

4. 适度原则

三语教学目标难度要适度，不能偏难或偏易。尤其是三语接触环境下学生外语学习的影响因素更为多样，心理更为复杂，教学目标太难或太简单，目标对学生的激励作用就会下降。目标要求不高无法激起学生学习的积极性和激发他们学习的兴趣；而目标太高，学生会害怕，丧失学习的主动性。

5. 中介原则

我国民族地区三语接触生态是在以民汉双语教学的基础上形成的，民汉双语教学以及英汉双语教学的相关研究成果和教学现状为三语教学提供了丰富的理论和现实基础。以双语教学为中介研究三语教学，会使我们的研究不脱离实际，易于开展，研究成果易于实施。

（二）三语教育与三语教学的目标

鉴于以上原则，三语教育与三语教学目标的内容至少应包含以下三方面。

1. 学科目标

实施三语教学的学科教学目标即民族地区英语教学目标。这一目标应该分为近期目标和远期目标。近期目标是根据民族地区的实际情况，在不同工具语言水平上制定的不同的英语学习目标。近期目标的制定必须根据民族地区学生的课程设置进行，充分考虑各方面因素；远期目标则要逐步实现和汉族及其他民族学生同年龄段英语水平的同步，以确保民族地区学生能够与绝大部分其他学生获得同样的接受更高等教育的机会。

2. 语言目标

说明学生应该学习和复习的目标语内容和程度。这一目标是近期目标的一种，是英语学习的阶段性要求。学校根据这一目标制定相应的学年度、学期教学计划和教学大纲，使具体的课堂教学有章可循，也确保近期目标的顺利实现。

3. 综合目标

也称其他目标，除学科知识技能目标和语言目标外的情感、态度、价值观念目标及思维目标和文化目标等。民族地区学生在习得英语初期会受到诸如情感、态度、价值观等多种非语言因素的负迁移作用，学习困难程度较高。在不断深入的习得过程中英语水平和知识结构逐渐变化，中介语不断向目标语言靠近，英语学习的情感、态度逐渐向有利的一面转变；原来较为狭隘的价值观在多语环境观照下开始系统化、成熟化。

二　课程体系

民族教育中的语言文字（形式）与文化内容（实质）之间的关系是相对的，当语言环境与社会要求等因素特殊时，即采用"开花于汉语文，结果于民族文化"，故"汉加民"类型属于一种过渡型双语教学模式。它把民族教育理解为一种特殊的教育，其实质是在并不扎实的传统教育基础上移植现代学校教育。由于民族语文在特殊语言环境下自身功能的降低，使教学更偏重于追求效果而非形式。从心理学上尽量考虑双语过渡中，第二语言和第三语言的引入与习得及在运用方面的特殊性。

从语文功能而论，大多数少数民族语文完全具有用来学习和传授自然科学在内的现代科技知识的功能；从文化人类学理论而言，三语教学仅是一种教育的形式，如果把它放在整个文化视野中考察，它又是民族文化传承的一种特殊工具，其功能在于保存和发展民族文化；从民族心理学的相关理论出发，强调母语是进行教学活动的基础，从而强调民族环境、民族心理特征、民族语言特征与三语教学中主体心理的一致性；该模式的核心理论依据在于，它把民族教育理解为"民族传统教育与现代教育交融进行"的大教育观，教学上力创民族特色，构建三语教学论的体系，课程上尽量保持民族传统文化与传授现代科学知识相结合，构建多元文化课程论体系，从而完成民族教育从形式到内容的高度统一，同时兼顾中华民族的多元一体教育，学习和使用族际语。

要引导民族教育从传统走向现代，由单一教育走向复合教育。把学生学习的重点放在对民族语言文化的掌握与对现代科技知识的传授上，从语文上达到"民、汉、外兼通"，从文化程度上达到民族人才与现代国际化人才的统一结合。

各地因经济、教育发展水平的不同，可打破千篇一律的僵化格局，因地制宜，构建本土化的课程体系。具体建议如下。

（一）课程目标

从课程体系的目标指向看，应突出体现培养三语兼备，具有创新精神和健全人格的、适应时代发展的高素质少数民族人才的目标定位。

（二）课程内容

从课程体系的内容维度看，应充分体现民族文化、主流文化、异域文化的完美结合，体现知识培养和能力培养的有机统一，体现民族地区英语教育的特殊性。就知识和能力的培养而言，针对民族地区不同的情况，增设不同的教学内容，如从初二下学期起开设旅游英语、畜牧英语等地方课程，为不能继续升入高中的学生谋得一技之长，使其离开学校后能够胜任当地的生产劳动，真正让学生学有所用。就英语教育的特殊性而言，应突出本民族文化、本民族语言的优势，消除部分学生的民族自卑感，增强民族自信心、自豪感，并通过异域文化的学习，使学生具有广阔的国际视野。

（三）课程形式

从课程体系的形式维度看，应体现国家课程、地方课程与校本课程，显性课程与隐性课程，必修课程与选修课程，学科课程与活动课程，理论课程与实践课程，大型课程、中型课程与微型课程等的结合与统一，克服课程类型单一化现象，使课程体系之于培养目标的实现发挥最大限度的功能。①

构建民族地区三语教学的课程体系应遵照"国家课程居主导地位，地方课程、校本课程是对国家课程的重要补充"的理念。考虑到我国三语教育的研究刚刚起步，理论和实践都不够成熟，有些课程体系的出台只是针对个别地区和个别民族，不具有普遍的说服力和全部的概括力，因此地方课程和校本课程的开发力度不宜过大。依据国家基础教育学科课时分配指导思想，从理论上每周大致拥有10%—12%的课时量。三语在课程体系中所占的比例结构随地区、生源的不同而不同：一般来说，城市和郊区学校的少数民族学生汉化程度比较高，汉语、英语水平相对而言比较高，可适当增大母语的比例；农村、山区等地的少数民族

---

① 王昌善：《新世纪我国本科学历初等教育专业课程体系初探》，《中国教育学刊》2005年第3期。

学生，母语水平较高，但汉语、英语水平相对滞后，可增大汉语、英语的比例，适当减少母语的比例，努力为少数民族学生搭建一个统一的三语教育平台。

所有的课程可区分为必修课程和选修课程，基础语言、文化知识课程设置为必修课程，专业技能知识课程设置为选修课程，如旅游英语、畜牧英语等地方课程。另外，特殊的生态环境孕育了特殊的教育方式，活动课程就是其中的一大特色。民族地区的课程注重与自然、生活的沟通与融合，因此，其教学除了传统的课堂教学外，应当走向"自然"、走向"田野"，走向行动，走进生活，成为一种灵活自如、多种多样、生动活泼且具有自主性、开放性、实践性和探究性的活动。从具体操作上讲，年级水平越低，活动课程的比例越大，反之亦然。在教学上，根据课程的具体要求，除了可以采用不同的课型进行授课，还可采用分层教学、多媒体教学、网络教学等先进的教学手段，在校园里开办英语角，书写英语标语等，让英语的 DNA 渗透学校的每一个角落，弥漫在整个校园，营造一个处处皆英语、处处皆课堂的学习氛围。

构建民族地区的三语教学课程体系首先要考虑不同地区、不同学校实施的不同教育模式。民族地区现有三种并存的英语教育模式：

（1）普通模式：同非民族地区的教学方式一致，英语作为必修课开设；

（2）以汉为主的教学模式，单独开设民族语文课，英语作为副课开设；

（3）以民族语文为主的教学模式，单独开设汉语课，英语作为副课开设。

这些地区中小学三语教学在学习年限上可借鉴新加坡政府的分流制做法。根据学生个体情况以及学生个人意愿选择不同阶段的双、三语教育，并可以进入双语、三语教学的快班或慢班。可以在教学过程中，让学生因能力的提高提出转班。可在小学阶段实行民汉分流，初中实行民英分流；也可将三种语言在小学高年级或初中阶段并举，总体原则应是先民汉、后民英。目的是从不同的语言系统去掌握共同的教学内容——民族传统文化成果与现代科技成果。为陈述方便起见，笔者认为有必要将以上模式分为两种情况，即以民语为主要教学语言和以汉语为主要教学语言进行教学。建议尝试以下三语教学的课程体系模式。①

1. 小学阶段

模式一：

以民为主、单科加授汉英语文的学校中，1—3年级全部课程用民语授课，从四年级开始加授汉语课，每周6—8节语言课程（汉、英语），相应减少民族语文课时，至六年级毕业时，要求汉、英语达到初小程度，其他课程要求达到高小程度。期间英语课堂语码转换以民英为主，汉英为辅，适当使用三语语码转换。

模式二：

以汉为主、单科加授民、英语文的学校中，1—3年级全部课程用汉语授课，从四年级开始每周加授6—8节语言课程（汉、英语），相应减少汉语课时，至六年级毕业时民、英语达到初小程度，其他课程达到高小程度。期间英语课堂语码转换以汉英为主，民英为辅，适当加强三语语码转换练习。

2. 中学阶段

模式一：

以民族语文为主，单科加授汉、英语文的学生，初中毕业时，汉、英语达到高小毕业程度，其他课程达到初中毕业程度，期间英语课堂语码转换开始着重体现三语特征，加大练习强度；进入高中后，加大汉、英语的授课时数，相应减少民族语文授课时数；高中毕业时，汉语文达到初中毕业程度，其他课程均达到高中毕业程度，期间英语课堂语码转换要实现三语间的灵活转换，继续加大练习强度。

模式二：

以汉语文为主，单科加授民族语文的学生，初中毕业时，民族语文达到高小程度，其他各科均达到初中毕业程度，期间英语课堂语码转换同样开始着重体现三语特征，加大练习强度；进入高中后，加大民族语文的授课时数，相应减少汉语文的授课时数，高中毕业时民族语文达到初中程度，其他各科均按国家普通高中的教学计划要求执行，期间英语课堂语码转换同样要实现三语间的灵活转换，继续加大练习强度。

_____

① 此模式借鉴了王鉴、李艳红（1999）的藏汉双语教学模式修改而成。

三　教材开发

教材是教学之本，如果没有合适的教材，就会在教学中出现事倍功半的情况。开发利用适合民族地区语言生态的中小学外语教材，是民族地区外语教学的重中之重。Malone 提出，世界范围内多语教育项目的经验表明，把广泛应用的语言交流课程译为少数民族的语言进行语言教学不一定总是成功的。[①] 更糟糕的是，Skutnabb-Kangas 认为很多双语教材包含种族歧视和少数民族负面形象的画面，给少数民族强加了异域文化的价值观。[②] Farley 建议学校教材必须从刻板、有成见的民族印象中脱离出来，从忽视少数民族的传统做法中脱离出来。[③] 目前民族地区中小学除少数地区、学校外，使用的大多是人民教育出版社出版的全国统编教材。统编教材是在考虑了全国绝大多数中小学生第一语言为汉语的情况下制定的，对于大部分地区和中小学校来说具有相当积极的意义，但在民族地区使用此类教材并不现实。

目前民族地区英语教学在教材的选用上忽视了少数民族地区英语教育的特殊性。

首先，统编教材中的很多内容与少数民族地区实际生活不符，文化和经济发展差异使他们在很多课本上出现的内容认知过程中概念与意象之间的转换比较困难，从而使教师在教学中有困难，学生在理解上也有问题，很大程度上影响了教学质量。例如，对于什么是超市，什么是西餐，他们很难想象，毕竟有些东西离他们太遥远，理解起来太抽象。

其次，少数民族学生起点低，进度跟不上，使用全国统编教材的前提是第一语言是汉语，而实际上民族学生中有很大一部分第一语言为民族语言，在汉语基础不稳固的情况下学习英语本身就有很大的困难，统编教材对他们无疑是雪上加霜。

---

① Malone, Susan, "Education for multilingualism and multi-literacy: Linking Basic Education to Life-long Learning in Minority Language Communities", *Conference on Language Development*, *Language Revitalization and Multilingual Education*, Bangkok, 6—8th November. 2003.

② Skutnabb-Kangas, Tove, *Language*, *Literacy and Minorities*, London: Minority Rights Group, 1990, p. 20.

③ Farley, J. E., "Majority-minority Relations", In J. E. Farley (ed.), *Combating Prejudice*, Englewood Cliffs, NJ: Prentice Hall, 1995, p. 40.

最后，限于办学条件和教育资源，部分学生还在使用陈旧教材，学校没有图书馆也没有较丰富的英语参考书籍和相关资料，教育经费的紧缺造成教育设施的落后，英语教学所需的配套设备严重不足。没有专设的语音室、多媒体教室，没有配备相应的英语教学设施、资料，没有配备英文字典、磁带等辅助学习资料，在听力、日常教学方面可以说是一片空白，对英语歌曲、英语电影等外国文化了解甚少。再加上民族地区英语语言环境相对较差，听说技能的提高就变得异常困难。

由此可见，要快速提高民族地区英语教育教学水平和民族学生的整体语言水平，传承并创新汉语文化和民族文化，培养具有多元文化素养的人才，跟上时代的步伐，开发适合民族地区教育现状的教材极为紧迫。

在教材内容的选取上，英国教育人类学家 R. Jeffcoate 提出过以下几个标准：

第一，所选内容要具有国际性，其观点具有全人类性；

第二，所提供的视觉形象、故事及知识要全面地体现文化中的各种文化群体；

第三，学生应该有机会获得有关种族和文化间异同的真实知识；

第四，应客观地介绍各移民和外族群文化群体；

第五，允许各民族用自己的语言来解释文化，表现自身归属。

鉴于以上教材开发的标准，结合我国民族地区三语教育与三语教学的现实语境，我们认为，三语教材的开发应遵循以下原则：

第一，教材内容要新颖，要能够激发学习者的内在和外在学习动机，激发学习者的积极学习情感；

第二，教材内容要在时间和空间上与学习者贴近，与学习者的兴趣、生活、经历等关联；

第三，教材内容难易要适中，与学习者的认知水平相一致。

超出学习者的认知水平，会给学习者以挫败感，打击学生的学习积极性；低于学习者的认知水平，对学习者造不成挑战，容易助长骄傲自满或无心学习的负面情绪。教材内容以本民族文化为基点，广泛触及多民族、多文化的语言、文化传统、价值体系、宗教信仰等，凸显教材的民族特色及国际视野，具体可涉及政治、经济、文化、历史、地理、及当地的旅游、畜牧业生产等和学习者生活息息相关的方方面面，要充分体现教育的人文价值和文化传承功能，体现教育惠及每一位学习者的实用价值。传承与弘扬优秀的文化传统是每一个人神圣而不可侵犯的历史使命，但并非每一个文化因子都是优质的。既然任何事物都有它存在的合理性，那就应该让学习者理解我们文化中落后的、不积极的方面，以此来激励他们奋发图强。激励教育也应该是教材开发必不可少的一部分。Banks 教授还提出，在课程内容中，必须反映出其他族群的历史、经验、价值观念，给少数民族学生以了解自己文化的机会，培植他们的民族自尊心，同时也给优势族群的学生以了解他们文化的机会，消除偏见。

在教材的组织上，现代心理学主张教材内容的组织要做到教材的逻辑顺序与学生心理顺序的统一，秉承人文主义的观点，体现人文主义的关怀，符合当代英语教学模式的理念。在这一点上，Ralph Tyler 提出的课程组织三原则有着重要借鉴作用：

（1）连续性，即直线式陈述课程内容；

（2）顺序性，强调后续的内容以前面的内容为基础，不断增加广度和深度；

（3）整合性，既要注意各门课程的横向关系，使学生获得一种统一的观点，又要把自己的行为与所学内容统一起来。

在三语教材的具体编排过程中要合理安排教学内容，教学的难点、重点、教学要求、听说读写技能训练的侧重点应随科目的不同而不同，形成功能各异，相互依存、交织的隐形学习网。另外，有条件的学校可利用现代远程教育技术，接触到地道的英语和优秀的教育资源，实现资源共享。同时，也可上传本校富有地方特色的教育资源，与全国甚至全世界的学校交流教学经验，取长补短，实现多赢。

在开发类别上，建议组织一批对少数民族地区情况了解，对外语也精通的专家专门编写本土化三语教材、校本三语教材，适合少数民族学生使用的外语教材，"重在培养少数民族学生的学习兴趣和交际能力，内容应包括少数民族文化和旅游景点的情况介绍，使学生学了马上就能使用，要注意实用性和趣味性"①。

---

① 李定仁：《西北民族地区校本课程开发研究》，民族出版社 2006 年版。

在开发维度上，建议教材、教辅、课外三语读物、电子课件、远程教育资源的开发并重，确保学生在课堂之外的自学有资源可利用，确保在一段时间的发展之后，民族学生和普通学生（即第一语言为汉语的学生）享有同等程度的学习资源和英语学习环境，实现真正意义上的机会均等。

在开发原则上，建议实现民族内统编、民族间参照、地区间协编、年级间分流，民族内统编能够确保第一语言为藏语的民族学生有统一的教材，有利于地区间、学校间英语教学的均衡发展，有利于教育资源的合理配置，更有利于教辅的开发和利用；民族间参照有利于实现民族间英语教育的平衡发展，有利于促进全国英语教育水平的提升；地区间协编有利于节省资源，教材的推广使用，有利于建立统一的教学评价体系；年级间分流有利于充分考虑学生的年龄和认知水平因素，符合语言学习渐进性原则。

总之，要通过本土化、校本教材的开发，使民族地区学生有适合自身英语学习的教材，使教材民族化、实用化、现代化。

四　师资培养

Jean Piaget 认为，有关教育和教学问题中，没有一个问题不是和师资培育有联系的，如果没有足够的合格教师，多么伟大的改革也势必在实践中失败。当前民族地区教育改革发展的诸多工作中，培养和培训适应新一轮基础教育课程改革需要的新型三语教师，是一项重要而紧迫的任务。尤其是在语言习得初期，外语学习受第一语言（母语）的影响最大，教师要通过方法性、趣味性课堂来引导学生建立语言学习的中介语和语言习得策略体系，通过对比等方法逐渐降低语言负迁移，合理引导语言差异向有利于外语学习的方面发展。

（一）我国少数民族地区三语师资培养方案

在三语教学的多元文化视野下，师资培养模式不应对已有模式的复制与照搬，而应对其进行梳理、反思、重构与创生，赋予师资培养模式新的内涵，使之推陈出新，与时俱进。新的三语师资培养模式在继承与发扬传统模式的精华的基础上，应体现它的独特性和现代性，主要通过职前培养和在职培养两种途径来实现，重点着眼于以下几个维度。

1. 三语教师的职前培养

主要依托民族师范院校、普通高等学校的师范专业等，立足于当地的教师教育机构，重点着眼于以下几个维度。

（1）开设以三语教育师资为培养目标的专业

在课程设置上要体现民族特色、异域特色和三语特色，外语类科目在总课时中应占到相当的比例。在三语教学中要充分利用网络、多媒体等现代化的教学手段与隐性教学资源，加强语言学、心理学、教育学等理论知识的学习，提高学生的三语语言能力、执教能力，培养学生的自主发展意识和发展能力。此举措可使准三语师资的三语能力平衡、协调地发展，更符合三语教师的知识与能力结构要求。另外，针对我国民族地区三语师资的现状，可采取定向与非定向相结合招生、提供全额奖助学金等措施，为民族地区源源不断地提供合格的三语师资。

（2）加强实践教学环节，健全实习制度

在教学实践环节，目前普遍存在重理论、轻实践、重知识的传授而轻能力的培养的现象，教育实习仅流于表面形式。民族地区特殊的三语接触环境要求准三语师资在成长过程中不仅要学习具有普适性的"理论知识"，更要走出虚拟的专业学习环境，在真实的三语教学情境中获得具有个人特征和民族特色的"经验知识"，在不断的教学反思中学习、发展。

（3）对三语专业的学生进行教师职业情感的培养和开发

目前，教师职业倦怠现象已是一种较为普遍的现象。教师在教学中感受不到工作的乐趣和激情，没有职业成就感，甚至失去了自己的目标和追求，这样消极的心理状态显然不利于积极、有效的教学行为，难以适应三语教学的要求，而职前的培养开发则更具有前瞻性和持久性。教师对学生进行职业荣誉感、社会责任感、历史使命感的教育，使他们保持从事三语教育的内在动力；对他们进行职业美感教育、特殊的美育教育，使准三语教师们能够对未来的职业有美的感受、美的理解、美的追求，从而树立崇高的教师职业情感，为他们成为一名符合民族地区需要的优秀三语教师打下坚实的思想感情基础。

2. 三语教师的职后培养

除可借助传统的教师培训形式，如脱产培训、函授、夜大、远程教育等提高学历水平和执教学科知识水平，促进三语教师素质的全面提升，还可通过交流与合作等多种渠道促成。

第一，加强三语师资学历教育

民族地区的三语师资学历普遍偏低，因此，提高师资的受教育程度是当务之急。但一味地追求高学历又与现代教育理念背道而驰。研究表明，教师的执教学科知识与学生成绩之间几乎不存在统计上的关系。教师需要知道一部分执教学科知识，但执教学科知识之于教学总体效果有一个临界点。超过一定的临界点后，反而会引起总体效果的下降。因此，民族地区的三语师资学历水平只需达到教育部对基础教育师资的要求，即小学教师达到大专层次；初中教师达到本科层次；高中教师达到本科层次，并有若干比例的研究生。另外，在培养三语教师扎实全面的专业知识和技能的同时，更要培养三语教师积极健康的心态去面对生活与工作，使其生命的潜能得以充分释放，实现心灵的自由和精神的升华，达到生命与事业高度融合的境界，为三语教师实现自我完善提供不竭动力。

第二，建立多元化的教师教育途径

在在职培训阶段，应探索外出进修和校本培训相结合，受外在教育和自我反思相结合的教师发展模式。① 外出进修应以教师为主体，结合民族地区三语教育现状与需求，开展短期课程培训、教学观摩、专题研讨等，将宏观与微观、理论与实践结合起来，不断丰富师资进修课程内容，使培训的内容更加贴近三语教师的实际，与其日常的三语教学紧密结合起来；优化师资进修模式，不断注入新的教育理念，凸显培训的实用性、针对性与时代性。校本培训作为教师外出进修的有效补充，从学校和教师的实际出发，解决三语教学中的实际问题，促进民族地区学校的自身发展，促进三语师资素质的全面提升。最后，应强化三语教师的自我反思意识，使教师在反思中建构自我，促进三语教师的专业成长。

第三，促进三语师资的交流与合作

与国外的中小学等教育机构建立长期友好关系，加强交流与合作，积极探索前沿的、更有效的英语教学模式和教学理念。学习、借鉴实行

---

① 李方强：《教师成长阶段理论对我国师资培养的启示》，《继续教育》2002年第4期。

双语及三语教育的国家的先进教学方法，结合中国实际及民族地区特殊的需求与现状，整合民族地区本土化且富有异域特色的三语教学方法。鼓励与国外合作办学，实现优势互补，为三语师资出国学习、交流经验、拓宽视野搭建平台。

（二）对我国少数民族地区教师资源配置的建议

要改变民族地区师资现状，就要从根本上改变教师资源配置，根据目前的师资现状，主要应该从以下方面采取措施进行改进。

1. 师资来源

建议以第一语言为民族语言的教师为主进行三语师资培训，采取取材、养材的就地原则，即从少数民族中培养自己的教师：一方面，少数民族教师在自己生长的地方为本民族同胞服务会非常安心、尽力；另一方面，少数民族英语教师既懂汉语、英语，也懂本民族语言。这样，在教学中，既便于与学生沟通，也便于实现三语教学中课堂语码的灵活转换。

2. 师资水平

建议以政策调控、条件吸引和改变观念教育等方式，提升我国民族地区三语师资水平。调查研究表明，如果是少数民族教师讲授英语，学生理解接受就相对容易一些，其他语言的干扰也少一些。因此，应在少数民族学生中宣传"热爱家乡，学好知识，建设家乡"的思想，激发他们施展才能，改变家乡落后面貌的热情。鼓励、支持他们接收高等教育，回报家乡，尽可能创造有利条件实现民族地区三语师资的高水平化、高学历化，确保民族地区三语教学有良好的师资保障。

3. 继续教育

建议以继续教育为主，尽快改善继续教育条件，满足民族地区三语教师的知识更新和知识结构优化。少数民族地区师资极度紧缺，在现有条件下让一部分教师离开工作岗位去外地进修，从时间和资金上都不太现实。继续教育能使教师就地提高，花费小、效率高，是目前提升我国三语师资水平的最佳选择之一。

4. 交流合作

建议加强发达城市、地区的科研院所与民族地区教学机构的合作，从科研到实际教学的一体化流程的建立，三语教学相关教学法、教育理论和实践策略研究的开展有利于教学实践降低盲目性，实现科学化。

（三）远程教育和远程师资培训模式

民族地区的外语师资数量不足，学历层次偏低，缺乏双语和三语培训，受经济和文化发展水平的制约，要在短期内补充新的外语师资，难度很大。在职的教师虽有很强的职后教育的愿望，但繁重的教学负担又限制了他们脱岗接受职后教育的机会。面对民族地区外语师资的现状，大力发展远程师资培训模式是当前行之有效的方法之一。

实施"现代远程教育工程"，形成开放式教育网络，构建终身学习体系，是我国面向 21 世纪教育振兴计划的 12 个工作要点之一。"农村中小学现代远程教育工程"项目是教育振兴计划的主要内容之一，该项目的实施，在一定程度上缓解了西部地区外语教育师资不足的现状。远程教育的三种教学模式在中小学试点学校已初步发挥出巨大的功能，使西部偏远地区的中、小学生开始接触到原汁原味的英语和优秀的教育资源，对缓解西部地区，特别是农村地区和少数民族地区的外语师资紧缺、提高西部地区外语教育质量起到了不可估量的积极作用。然而，这一项目主要是为普通基础教育服务的。如前所述，民族地区的外语教育有其特殊性和复杂性。远程教育项目开发的基础教育外语资源库为中小学生提供了丰富多彩的学习素材，为教师提供了方便快捷的备课资源库，但与民族地区外语教学的现状存在一定差距，教学进度、教学要求和教材都与普通基础教育存在一定差距，因此，应建立适合民族地区外语教学现状的民族外语教育资源库。

民族外语教学资源库的建立和运行应坚持经济适用的原则，充分利用"农村中小学现代远程教育工程"的设备条件和资源环境，依托民族院校和高等师范院校的教学和科研优势，开发民族化、本土化的教育资源。民族地区外语教学的特点之一是外语课堂上的双语或三语教学，因此，在开发民族地区外语教育资源库时应充分考虑这一因素，将双语或三语教学的理念和原则体现在远程教育资源库中，使教师和学生都了解他们所进行的课堂活动的特点，理解隐藏在他们教学活动后的种种教学规律和教学原则。同时，通过远程模式，为教师和学生提供必要的双语和三语教学理论介绍和实践培训，使民族地区的外语课堂上的双语或三语教学在理论上和实践上都更趋向科学化、系统化。

外语师资的远程培训应成为民族地区远程教育的重要内容。作为教学活动的组织者和领导者，教师的专业素养和能力直接关系着教学的成败。现代教育技术辅助下的教育形式使教师的角色日益导师化、隐性化，但同时又对教师的知识结构和能力素养提出了更新更高的要求。民族地区外语师资的现状要求师资培训模式将近期需求和长远规划结合起来，一方面集中解决师资中存在的突出的专业知识问题，如发音不够标准，语法理解错误等信息；另一方面应通过合理科学的课程设置，逐步提高民族地区外语师资的总体从业能力，使他们了解外语学习理论、英语语言学、英语教学理论、教育学、儿童发展心理学和民族教育学的基本原理，形成科学合理的知识结构和素养。这种分级分步的培训模式既能解决民族外语教育目前面临的紧迫问题，又能保证民族外语师资的可持续发展。

第四节　我国少数民族地区三语教学模式的实施

应当看到，三语教学成为我国民族地区英语课堂新的教学形式绝非偶然。"英语因融入了众多民族的语言特点，从某种意义上来说，英语是属于全人类的语言。"[①] 当人类进入 21 世纪，随着科技、交通、信息技术的发展，不同的社会、文化以及不同地区的人们产生了相互交往的强烈愿望，因而人类更是进入了一个民族文化多元化的阶段。在此背景下，少数民族学生不仅要学习本民族的语言和文化，还要学习第二语言和文化，更要学习"英语"的语言和文化。民族地区英语课堂的三语教学模式把握教学前沿脉动，顺应时代潮流应运而生，成为英语教学史上的一朵奇葩。

为使我国民族地区英语课堂三语教学模式顺利实施及更好地发挥其作用，需沟通系统内部与外部的联系，在提高认知水平的基础上，通过各项制度来保障运行。各级政府特别是中央政府应高度重视民族地区三语教学的发展；要从建设和谐社会、提高民族素质、实施人才强国战略的高度认识三语教学在民族地区英语教育中的重要地位及关键作用；进一步加大投入力度，保障民族地区三语教育发展的基本条件，缩小教育发展的差距；制定切实可行的有关三语教育的规章制度以保障三语教学的顺利实施，各级政府及教育部门更应因地制宜地提出具有建设性的建议，补充与完善三语教学的总要求，使三语教学的效果达到最优化；组织专家、学者和一线教师进行深入调查研究，明确三语教学的指导思想，制定三语教学的研究方案并精心组织实施，使三语教学能更好地促进我国少数民族学生认知能力和语言能力的发展以及健康人格的培养。

一　强化我国民族地区实施三语教育和三语教学的认知基础

认知科学认为，语言运用的心理过程是以认知为基础。人脑处理各种心理表征的过程从本质上说是认知的，这一过程的基本模型同样可用来解释人类语言的感知、理解、贮存、检索和产出。从认知科学的角度看，人的大脑是一个有一定容量的信息处理系统，而语言知识的习得和使用与其他知识一样是一个信息处理的过程。第二语言的习得和使用（本研究中主要指英语学习）同任何知识的习得、使用一样基本上也是一个以大脑"信息处理器"为中心，一头连接输入而另一头连接输出的信息处理过程，而知觉、表象、记忆、理解、意识、决策等心理表征都将对信息处理的过程产生制约作用。

从某种意义上说，二语习得和使用是一个以策略为基础的心理过程，语言策略在本质上是认知的，因此要求有一定容量的认知资源。尽管人类在认知活动中的感知能力、推理能力和信息检索、使用的能力存在差异，但他们都力图用最少的认知资源去获得最大（或最佳）的认知效果。正如二语的理解过程是开放、灵活的，学习者总是力图使用各种认知策略去理解、分析输入信息，以保证理解的正确性和可行性。总之，二语能力是以认知能力为基础，二语习得是建立在学习者自身认知能力发展的基础之上，而不能超越认知能力的发展水平。

认知论强调人类语言学习中的主动性和创造性，认为学习是一种受认知和环境影响的心智活动。认知论认为：语言学习是技能学习，这种技能学习是在"过程"和"策略"的指引下进行的。而"过程"和"策略"则是通过思维加工而进行主动性心智活动来完成的。也就是说，外语的语言知识必须进行认知理解，必须和人的认知结构相联系，否则学习将是肤浅的，容易遗忘。

在少数民族教育中，多数学生是在进入学校之后才开始接触其第二语言——汉语，他们通过母语来学习文化知识，以藏族学生为例，"认知学术语言水平（Cognitive Academic Language Proficiency，简称CALP）系统通过母语藏语为载体得到促进和发展，汉语的习得通过从固有的以藏语为载体的CALP系统获益，同时，二语环境中，课堂上汉语的学习也会促进学生CALP的发展。而英语学习是以中介语——汉语为教学基础语言来进行的。因此，在英语学习过程中，以汉语为载体的CALP成为他们英语学习的好坏程度的决定因素之一，学生达到的双语能力水平会对其CALP的提高起到正面或负面作用"[①]。

我国民族地区三语接触生态环境的特殊现状为民族地区中小学生的语言学习和认知发展提供了优越条件。根据阈限理论，民族地区学生相比于大多数普通汉族中小学生来说在语言习得和认知发展方面程度更高。而目前我国民族地区三语接触环境下中小学生语言水平普遍偏低的现象则说明三语环境的优势还有待于更充分的发挥。努力改变民族地区三语教学现状，提高民族地区学生的民族语言、汉语水平有利于提高学生的认知学术语言水平，夯实学生三语接触环境下学生学习英语的认知基础。

二　建立健全我国少数民族地区实施三语教育与三语教学的保障机制

三语教学的实施远远不是某些个别措施和建议可以解决的。要实现民族地区外语教学的稳定发展，就必须建立相应的保障机制，确保改革发展的成果能够顺利实施，也确保三语教学工作不会因为某些具体困难而停滞或受挫。

（一）分类统一民族地区教育模式，减小语言水平的横向差异

民族地区的语言教育中有英语课为主、为辅之分，有英语、汉语教育缺失之分，有第一语言的藏语、汉语之分，详细说来模式不下六种，

---

① 杜洪波：《"藏—汉—英"三语环境下藏族中学生英语学习的认知基础和学习机制分析》，硕士学位论文，西华大学，2008年。

各类教学模式"百花齐放"，在宏观管理与调控、教材开发与利用、教育资源有效配置等方面造成了很大的操作难度。前文论述中将各类模式分为以藏语为主要教学语言和以汉语为主要教学语言进行教学两类。笔者认为，可以尝试民族地区的外语教学按实际情况实施这两类模式，以实现资源优化，降低民族地区三语教学的负荷。

（二）制定适合民族地区的中小学英语课程标准和课程体系

民族地区的英语课程标准要统一于普通中小学英语的新课程标准之下，充分考虑民族地区的教育资源现状，体现民族教育的差异，将民族地区三语教学的策略、方法上升为标准，确保实施。制定相应的课程体系来指导、约束、平衡教学实践，使日常教学有章可循。

（三）培育和鼓励三语教育与三语教学的相关研究

建议系统、长期地开展基于藏汉、藏英二语习得理论、翻译理论研究，三语语码转换的理论研究和三语教学理论研究，为民族地区实施三语教学提供理论保障。三语教学在我国已不是新生事物，但相关理论研究却处于起步阶段，实际教学工作缺乏理论指导，在教学的科学性方面还有待进一步提高。系统、长期的理论研究有助于三语教学工作步入正规发展道路。

民族地区英语课堂的三语教学模式不是封闭的、僵化的，而是开放的、动态的。该系统只有与周围系统进行交流、互动才能够去伪存真、吐故纳新，经过模式构建—实践—反思—解构—研究—重构的链条，使民族地区的三语教学与时俱进，不断创新，实现新世纪新的飞跃。总之，应建立健全相应的保障体（机）制，确保民族地区三语教学工作顺利展开。

第七章

三语环境下我国民族地区
外语课堂多元文化建构

  课堂是学校最主要的教育载体，课堂教学是学校教育的主渠道，其本质上是一种以提高个体生活质量和生命价值及意义为旨归的特殊的生活实践过程。此过程绝非教师的满堂灌和学生静听式的机械重复，其中充盈着来自不同文化背景以及具有不同发展水平的教师和学生对不同文化的认知与交流，并在长期的教学实践中形成有多种要素参与的稳态的课堂风气、规范、心理环境、价值观念、思维方式及行为方式有机融合的微观文化形态——课堂文化，它是社会文化和校园文化的缩影，教师和学生在这种多元和谐的课堂文化中相互学习，共同成长。

  近年来，由于国家对民族教育的高度重视，极大地推动了民族地区的教育改革，双语教育取得了长足发展，2002 年 7 月，《国务院关于深化改革加快发展民族教育的决定》中指出："在民族中小学逐步形成少数民族语和汉语教学的课程体系，有条件的地区应开设一门外语课。"① 少数民族地区中小学英语课开设已全面展开，加之现行英语教材是以汉语为辅助语的统编教材，少数民族语言、汉语、英语三种语言在英语课上得以并存，三语教育成为民族地区教育的特殊形式，母语（民族语言）、第二语言（汉语）和外语之间的语码转换和相互迁移、多元文化交融共存的课堂文化生态环境成为民族地区外语课堂教学的主要特色。

  我国英语新课程标准对文化教学提出要求：语言有丰富的文化内涵，在外语教学过程中，接触和了解英语国家文化有益于对英语

---

① 国家民委语文室：《加强双语教学，切实提高民族教育质量》，《中国民族报》2002年 10 月 1 日。

的理解和使用，有益于加深对本国文化的理解和认识，有益于培养世界意识。在教学过程中，教师应根据学生的年龄特点和认知能力，逐步扩展文化知识的内容和范围。[①] 外语文化伴随英语教学进入民族地区的课堂教学中，形成三种文化交融共存的课堂文化格局，探索并建构三语环境下的外语课堂文化是推进民族地区外语教育健康发展，加强民族文化交流，丰富民族文化，促进民族发展的重要内容和客观要求，也是教育工作者不断提升个人素质，稳步实现教育目标的根本要求。

第一节　　三语环境下外语课堂文化要素分析

三语环境下的外语课堂文化具有其独有的特点，三种语言所承载的民族文化、价值观念、思维方式、行为方式及语言结构上的差异在课堂上呈现出相互冲突和融合的动态演变形式。

少数民族文化大都以高原游牧文化为主，同时也具有丰富的宗教文化。以藏族文化为例，藏传佛教作为藏族全民信仰的宗教，其寺院教育在历史上对藏区的文化和教育的发展有着深远的影响，形成藏族相对稳定的价值观念和行为取向。藏传佛教的影响也使藏民族形成了重体验、具象和综合的内倾式思维方式。[②] 藏族学生在藏语课堂学习过程中普遍长于朗读和背诵词语、句子和文章，在熟练记忆和放声诵读中掌握语言。教师在课堂教学中以讲授为主，注重学生语言表达能力的培养，但缺乏对学生个性和创造能力的培养。文化的差异在语言上表现为语音、语序和语法的不同，藏语为表音文字，主宾谓结构，拼读相对规则，且形容词、指示代词和数词做定语时，放在中心名词之后，而汉语和英语中则一般定语前置。

汉文化是一种具有守成性的大陆农耕文化，受儒家思想文化的影响极深，儒家把伦理道德视为核心教育价值观，其最高标准就是"礼"，"礼"确定了社会人际之间亲疏、贵贱、长幼分异的合理性，并以此制

---

① 教育部：《全日制义务教育普通高级中学英语课程标准》，北京师范大学出版社2001年版。

② 江巴吉才、潘建生：《藏族传统宗教思维方式初探》，《西藏研究》1992年第1期。

定出各阶层人的行为规范。[①] 传统教育历来奉行"师道尊严"，强调等级与和谐。受传统文化影响，传统汉语课堂中融入了浓厚的社会情感和道德因素，教师被尊为知识的化身，课堂的主宰，主动的施教者，学生是知识传授的对象，外部信息的被动接受者。课堂教学主要以教师的知识讲授为主，强调词汇及基础性知识，要求学生认真听讲，记笔记，语言的实际应用性在某种程度上往往被忽略。虽然新课程倡导的体验、参与、合作、探究、反思等教学理念较为有效地改变了课堂教学的理念与氛围，但这些理念还未完全进入少数民族地区并内化为该区的课堂文化。受传统文化影响，在思维方式上倾向于整体、悟性、形象和直觉思维。汉语是表意文字，语言表达上表现为环式思维特点。

英语代表的则是外向型的西方海洋文化，文艺复兴和启蒙运动思想的影响，使西方人注重分析、理性、逻辑和抽象思维，强调个人价值和自由。教育上深受美国教育家 J. Dewey 现代教育师生观的影响，强调师生的平等关系，在教育过程中，师生共同参与，相互合作，双方作为平等者和学习者来参与。[②] 教师教学方法多样，突出培养学生实际应用能力和独立思考能力，满足不同学生的个性发展需求，但对学生较为放任，缺乏严格要求和管理。西方学生个性鲜明，崇尚个人价值，注重个人自由、权力和发展，善于独立思考，勇于发表个人观点和见解，敢于主动提问或插话，甚至和老师争论。语言教学强调培养学生语言交际能力，注重语言技能和应用，与中国教师注重语言准确性相比，西方教师更强调语言流利性。英语是表音文字，拼写相对复杂，主谓宾结构，语言表达上表现为直线式思维特点。

少数民族族地区的外语课堂有其更为复杂的特征。首先，少数民族学生和英语教师（由汉族或少数民族教师担任）各自所代表的民族文化、宗教文化、教学文化和行为文化共存于课堂，在教学中进行着频繁的交流和互动，同时三种语言文化承载的民族价值观念和思维方式也深深制约着课堂语言教学的顺利推进。其次，师生双方的民族身份、教育背景、三语水平、三语态度、接触语言的历时长度以及三种语言承载的

---

① 邓浩、郑婕：《汉语与汉民族的思维——汉语文化研究之二》，《新疆教育学院学报》1990 年第 Z1 期。

② 顾明远：《民族文化传统与教育现代化》，北京师范大学出版社 1998 年版，第 389 页。

文化的态度对三语课堂的语言选择、语言运用和话语流程都产生影响。① 再次，课堂三语语码转换的复杂性和语言迁移的深刻影响，极大地制约着师生之间的教学互动。语码转换与交替作为三语课堂主线使师生间和学生间沟通交流的难度加大，教师的大部分精力都集中在解码、编码过程中，导致交际（工具）语言错位，现代教学方法无法有效利用，使英语教学的软环境停留在传统阶段。② 最后，多元课堂文化易受宗教文化和社区文化及传统教学观念的冲击，稳态的多元课堂文化的形成是在经济社会发展和教育改革等多种内外因素共同作用下逐步构建的，是一个长期而又复杂的过程。

综上所述，三语环境下的外语课堂表现出文化互动的频繁性、冲突的普遍性、语码转换和语言迁移的复杂性、课堂文化生成的滞后性和不稳定性等特征，三种语言文化在冲突中有融合、融合中现冲突，处于多元共生、多维互动的动态演变模式中。

第二节　三语环境下外语课堂文化的冲突与整合

一　三语环境下外语课堂文化冲突

文化是人类的文化，人类是生存在文化生态系统中的人类。课堂文化作为人类文化生态系统中的微观文化形态，是课堂教学中教师、学生、文本、环境等各个要素之间相互联系、相互作用而产生的一种文化形态③，其发展是各种文化因子相互冲突和融合的动态演进过程。各种文化冲突是课堂文化不断融合并走向和谐的根本动力。三语环境下的外语课堂文化中融入了少数民族高原游牧文化、汉族农耕文化和英语所代表的海洋文化，有其相互认同的成分，但同时也因三种语言文化所承载的价值观念、思维方式和行为方式上的巨大差异，造成各种课堂文化冲突。

---

① 刘全国、姜秋霞：《我国民族地区外语三语教学理论的本土化阐释》，《西北师范大学学报》（哲学社会科学版）2010 年第 3 期。

② 刘全国、慕宝龙：《我国少数民族地区外语课堂三语接触模式》，《当代教育与文化》2011 年第 2 期。

③ 冯燕华：《生态哲学视域下的课堂文化研究》，硕士学位论文，海南师范大学，2010 年。

　　三语环境下的外语课堂文化较单语课堂文化更为复杂，有着不同文化背景、思维方式、价值观念和成长经历的学生和教师之间，不同文化孕育下形成的传统教学方式之间，教学内容所涉及的三种语言在语音、文字和结构及其所承载的民族文化、价值观念、思维方式之间，进行着复杂的文化互动、语码转换和语言迁移。作为课堂主体的少数民族学生，受宗教文化、生存环境、价值观念及思维习惯的深刻影响，对异域语言文化的接受存在较大的困难。首先，传统价值观的不同引发的课堂文化冲突，阻碍了多元文化价值观的形成，这是课堂文化冲突的根本。[1] 其次，受本民族宗教文化的影响和较为淡薄的多元文化意识，造成多元文化认同上的抵触心理，突出表现在行为方式上。再次，受特殊地理环境及思维方式和习惯的制约，加大了语言学习和文本理解的难度，同时对知识和概念的理解往往以本民族生存环境中的社会文化背景为依托，在异域文化概念、意象等方面存在文化理解上的缺失现象。最后，三种语言自身的差异、语码转换和语言迁移的复杂性等因素的影响也是造成课堂文化冲突的重要原因。

　　课堂文化是人类文化生态系统中的子系统，有其自身不断融合、循序渐进自我调节的机制，但人为控制作用也非常重要。作为课堂主导的教师而言，在三语环境下的少数民族地区外语课堂文化的生态平衡中起着决定性的作用，三语教师的民族文化背景、多元文化意识、个人价值取向、三语语言文字水平等因素是引发课堂文化冲突的主要原因。少数民族地区的三语师资相当短缺，目前大多数英语教师主要是汉族，他们在少数民族语言、汉语和英语三种语言的文字和口语表达等变量上存在极不平衡的发展水平，从而表现为对多元文化的避重就轻。同时受自身民族文化、教育背景、价值观念及传统教学模式的影响，多元文化意识相对淡薄，在三种语言文化发生碰撞和交融的外语课堂上，引发不同语言文化之间、师生之间的心理和行为抵触，以及价值观念和思维方式上的碰撞。

　　课堂文化冲突另一表现是课程文化与地方文化间的冲突，现有少数

---

　　① 杨宏丽：《课堂文化冲突的多视角审视》，《东北师范大学学报》（哲学社会科学版）2006 年第 5 期。

民族地区的英语教材倾向于城市化，对少数民族文化重视不够，这造成少数民族学生难以依托自己的母语去学习外语，了解外语文化，从而增加了外语学习的难度。可见，课堂为文化冲突提供了空间，引发了各种形式的冲突。

二　三语环境下课堂文化的整合——濡化与涵化

濡化一词最早是由美国人类学家 M. J. Herskovits 提出的，其核心是人及人的文化获得和传承机制，文化濡化本质是学习和教育，其过程是个人或社会群体中年轻一代获得文化教养和文化传承的过程，也是人类个体适应其文化并完成其身份与角色的行为过程。① 濡化是一个历时的过程，课堂文化是在社会文化和校园文化的濡化中慢慢形成的微观文化形态，少数民族地区受传统宗教文化和游牧文化的濡化影响，加之地理环境、现代教育观念、价值观念和思维方式的制约，由此形成的课堂文化也在潜移默化地濡化着教师和学生。推进民族地区的教育改革，实现教育目标，需充分发挥人的主观能动性，转变教育观念，加强科学指导，以地方民族文化和社区文化为依托，努力构建多元文化并存的校园文化，进而构建多元文化课堂，让学生在长期的学习实践中，在校园和课堂的多元文化氛围中领略异域文化风情，开阔视野，增长知识，拓展思维，全面提升个人素质，实现健康发展。

涵化，或称文化移入，是教育人类学和文化生态学中共用的重要概念。美国人类学家把它定义为"具有自己文化的集团进行的直接接触，致使一方或双方集团原来的文化式样发生变化的现象"②。涵化是一个共时的状态，任何一种文化形态的发展都是一个不断"涵化—分化—重组"循环往复的过程。当两种完全不同的文化相互接触、相互涵化中，彼此都发生了某些变化，进而通过自我调节机制相互采集，取长补短，实现新的动态平衡。在三语环境下，英语文化作为目标语言文化进入三语课堂后，由于该文化的语言载体英语作为目标语言的重要地位，英语文化在三种语言文化涵化的过程中逐渐趋于课堂多元文化体系中的核心

---

① 崔延虎：《文化濡化与民族教育研究》，《新疆师范大学学报》（哲学社会科学版）1995 年第 4 期。

② 冯增俊：《教育人类学》，江苏教育出版社 2000 年版，第 264 页。

地位，但这种核心地位势必受到其他民族文化、教育传统的冲击。教育工作者应鼓励学生树立多元文化意识，使学生在认同本民族文化的基础上，平等地欣赏、珍惜主流文化和异域文化，尊重和理解文化选择和认知的多元性，公正、客观、科学地看待每一种文化存在的价值及本民族文化与主流文化、异域文化之间水乳交融的关系。① 培养他们以开放的胸怀、积极的心态，在课堂多元文化的共时接触中，学习吸收其他民族文化的优秀成果，充分提高自身的文化素养，在课堂上倾心感受异域文化的瑰丽，时刻把握时代发展的脉搏。

第三节　三语环境下外语课堂文化的建构

三语环境下少数民族地区的外语课堂较单语和双语课堂存在更多的文化冲突现象，三语课堂文化的建构，不但有其自身不断濡化和涵化的内在调节机制，更需要教育工作者对这一教育现象的深入研究和探索，有意识地建构多元共生、和谐平衡的生态课堂文化，使民族文化、二语文化和外语文化平衡协调发展。

一　将民族文化和二语文化置于三语课堂文化的重要地位

民族文化在民族地区有着深厚的历史积淀，滋养着一个民族的精神世界，规范着他们的行为方式。民族文化是三语教学文化观的基础，是多元文化形态中不可或缺的重要文化要素。正如 Banks 所说，应鼓励少数民族学生学习与传承本民族自己的文化，因为民族文化能够帮助他们更好地适应现代社会，还能够培养他们的民族认同感和归属感。② 同时二语文化的习得也是推动民族文化不断繁荣发展的保证，在我国"多元一体"的民族格局下，少数民族文化和汉文化共存在一个文化系统中，两者的繁荣和发展密不可分，共同构成了中华民族多元一体的文化格

---

① 刘全国、李倩：《我国民族地区英语课堂三语教学模式探索》，《青海民族研究》2011年第 1 期。

② Banks, J. A., "Fostering language and cultural literacy in the schools", In G. Imhoff (ed.), *Learning in Two Languages from Conflict to Consensus in the Reorganization of Schools*, New Brunswick, New Jersey, Transaction Publishers, 1990, pp. 1—18.

局，在社会文化系统和课堂文化环境中居于重要地位。外语文化的入驻和接纳需有一个长期的过程，过分强调外语文化的重要性势必造成课堂文化冲突的显化，阻碍教育目标的实现。

二　外语文化是民族外语教育的目标语文化，是三语课堂文化系统的重要要素

全球一体化和民族文化多元化的冲突与和谐、国家一体化与民族文化多元化的冲突与和谐成为 21 世纪全人类和多民族国家面临的不可回避的两大挑战。外语文化的介入进一步增加了民族地区教育文化格局的复杂性和多样性。外语学习必将引起学习者文化意识和文化观念的改变，但是外语文化在三语环境下民族地区教育文化格局和系统中的目标定位却涉及我国外语教育政策的基本导向。因此我国少数民族地区的外语课堂不应该单独倚重和强调外语文化的价值，而应该努力营造母语文化、二语文化和外语文化交融共生的多元课堂文化格局。① 此外，少数民族地区的外语课堂教学应以构建多元文化价值观为其追求。多元文化教育追求的理想目标是：尊重文化多元性的特质与价值，尊重个体之间的差异，使每个人都有不同生活抉择的机会，促进全人类的社会公平与机会均等。② 多元文化价值观并非建立在对异域文化的一味倚重和推崇上，而应坚持本土文化的价值核心地位。在本土文化价值中心的前提下，应当强调外语文化习得和外语课堂教学方法在外语学习中发挥的重要作用。同时，多元文化价值观的构建是一个长期的、循序渐进的过程，各文化因子在课堂上"输入—调适—均衡"的发展流程中逐渐形成相对稳定的课堂文化格局。

三　以课程改革为契机，构建突出学生主体，关注生命发展，尊重文化差异的生态课堂文化

生态的课堂文化即和谐平衡的课堂文化，包括多元文化间的平衡，教与学的平衡、师与生的平衡、引导与探索的平衡。课堂文化作为社会

---

① 刘全国：《三语环境下外语教师课堂语码转换研究》，博士学位论文，西北师范大学，2007 年。

② 乌力吉：《少数民族三语教育的纵横解读》，《贵州民族研究》2005 年第 4 期。

文化的微观文化形态，既受其影响，又有其自身的运作机制，其中各种文化因子、人为因素处于动态的、多维互动的发展变化中。教育者工作者既要充分发挥个体能动性，引导课堂文化朝着教育目标的实现和谐发展，更要关注学生个体生命发展的客观规律，尊重民族间的文化差异，培养学生以开放的胸襟、兼容的态度了解不同民族的文化和价值观，开拓思维，化解冲突，增长知识，在师生和谐共处的基础上，构建和谐的课堂文化生态环境，推动个体生命和民族教育的健康发展。

在三语环境下，少数民族地区外语课堂文化建构是一个循序渐进的动态发展过程，是多元文化在课堂教学中相互融合与扬弃中逐步形成的，不可能一蹴而就。但同时应高度重视民族地区外语教育的特殊性，在教育实践中，将构建多元课堂文化的理念贯穿于课程设计、课程实施和课程评价等各个环节，努力构建多元共生、和谐平衡的课堂文化，使民族外语教育在学生多种语言能力发展和多元文化意识养成方面取得双赢。

下 篇

实 证 篇

第八章

三语环境下少数民族地区
外语师资现状研究

第一节　研究总体设计与实施

本书实证篇（第八—十五章）的研究结果都是以作者与其他课题组成员于 2004—2010 年开展的一系列实证研究为数据支持。

研究运用田野工作的研究方法，沿着"先导调查—田野调查—数据分析—成果撰写"的研究路向，对甘肃省少数民族地区的 1103 名学生、155 名教师和 17 名教务管理人员进行了问卷调查，并对部分教师学生和教学管理人员进行了半结构深度访谈，分别对甘肃省少数民族地区的外语师资现状及补偿机制、学生的外语学习动机、学习策略、学习困难、学习风格等变量进行了考量。

一　研究工具

确定研究问题以后，本着合理性、一般性、逻辑性、明确性、非诱导性和可分析性的原则以及多维问卷相互印证的原则，通过数次论证，将研究问题分解为三份问卷：教师问卷、学生问卷和教务管理人员问卷，编制了校领导、教研组长和英语教师访谈提纲，编制了进入个案研究学生的访谈提纲，从多个视点和角度研究三语环境英语教育现状及存在的问题（相关研究工具详见附录）。

（一）学生问卷部分

以 Trambley 和 Gardner 的扩展动机理论为基础，从反映学生的语言态度—动机行为—学习成绩三大因素之间的线性关系这一社会变量入手，同时考虑认知理论的内容，即目标显著性、效价、自我效能三个中间变量，并参照文秋芳、高一虹编制的相关调查问卷，在文献分析的基础上，加入适量问题，对受试学生学习动机做了调查。

参照文秋芳、王海啸的英语学习策略问卷，在学生中进行了预测，修改后制定。以 B. Weiner 的成败归因理论为依据，主要从内外因素和控制两个维度入手，采取探索式方式编制，就"你认为造成你英语学习困难的主要因素是什么"这一问题在学生中进行预调查，然后根据调查结果归纳出频率高的选项，在文献回顾的基础上，加入适量问题，修改后确定（详见附录一）。

（二）教师问卷部分

首先，详细了解了教师的个人和所在学校的基本信息、总体师资以及近几年的师资变化趋势；其次，设计了相关问题对受调查教师的工作量、工作方法、工作态度进行数据收集；问卷还涉及教师的知识结构、对多媒体的使用情况（详见附录二）。

（三）教务管理人员问卷部分

首先，了解该学校包括地理位置、隶属关系、所有形式、在校学生人数、教师人数以及少数民族师生所占比率在内的基本信息；其次，了解受调查学校外语教师人数、年龄对比、职称结构、工作量等情况；再次，对受调查学校的外语教学设施状况也设计了相关问题；在此之后，项目组也设计了有关该地区各中小学校网络设施建设情况和英语教师继续教育状况的问题；最后，对近五年该地区中小学学生、教师以及教师教育变化做了问题的设计（详见附录三）。

（四）校领导/教研组长访谈提纲

实行新课程标准以来，很多学校在使用新教材时遇到了不少困难，究竟学校是如何看新课标的？具体遇到了哪些困难？学校领导以及教研组长是如何看待这些问题的？他们又是如何解决的？这些问题对于我国民族地区实施三语教学至关重要。本研究对此类问题也制定了相应的访谈计划，访谈的问题大致有：新课标的优、缺点；推行新课标的具体困难；如何解决这些问题；学校英语远程教学的使用情况和存在的具体问题；自由访谈（要点记录）等问题（详见附录四）。

二　选样

本研究旨在调查研究与个案研究的基础上，对三语环境下中小学生的学习特点、现状进行分析和研究，因此在选择样本地区、学校和个案对象时，综合考虑了以下因素。

（一）代表性

本项目研究分析的是三语教育现状，所以首先样本地区的外语课堂上要有较为普遍的三语授课现象。我国民族地区的外语教育具有极大的特殊性和复杂性。虽然多数地区都有三语教学的现象，但三语教学的普及现状、结构形态、生态环境和多元文化现状却相去甚远。因此，选择三语教学的样本学校时综合考虑了以上因素，在最自然、最纯正的三语环境下对三语教育与三语教学问题进行原生态研究。

（二）合作性

地方教育部门和校方的配合和支持。本研究对三语教学进行田野工作、课堂观察和半结构访谈。研究对样本学校和个案教师的教学生活造成了一定影响，因此，为保证研究的顺利开展，必须取得当地教育部门和学校，以及教师的合作和配合。

考虑到以上诸因素以及研究的可行性，本书的实证研究部分均以甘肃省少数民族地区的学校、教师和学生为样本。

第二节　三语环境下少数民族地区英语师资现状研究

教师对教育教学的成败起着关键作用，有时甚至直接影响学生能否顺利成才。教师历来被认为是知识的传授者，但现代教育心理学的研究表明，学生的学习是一个积极主动的构建过程，教师所应充当的是指导者和促进者的角色。教师最基本的作用就是指导学生掌握基础知识和基本技能，指导学生在获得科学知识的同时学会如何学习并发展各种能力，从而保证其在未来社会生活中能不断继续发展。除此之外，教师必须起到促进学生学习的作用，教师要激发学生的学习动机，为学生的学习提供支架。在学习初期，使学生可以获得更多的支持；在逐渐成长中，逐渐降低对其支持，让位于学生，让他们独立探索学习。教师既要面向全体学生，促进每个学生的全面发展，又要因材施教，开发每个学生的潜能。教师素质对学生的影响至关重要。若教师素质低下，对学生的负面作用可想而知。因此，保证教师素质是保证教育成功的关键。

少数民族地区的师资问题是一个基础教育中受高度关注的问题，师资问题严重阻碍着少数民族地区基础教育各方面的发展。师资是民族地区英语教育相当薄弱的环节。就目前情况来看，民族地区师资现状具有以下特点。

一 汉族师资所占比例较大

对甘肃民族地区的外语师资调查研究表明，多数民族地区学校的师资中以汉族教师为主，占 62.9%；回族与东乡族教师为第二，占8.6%；其次为藏族，占 5.7%（详见表 8-1）①。民族地区外语师资中汉族教师占绝大多数，而少数民族师资比例远远低于汉族师资。

表 8-1 样本教师民族结构

		频数	百分比（%）	有效百分比（%）	累计百分比（%）
有效	汉族	22	59.5	62.9	62.9
	藏族	2	5.4	5.7	68.6
	回族	3	8.1	8.6	77.1
	东乡族	3	8.1	8.6	85.7
	其他	5	13.5	14.3	100.0
	合计有效	35	94.6	100.0	
缺省		2	5.4		
总计		37	100.0		

汉族教师占绝大多数并不能说明他们能胜任三语教学工作，大多数汉语教师不懂民族语言，他们之所以能够在少数民族地区工作和生活，是因为汉化政策的推广和少数民族汉语水平的提高和汉语使用面的扩大。只掌握汉英双语的教师在课堂教学中不可避免地以英语和汉语为主，造成民族学生尤其是少数民族学生学习上的困难，语言间负迁移的作用进一步扩大。

---

① 本书中实证研究量化数据采集时间为 2004—2006 年间。

二　外语师资的教育水平偏低，学历、专业结构不合理

教师的学历结构总体上能够反映出其认知学术语言水平（Cognition Academic Language Proficiency）。其中接受过三语教育的教师更是少之又少，职称结构和年龄对比也都呈现出不同程度的不合理，还有一部分非语言专业教师从事语言教学。研究发现，调查地区接受过大学本科教育的外语师资占外语师资总数的29.7%（见表8-2），而且全部是以函授、自考等继续教育的形式完成，没有正规毕业的全日制本科生。部分小学开设英语课程以来，这些地区的外语师资更趋紧缺。为了缓解这一现状，相关部门和教育机构大大降低标准，对部分其他专业的教师进行短期培训后即使其承担英语课程教学任务。通过随堂听课发现，跨专业"嫁接"的教师缺乏对英语课程的系统认识，在英语教学中暴露出了很多诸如语音语调等基础问题，不能适应新课程标准对于外语师资的要求。

表8-2　　　　　　　　　　　样本教师学历结构

		频数	百分比（%）	有效百分比（%）	累计百分比（%）
有效	本　　科	11		29.7	29.7
	专　　科	23	62.2	62.2	91.9
	中等师范	2	5.4	5.4	97.3
	高教自考	1	2.7	2.7	100.0
	合　　计	37	100.0	100.0	

三　教师教学观念相对陈旧，教学能力发展滞后

少数民族地区教师继续教育发展落后，职前培养与在职培训脱节，条块分割，体制机构分离，资源配置不当。出于经费等问题，许多教师无法开展继续教育，使教师教学能力无法提高，无法及时汲取时代信息，教育观念更新缓慢。

调查发现，学生对于教师的教学态度评价最高（由高到低依次为藏族3.4443、汉族3.3786、裕固族3.3569、回族3.2741和东乡族3.2645）。对于教师的课堂教学质量评价一般，评价最低的是教师的基本能力（见表8-3）。

表 8 - 3 　　　　　　　　　**教师能力评价结构**

民　族	基本能力		教学态度		课堂监控能力	
	平均值	标准差	平均值	标准差	平均值	标准差
回　族	3.2180	0.73254	3.2741	0.89216	2.9103	0.79301
汉　族	3.2131	0.78662	3.3786	0.77958	2.9259	0.89257
裕固族	3.2789	0.84689	3.3569	0.86931	3.1348	0.85908
藏　族	3.3763	0.67383	3.4443	0.74900	3.0752	0.77624
东乡族	3.0692	0.76347	3.2645	0.90794	2.6378	0.90720

　　少数民族地区工作环境艰苦，教育相对落后，人们普遍对于改变现状的欲望强烈，加上社会、家庭教育观念的转变，教育意识越来越强烈，结合各组数据我们发现，少数民族地区教师责任心强，工作态度积极，吃苦耐劳，对学生高度负责，具有奉献精神。课堂监控能力方面的数据由于存在学生水平、语码转换等多重因素影响，所以不具有统计学意义。教师的基本能力在学生评教中的评价最低（见表 8 - 3），均排在三个维度的最后。

四　三语师资资源严重匮乏

　　在西北民族地区中小学，汉族学生与民族学生同堂学习的情况比较普遍。一部分民族学生把汉语作为第一语言，不会讲民族语（藏族、东乡族等）；而另一部分学生只会讲民族语不会汉语；大多数学生外语学习涉及三种语言间的认知加工和信息转换。少数民族地区理想的外语师资应该是操汉语、英语和民族语的三语教学者，实施三语教学。然而就目前的情况看，三语教学的基础相当薄弱，严重缺乏具备三语教学能力的教师。调查显示，各样本学校所有受调查的教师中汉族教师占62.9%（详见表 8 - 1），其中大多数不懂民族语言，少数民族教师中也有部分教师不讲民族语，在课堂语言使用上不能灵活地实施语码转换，无法满足不同民族、教育背景和语言结构的学生的需求。

五　教师工作繁重，继续教育和交流培训难以满足教师需求

　　样本地区办学条件差，教学点多，学生分散，外语教师的教学、管理工作异常繁重。调查显示，16.2%的英语教师承担了四个或者更多教

学班级的教学任务，教师花在备课、批改作业上的时间也很多，25%的教师每周工作 15 个小时以上（见表 8 - 4）。繁重的教学任务使教师无暇顾及自身的发展，当然，办公条件的限制也使教师备课费时费力低效，无法利用远程教育资源，这也是教师工作效率低的一个重要因素。

表 8 - 4　　　　　　　　　　　　样本教师工作量统计表

		频数	百分比（%）	有效百分比（%）	累计百分比（%）
有效	9 小时以下	2	5.4	5.6	5.6
	10—14 小时	25	67.6	69.4	75.0
	15 小时以上	9	24.3	25.0	100.0
	合计	36	97.3	100.0	
缺省值		1	2.7		
总计		37	100.0		

教育部对于基础教育师资的要求是：小学教师达到大专层次，初中和高中教师要达到本科层次，并有一定比例的研究生。而样本地区学校师资与上述要求有着很大差距。要提高少数民族地区教师资源，首先必须严格把关，加强继续教育，保证少数民族地区的质量的基础上扩大其数量；其次要改善工作环境，竭尽全力创造良好的学习环境，加大教育投资力度，广泛开展远程教育；另外搞好相应的科研工作，发掘少数民族地区多语生态环境的潜在积极作用，加大三语教学、三语接触相关理论的研究力度，构建相应的外语课堂三语教学模式，使外语教育正规化也是少数民族地区英语教育发展的必要环节。

英语教学活动是一种系统复杂的教育活动，这种活动对教师的知识结构和能力结构都提出了更加严格的要求。从教育经济学的角度来看，外语师资的培养成本相对高于其他社会科学学科的师资培养成本。高等师范院校的外语课程体系也是围绕着培养基础教育师资而构建的。一名优秀的语言教师不仅要具备扎实的学科知识和人文素养，而且还应熟悉各种教学理论和学习理论的基本知识。民族地区外语师资的跨专业"嫁接"只能解一时燃眉之急，不能适应新课程标准对外语师资的严格要求，但这些师资毕竟保证了民族地区外语课程的开设。外语师资的严重短缺使他们不能离职进修，但民族地区师资对职后继续教育的需求较为强烈。教师继续教育的需求情况见表 8 - 5。

表 8 - 5　　　　　　　教师对继续教育内容的需求调查结果

内　　容	人数（人）	百分比（%）
教育革新的理念	22	59.5
语言水平的再提高	22	59.5
提高自身修养	22	59.5
信息技术，教育技术	19	51.3
英语课堂教学方法	18	48.6
英语教学研究方法	18	48.6
课堂管理策略	17	45.9
认识教师自我	16	43.2
青少年心理发展	15	40.5
课程开发	15	40.5

　　从表 8 - 5 可以看出，民族地区教师对职后继续教育的需求是多元的，既有教育理念和教学方法的更新，也有学科教学水平的提高，还有对现代教学手段、课程开发、教师自我认识和学生心理的需求。约60%的教师认为教育理念的革新、语言水平和自身修养的提高是他们最为需要的继续教育内容。因此，在了解民族地区外语师资职后教育需求的基础上，探索切实可行的民族地区外语师资远程培训的课程设置和培训模式具有重大的现实意义。

第九章

三语环境下少数民族地区
外语师资补偿机制

我国教育现状的复杂性和多样性是新课程改革面临的巨大挑战之一。不同经济区教育资源的分布不均、人均教育投资差异及教师资源等问题已经随着教改的深入逐渐显现，特别是在民族地区，这些问题已经开始严重制约我国中学英语教学和改革的进程及教育的整体发展。若不及时处理，会造成英语教学上的恶性循环。国内研究者多将目光集中在《英语新课程标准》的特点及理念上，而对于民族地区在实施过程中的具体困难及补偿机制方面的关注少之又少。本章拟从民族地区教师资源现状出发，在现状分析的基础上提出相应的补偿机制。

第一节 三语环境下少数民族地区
外语师资现状及制约因素

本研究采用了莱克特五级量表、多项选择、开放性问卷和深度访谈等多元化的数据采集方式，对来自甘肃省 15 个县、市的 103 名民族地区中小学英语教师进行了调查研究，甄别本地区当前英语教师在教学观念、师资结构和队伍稳定等方面存在的问题。

一 教育教学观念深受应试教育和传统教学法的影响

观念是教学与课程改革的内生动力，它在很大程度上影响着一个地区教师、学生、家长和社会对于教育的真实期望，无形中改变甚至操纵着教育的整个实施过程。我国中小学英语教育所面临的观念问题主要来自应试教育和传统教学方法的影响。

国内民族地区历来由于经济发展水平低、速度慢，人才消化能力远逊于发达地区，就业形势很不乐观。国内尤其是欠发达地区的用人政策很大程度上受文凭观念的影响，许多家长、学生把上名牌大学等同于好工作。各种补习、培训学校纷纷亮相。使传统学校面临巨大压力，为保住生源，促进学校发展，学校的一切工作向中、高考倾斜，应试教育的思想倾向明显抬头，严重阻碍了国内中学教育的健康、快速发展。改革教育教学观念，摆脱应试教育的束缚已迫在眉睫。

传统教学法在很大程度上过分强调了教师在教学活动中的地位，忽略了学习的能动特性和学生的主体地位，造成了学生学习上的被动；忽略了教学的情感性、策略性和人文性，严重影响了学生的全面发展。调研发现许多教师把"教"看成纯粹的讲授讲解，把"学"看成被动的接受，把"互动"理解为"回答问题"，把"任务"理解为"家庭作业"，忽略了外语学习的实用性和工具性。教师因担心"影响升学率"，从而不敢大胆尝试新理念、新教法。而家长被应试教育观念所笼罩，学校大多对此抱"理解"的态度。中学英语教学发展缓慢，并给学生步入社会前所要接受的高等教育以及整个社会带来很大负担。虽然近几年提倡互动—任务型教学的呼声见高，但这股潮流在发达地区卓有成效的同时在民族地区特别是农村却举步维艰。

二　师资结构的失衡成为制约新课程改革的一大难题

合理的教师结构是教育长久稳定发展的重要保证。一个地区教师结构会受经济、教育投入程度、教师进修培训机制的多重影响。教师学历整体偏低、各年龄段教师分布落差大或者知识结构失衡是民族地区师资结构的突出特征。

（一）学历结构

甘肃地处我国西部，经济较为落后，教师资源状况在本地区属中等，升学率属中等偏上，具有一定的代表性。通过对教师（专职）学历状况的调查，获得数据如表9－1所示。

表9－1　　　　　　　　　　样本教师的学历结构

学　历	大学本科（含自考、函授）	专科（含自考、函授）	中等师范
人数（位）	31	71	1
比例（%）	30.1	68.9	1.0

从表 9 - 1 中可以看出，受调查教师中以本科学历最高，而且多为函授。由于甘肃中学英语教育状况在西部地区具有一定的代表性，可以设想，以甘肃为代表的经济欠发达民族地区教师的学历结构偏低。该校人事部门招聘政策与几所发达地区中学网站上招聘政策的对比，也证实了这一点。通过对校领导的访谈，结合对本地区师范大学就业处有关毕业生就业去向的了解，教师待遇差异、发展机会差异、教学环境、教学资源投入差异等成为该地区人才（特别是高学历人才）外流的主要原因。

（二）年龄结构

教师的年龄结构是指教师队伍中各年龄段教师所占的比例。合理的教师年龄结构有利于学校避免教师断层，有利于学校教学工作长期平稳开展。相反，如果教师年龄结构不合理，就会阻碍其发展。在上文提到的调查中，还对教师的年龄结构进行了调查，调查结果如表 9 - 2 所示。

表 9 - 2　　　　　　　　　　　样本教师年龄结构

年龄（岁）	25—34	35—44	45—54	55 以上
人数（位）	5	23	66	9
比例（%）	4.9	22.3	64.1	8.7

从表 9 - 2 中可以看出，教师 45—54 岁年龄段人数占很大比例（64.1%），据了解，这部分教师承担的课程任务很重，而 25—34 岁年龄段的教师人数相对较少，教师资源的衔接问题已得到有关方面的重视。

（三）专业背景与职称结构

国内对教师能力结构问题的研究颇多。有的将教师素质结构分为认识能力、设计能力、传播能力、组织能力及交往能力；有的将教师素质结构分为业务素质（教育科研素质、审美修养素质、能力素质和教育管理素质）、政治思想素质、心理素质、科学文化素质、身体素质和教育理论素质[1]；有的提出了教师素质结构的七因子（信息获取能力和意志品质培养、教师的一般能力素质、职业道德和教育理念、对待学生和教

---

[1]　教育部：《英语新课程标准（实验稿）》，高等教育出版社 2001 年版。

育的态度、课堂调控能力、自我学习能力及心理素质）。本研究通过对各种观点的理解，结合英语学科的多维特性，从专业背景和职称结构两个维度对教师的能力结构进行量化描写（见表9－3、表9－4）。

表9－3   样本教师专业背景结构统计

毕业专业	英语专业	其他专业	未接受调查
人数（位）	82	20	1
比例（%）	79.6	19.4	1.0

注：接受调查的103名教师中只有4名年轻教师学过教育心理学、教学论等相关理论。

表9－4   样本教师职称结构统计

职　称	中教高级	中教二级	中教一级	未评	不详
人数（位）	1	57	23	18	4
比例（%）	1.0	55.3	22.3	17.5	3.9

从上述两表中可以看出，接受调查的所有教师中有很大一部分不是英语专业毕业，教师队伍中高职称教师数量明显偏低，教师职称结构重心偏低，对少数民族地区外语教育的顺利推进产生了一定的制约作用。

目前我国中小学教师资源分布不均，民族地区师资力量欠缺，部分地区为了吸引人才无原则地降低招聘标准，致使许多教师在不具备相应知识结构的情况下上岗；教学活动在某些地区的某些学校成为英语基础性、信息性知识的简单传授。许多教师把自己习得知识的个性方法当作共性学习策略传授给学生，严重影响了学生素质的提高；教师职称结构不合理的状况随着就业压力和经济差异负面影响的加大日渐显现。

第二节　三语环境下少数民族地区
外语师资的补偿机制

教师资源出现的问题不仅给新课改成果在民族地区的推广和实施造成了很大的挑战，对于我国整体教育的推进以及未来人才的培养都有很大影响。如何从存在的问题出发，建立相关的补偿机制，因势利导，将这些地区的不利因素转换为推动教育教学工作的动力，是我们目前的主要任务。建议当前我国民族地区教师资源的补偿机制可以从以下几个方面入手。

一　观念性补偿

观念的形成是一个长期过程，其改变同样不可能在短时间内实现，教育观念尤是如此。要坚持通过改变对教师、学生的评价机制等方式促进素质教育，鼓励新的、先进的教学法的使用，确保改革成果最大限度地共享，才能建立民族地区英语基础教育发展的长效机制。

（一）推进素质教育

素质教育的推进需要有一个与之相适宜的教学环境。这种教育环境的形成非一人所能，非一朝一夕可成。"家庭—小学—初中—高中—大学（包括研究生教育）—社会"形成了一个巨大的社会链条。要确保整个链条的健康发展，每个环节都至关重要。也就是说，其中任何一个或两个环节出了问题，都会对整个链条形成很大的冲击力，并有可能形成恶性循环，贻害无穷。素质教育的推进要从源头抓起，需要全面、系统的政策实施、监督和反馈体系，需要相应的配套改革，而链条中的重中之重则是学校的素质教育。要改变观念，须从教师抓起，进行教育理念、教育理论的培训，改变教师落后的教育观念。

（二）破除传统教法

"教书"和"教课"是形式，"教人"才是目的。"教人"就要以学生为中心，着眼于人的思想、情感、认知、需求、成长、进步、发展等，力求课堂效益的延伸和扩大。[1] 传统的教学方法在民族地区特别是在农村地区占据着统治地位。这说明教师对自己在教学中的地位和作用很模糊，对新的教学模式认识不够，对《英语课程标准》的性质、任务、理念、设计思路不清楚，缺乏专门的培训。新课改的专题培训将有助于他们改变认识，大胆尝试。

二　结构性补偿

少数民族地区在教师资源结构上的不合理成了其学校教育长久发展

---

① 夏纪梅、冯芃芃：《现代外语教学理念与行动》，高等教育出版社 2007 年版。

的隐患。师资力量的不连续性导致阶段性的师资短缺，势必影响到教学质量和学生的发展；学历结构不合理使欠发达地区的师资力量更加薄弱，拉大了经济发达地区与民族地区间教育水平的差距，客观上使这些地区的素质教育理念边缘化了。一大部分教师从未接触过教育学、认知心理学及教学法知识，在教学活动中不能充分考虑学生的年龄、个性、心理差异，不能做到因材施教，因此大大降低了教学的效度。[①]

要解决民族地区教师结构不合理的问题，必须建立一支稳定性强、有事业心的高素质教师队伍。以政策倾斜、待遇优惠等方式吸引高学历、高层次人才加入，为其创造良好的工作环境，做到引得来、留得住；在招聘教师方面严格把关，确保英语教师具备扎实专业知识的同时还应具备一定水平的教育理论、英语学习理论（二语习得理论）、英语教学论及认知心理学的相关理论，确保综合素质，优化能力结构。民族地区教师资源的结构性补偿将有助于优化教师队伍，促进其教育快速、健康发展。

三 经济补偿

教育投入基本来源可以归纳为政府投入、市场投资和第三来源，但现阶段教育投入却存在政府投入保障不充分、市场投资和第三来源动力不足、缺乏监督约束机制等问题。民族地区的低教育投入成为了师资匮乏的主要原因，只有从根本上缩小差距，确保投入公平才能保证人才的均衡分布。

（一）完善教育投入保障法，确保投入公平

我国《义务教育法》第十二条规定："实施义务教育所需事业费和基本建设投资，由国务院和地方各级人民政府负责筹措，予以保证。"富裕地区人民生活水平普遍较好，地方收入较高，相应教育投入较多，好的教育环境和条件吸引了大批优秀的教师和大学毕业生，进一步加剧了教育失衡。这是一个复杂的社会问题，在短时间内无法彻底解决，只有通过完善教育投入保障法才能逐步地缓解这一问题。政府可以参考美国的基数补助计划，按各地区的财力情况按一定比例给予补助，明确教

---

① 莫雷：《教育心理学》，广东高等教育出版社 2002 年版。

育投入的金额，制定最低标准，确保投入公平。

（二）对西部教育经费投入的倾斜

教育财政的公平性有水平公平和垂直公平之分。水平公平又称横向公平，指的是对同样的人有同样的待遇，分配均等的资源；垂直公平，又称纵向公平，指的是对不同的人有不同的待遇，对于特殊学生或者有需要的学区允许分配额外资源。根据数据分析我们已经看到西部地区的实际情况，对西部教育经费投入的倾斜，分阶段、分步骤地提高西部地区的教育水平，并不违背教育公平和义务教育法的原则，反而是基于法律的一种灵活性变通。要早日实现教育公平和全面实施新课标，对于落后地区投入倾斜是改变师资现状必不可少的环节。

（三）缩小校际收入差异

新《义务教育法》中明确规定"不得将学校分为重点学校和非重点学校"，"学校不得分设重点班和非重点班"。这是针对近几年出现择校现象而制定的法律，重点学校与非重点之间收入水平差距很大，这是导致师资非均衡配置的关键原因之一。这种差距使得优秀教师争相聘任，人才聚集，学生家长也择校就学。好的生源、优秀的教师让学校更具竞争力，而其他弱势学校由于人才流失，生源减少，使得学校之间收入差异进一步增大，弱势学校师资更加匮乏。为了保证教育系统人才的良性循环，根本是规定相对统一的收入标准，缩小学校之间收入差异。

四　机制性补偿

需要说明的是，国内教育资源现状的复杂性和多样性并非仅仅是教师资源的问题，相关政策、措施、机制相互间的调节促进作用不可忽视。如何评价教师的工作、学校的教学质量，如何评价学生，改变分数对学生的束缚等都对教育教学工作发挥着重要作用。笔者认为，如下体系、机制的建立与完善亦不容忽视：教学质量评价体系；教师评价体系；学生评价体系；学校间的良性竞争机制；教育政策的制定、检验、评价、反馈及补偿机制；高等学校发展的规约机制；教育政策研究机构、教育管理机构以及教育执行机构的管理人员政绩考核机制。

教育政策补偿

国家的法律、法规和政策是解决民族地区师资分配问题最有效、最直接和最关键的办法。新《义务教育法》中明确要求促进义务教育均衡发展，现在应该利用当前的大好形势加快民族地区教育发展的步伐。

1. 建立教育优先区

教育优先区，指因经济和教育落后而给予了更多的关注，投入更多的资金和师资来缩小与发达地区教育差距的区域。由于民族地区地理环境相对较差、经济发展缓慢、物质生活滞后，缺乏优秀的师资和教育投入，教育一直处于滞后的发展状态。在我国关于西部开发问题的各种讨论中，教育所处的地位和作用，学者们已形成了基本的共识，即教育的优先发展战略是西部开发的重中之重。美国、法国等一些国家已经有教育优先区的试点，在我国，万明钢教授强调"积极差别待遇"的教育机会均等在发展处境不利地区教育中的积极作用，提出了在我国少数民族贫困地区基础教育发展过程中建立"教育优先区"的基本构想。① 民族地区的基础教育也期待通过建立这样的教育优先区得到改善和发展。当然，由于中国的社会文化差异，我们在借鉴别国经验的同时要善于改革和创新，同时也要做好克服困难的心理准备。可以通过一个教育优先区试点来总结经验，等发展成熟后再逐步推广到其他民族地区。

2. 城乡教师交流计划制度化

目前，我国主要省市都启动了城乡教师交流计划，各地教育部门都把城乡教师交流作为促进城乡教育均衡发展的一项重要举措，主要表现为以城镇学校支教、轮岗和挂职等形式派遣一定数额的教师去农村学校任教，旨在改善农村学校的管理，提高农村学校的教学质量，促进提高农村教师的专业发展，进而改善城乡教师配置结构。

国家提出城乡教师交流计划以来得到了各地的积极响应，但是由于教师交流中的支教、轮岗和挂职没有制度化，操作具有一定困难而且容易流于形式。许多学校都不愿将自己的精英外派，怕影响到自己学校教学质量，而将轮岗、挂职和支教作为对教学质量较差教师的一种变相惩罚。而被外派出的教师也无法接受考核，派遣学校由于太远无法考核，而所在学校又认为支教教师非本校职工且考核制度有异因而不进行考

① 万明钢：《"积极差别待遇"与"教育优先区"的理论构想——西部少数民族贫困地区教育发展途径探索》，《教育研究》2002年第5期。

核，教育主管部门的考核又过于笼统。城乡师资流动在另一方面加剧了农村师资的流失，很多农村教师一去不回。因此，城乡师资流动的制度化极为必要。首先要明确规定交流过程中教师流失的管理办法，其次要对交流师资的条件、工作年限和教育成果审查有明确要求，最后对交流教师的工资及奖金的管理办法要明确规定。

3. 进一步加强特岗招聘的广度和力度

2006 年，教育部、财政部、原人事部、中央编办下发《关于实施农村义务教育阶段学校教师岗位计划的通知》（教师［2006］2 号），联合启动实施"特岗计划"，公开招聘高校毕业生到"两基"攻坚县农村义务教育阶段学校任教，聘期三年。特岗招聘制度在一定程度上缓解了师资分配不均衡，但是还未从根本上解决问题。我们要做好打持久战的心理准备，与此同时扩大特岗招聘的广度是很有必要的。首先应关注的问题就是特岗面对的人群一般是刚毕业的大学生，而且不一定都是师范院校毕业，授课经验和技能都比较欠缺。如果所在学校又缺少学科带头人，那么这些学生要成长的过程就相对长一些，而三年后等真正成熟了，又容易流失，这也是现在急需解决的问题。

五　教师自我补偿

所谓的教师自我补偿机制，是指从教师本体出发，通过提高自身的教学能力和水平来进行补偿的方法。不管如何改革，还是采用怎样的教学方式，知识的传授是离不开教师的。教师虽然从主体地位变成了辅助的人员，然而教师教学水平和组织管理能力还是直接制约和影响着教学成果。因此，要想补偿师资，最直接即最有效的办法就是从教师本身出发，完成职前职后教育一体化。

（一）学历补偿

调研显示，西部民族地区基础教育师资学历结构有待提高，教师可以通过在职进修来提升学历。在职进修有面授及远程教育等多种形式，时间安排上也较为灵活，可以满足不同教师的需求，基本上不影响教师的正常教学。教师通过在职教育，报考国家统一考试，获取学历及学位证明。与学科综合化趋势相一致，教师需要的是广博的文化知识，不要把自己的学科知识孤立起来，现在各个学校和网络课堂所提供的培训课程非常全面，教师不仅需要掌握自己的专业知识，还要熟悉教学所涉及的社科知识，根据兴趣在自己专业满足要求的前提下获取其他方向学位。校方档案管理部门也要做好学历档案更新的工作，确保教师提高自身学历的信心和热情。

（二）校本补偿

由于学校经费以及师资欠缺使脱产进修具有一定局限性，校本研究成为提高教师教学能力和水平的一个主流趋势。过去老师都是按照统一的教学模板授课而忽略了学生的实际接受和反应，但是现在要求老师根据自身环境的实际情况考虑怎样授课才能达到最好的效果，才能更好地被学生接受。教师不仅是课程的实施者，还是课程的开发者和评价者。教师应该提高自我发展，培养自我学习意识，积极地投身到校本培训当中。养成自我反思的习惯，把理论与实践结合起来，在提高自己理论高度的同时在教学上有所创新。校方应做好教师的档案管理工作，应及时地对教师的档案袋加以指导和检查。档案袋里应备好教师的自学笔记、教学总结、论文，还有课题研究材料、荣誉和培训证书等，通过这些措施，在促进教师自学和自我发展方面会起到很大的作用。

（三）信息技术补偿

随着社会经济的发展，信息技术也越来越多地应用到教育教学领域。多媒体英语教学对教师的多媒体操作提出了相应较高的要求。民族地区现有的远程教育和网络教学设备还没有发挥应有的作用，这些硬件设备的作用和效能还有待开发。原因主要在于外语教师缺乏足够的培训，尚不具备应用现代教育技术的能力。教师的信息化培训迫在眉睫。在掌握了一系列基本操作技术后，校方也要和外语老师一同研究制定出多媒体上课的具体实施方案，让每个老师都参与进来进行多媒体教学的探索研究，从而使被动的多媒体培训成为主动的学习。学校和老师要抓住契机，深化教学改革，在外部硬件条件得到保证的前提下，也要努力提高自身素养，成为能够熟练运用多媒体的教师。

教育是一个国家兴衰之根本，而教师就是教育的心脏，师资的优化是我们的首要任务。《英语课程标准》具有人文性、情感性和策略性，在很大程度上适应了时代要求和人的发展的要求，但同时也给民族地区带来了很大挑战。这些地区在开展教学工作中要落实《英语课程标准》，就必须充分考虑地区具体现状，通过教师资源的观念性、结构性及机制性补偿，确保教师队伍合理化持久发展。同时我们应认识到，我国教育规模大（3.2 亿多在校学生，135 万多所各级各类学校），新课改操作难度大，合理的教育资源配置也是世界性难题①，教育资源现状的复杂性和多样性的本质和核心问题是区域经济的多样性差异问题。这些问题对《英语课程标准》的实施和我国民族地区中学英语教育产生着深远影响。在教育政策的制定、执行和具体教学工作的开展过程中，必须多维度、全方位考虑各种因素的影响，才能确保《英语课程标准》的贯彻落实，实现中学英语教育的最优化发展。

---

① 黄远振：《新课程英语教与学》，福建教育出版社 2003 年版。

第十章

三语环境下民族地区中小学生
外语学习总体现状

尽管学习个体的发展遵循颇为一致的规律，表现出与他人一致的共性，但其发展又有其相对的特殊性，即个别差异。由于遗传素质、教育条件以及社会环境的不同，儿童的心理发展以及由此驱动的学习活动也各不相同。众所周知，社会环境与教育在一定条件下对儿童的心理发展起决定作用，儿童心理发展的动力是通过在活动中产生的心理矛盾运动发展的，积极主动的学习是促进心理发展的内在因素，外部环境和教育是促进心理发展的外部条件。苏联早期著名的心理学家 L. S. Vygotsgy 认为，儿童在与成人的交往过程中通过掌握高级的心理机能的工具——语言符号交流，从而在低级的心理机能基础上形成各种素质的心理机能，而高级的心理机能是外部活动不断内化的结果。

本章通过运用莱克特五级量表、多项选择、开放性问卷和深度访谈等多元化的数据采集方式，对民族地区中小学学生英语学习现状进行了抽样调查研究。研究发现：该民族地区师资、学习资源甚至是学生水平等软硬件条件都和发达地区有着较大差异。在推行英语新课改、全面培养少数民族学生语言综合运用能力的进程中存在诸多问题。

一、课程资源匮乏，外语学习缺乏硬件支持

课程资源是指学生学习和教师教学的物质条件，多样性地开发课程资源可以让学生从不同渠道、不同形式接触、学习和使用英语，让学生亲身感受和直接体验英语。积极开发和利用课程资源既能弥补教材内容和形式的不足，使课堂更富时代感和多样性，又能将学生的生活经验融入教学过程，让学生成为知识的构成者，最大限度地激发其学习的积极

性和主动性①，从而实现"以学生为中心"的课堂教学，这对提高少数民族学生综合语言运用能力有着至关重要的作用。然而，调研显示目前民族地区学校办学经费紧张，除了购置必需的办公、教学用品来维持正常的教学秩序外，已无能力配置其他相关教辅设备。这些课程改革配套设备不能到位，则无法正常开展课改实验。

二　教师自主性发展滞后，外语学习缺乏科学引领与有效指导

英语新课改的全面推进对教师的素质提出了更高的要求，具体说来，主要有：高尚的师德，先进的教育理念，较强的教育教学能力，明确的角色意识，一定的课程开发能力，较高的组织、辅导水平，持续的专业发展能力。② 经过文献分析我们可将其等同为教师自主性发展。在第二语言教育研究中，教师自主性被视为一种促进学生自主性发展的教师能力（如 Barfield 等将教师自主性定义为"关于教学如何能最有效地促进学生自主学习的连续探究过程"），也包含教师自身自主学习的能力，谈论教师自主性的目标是发展学习者的自主性。③

新课标要求广大教师倡导"体验、实践、参与、合作与交流"的学习方式和"任务型"的教学途径，使语言学习的过程成为学生形成积极的情感态度、主动思维和大胆实践、提高跨文化意识和形成自主学习能力的过程，培养语言综合运用能力；要求教师积极开发和合理利用国内外有效课程资源，以补充和丰富课堂教学内容④，对教师自主性提出更高要求。但由于地理环境和教学资源限制，民族地区大部分英语教师知识结构单一，综合知识缺乏，很难满足新课程对教师专业知识和知识储备的要求。教师自身的素养和自主发展能力在一定程度上难以为三语环境下复杂的外语学习提供科学引领和有效指导，也在一定程度上制约着外语学习中学生主观能动性的有效发挥，有损于学生学习主体价值的凸显，而在三种语言和文化相互交织的语境下，主题意识的唤醒和主题

---

① 金莺、宋桂月：《高中英语课程标准教师读本》，华中师范大学出版社 2003 年版。
② 王嘉毅：《课程与教学设计》，高等教育出版社 2007 年版，第 14—18 页。
③ 黄景、Phil Benson：《第二语言教育的教师自主性研究》，《外语与外语教学》2007 年第 12 期。
④ 金莺、宋桂月：《高中英语课程标准教师读本》，华中师范大学出版社 2003 年版。

价值的彰显对外语学习显得尤为重要。

三　学生存在语言和非语言障碍，阻碍综合能力协调发展

《英语课程标准》的核心目标是培养学生的综合运用能力，而西部民族地区学生受各种因素限制，其语言运用能力还不能够较好地适应教学改革发展的需要。调研显示：31.6%的教师表示新课改中最大的问题是学生的能力和质量，80.8%的教师认为新课标对语言技能的分级描述不太适合该地区的外语教育现状，76.3%的教师认为新课标对语言知识的分级描述不太适合该地区的外语教育现状。可见该地区学生语言综合能力发展不平衡。究其原因既存在非语言因素又有语言因素。

非语言因素（情感态度、文化意识、学习策略）与语言因素（语言知识、语言技能）之间存在密切正相关关系，且具有因果关系。① 因此，分析该地区学生非语言因素对促进综合运用能力有重大意义。

（一）语言学习情感障碍突出

民族地区学生语言情感严重阻碍其综合能力协调发展。据调查，63.1%的教师认为新课标对情感态度的分级描述不太适合该地区的外语教育现状。情感是影响外语学习最主要的两个因素之一。② 戴曼纯认为焦虑可能是最妨碍学习过程的情感因素。③ 项茂英也认为焦虑是影响语言学习较大的情感障碍，会对语言学习造成恶性循环。Arnold 认为语言焦虑是指学习者在使用目标语进行听、说、读、写等活动时感到自己有限的外语水平无法准确地、有效地表达自己的意思而产生的紧张、害怕的感觉。④

众多学者认为引起外语学习焦虑的因素是多种多样的，有人认为地域差别是引起焦虑的根本因素之一，⑤ 也有人经过实证研究指出家庭背

---

① 秦志强：《中国高中学生综合语言运用能力的研究》，《西安外国语学院学报》2006 年第 3 期。

② 王初明：《影响外语学习的两大因素与外语教学》，《外语界》2001 年第 6 期。

③ 戴曼纯：《情感因素及其界定》，《外语教学与研究》2000 年第 6 期。

④ Arnold J. *Affect in Language Learning*, Beijing: Foreign Language Teaching and Research Press, 2000.

⑤ Yan, J. X., Horwitz, E. K., "Learners' perceptions of how anxiety interacts with personal and instructional factors to influence their achievement in English", *Language Learning*, 2008, 58 (1).

景与语言焦虑显著相关，而地域和家庭背景均属于学习环境，但笔者倾向于学习者在其他条件相当的情形下，学习环境是引起语言焦虑的主要因素。

（二）外语学习模式单一

在少数民族地区，传递—接受教学模式在英语教育中长期运用，成为其教学的基本模式，教师教学观念较为传统。据调研，63.3%教师表示其教育观念是阻碍课改顺利实施的主要因素。教师在教学过程中以教师、课堂教学、教材为中心使学生处于被动接受教师提供信息的地位，教师讲授多，学生出现死记硬背、机械操练的现象，没有掌握和运用各种学习策略，学习方法零碎且缺乏科学理论支持和系统性。

（三）外语能力发展不平衡

语言技能是语言运用能力的重要组成部分。语言技能包括听、说、读、写四个方面的技能以及这四种技能的综合运用能力。这四种技能在语言学习和交际中相辅相成、相互促进。学生应通过大量的专项和综合性语言实践活动，形成综合语言运用能力。[1] 但在民族地区，英语教育还停留在应试教育层面，大多数学校因高考不考听、说而断章取义地忽视听、说训练，致使学生语言技能发展不平衡。语言知识是语言能力的有机组成部分，是发展语言技能的重要基础，中小学生应该学习和掌握的英语语言基础知识包括语音、词汇、语法、功能和话题等五个方面的内容。[2] 而在民族地区，英语教育过分重视语法和词汇知识的讲解与传授，使学生语言知识发展不平衡。

通过对少数民族地区学生外语学习总体现状的分析，我们可以掌握学生的学习过程机制，进而研究学生的学习心理机制，为三语接触和教学模式、理论的构建服务，为少数民族地区外语教学服务。

---

[1]　金莺、宋桂月：《高中英语课程标准教师读本》，华中师范大学出版社 2003 年版。
[2]　同上。

第十一章

三语环境下少数民族地区中小学学生
外语学习动机研究

第一节　学习动机概述

一　学习动机

动机（motivation）是由某种需要所引起的直接推动个体活动、维持已引起的活动，并使该活动朝向某一目标，以满足需要的内在过程或内部心理状态。

美国心理学家 John William Atkinson 把动机分为两个层次即 motive 和 motivation，前者指潜在的倾向，后者指所激发的 motive，即转化为行为。本书中所指的动机概念既有 motive 又有 motivation 的含义。动机的划分有很多种，如根据其社会意义可分为正确（高尚）学习动机和低下（错误）的学习动机，其判断标准为是否有利于社会、集体；根据学习动机起作用的时间长短来划分，可分为近景性动机和远景性动机。为分析问题方便起见，本书中将学习动机以内部和外部两个划分维度进行讨论，内部动机是指诱因来自学习者本身的内在因素，即学生对活动本身产生兴趣而产生动机，活动本身就能使其得到满足，无须外力，亦不必施于相关的奖惩；而外部动机是指诱因来自学习者外部的某种因素，即在学习活动以外的因素而激发的动机如表扬、惩罚、荣誉等，学习动机一旦产生就会对学习行为起到激发维持和监控作用①。具有较好内部动机的学生积极参与学习过程，好奇心强，希望挑战，解决问题具有独立性，能在学习中获得巨大的充实感和满足感。具有外部学习动机

---

① 莫雷：《教育心理学》，广东高等教育出版社 2002 年版。

的学生一旦达到学习目的（大部分属成就目的），学习动机便会下降甚至消失。

人们总是在试图解释自己或他人行为的原因，心理学家们一般用动机（motive）这一术语对此进行描述。所谓动机，是直接推动有机体活动以满足某种需要的内部状态，是行为的直接原因和内部动力，由内驱力和诱因两个基本因素构成。有机体的各种行为和活动都是由动机所引起的。①

动机一般具有三种功能：

（1）激发功能，即动机可以使有机体进入活动状态，集中注意力；

（2）指向功能，即动机使有机体有选择地进行某种活动；

（3）维持功能，即动机使有机体保持适当的行为强度，促使活动得以完成。

学习动机是激发与维持学生的学习行为，并使之指向一定学业目标的一种动力倾向。它是直接推动学生学习活动的内部动力，能够说明学生为什么而学习、学生的努力程度，以及学生愿意学习的原因。学习动机激发起适当的学习行为，使这一行为指向某一学习目标，并为达到这一目标而维持学习行为。正是由于学习动机的作用，学生会表现出渴望求知的迫切愿望、主动认真的学习态度和高涨的学习积极性，会自觉主动地进行学习活动。②

心理学对学习动机的专门研究大致可以追溯到20世纪40—50年代的行为主义学派，经过半个多世纪的研究，学习动机的研究已从边沿走向中心地位。③

学习动机对学习的促进作用已经被大量研究所证实，在学校中学生的学习尤其如此。为了更有利于研究、培养和激发学习动机，很多教育心理学家都根据学生在学校生活中的实际情况对学习动机进行了分类。张大均（1999）对学习动机的分类曾做过详细的梳理。

D. P. Ausubel（1977）从影响学生取得学业成就的角度将学习动机

---

① 张大均：《教育心理学》，人民教育出版社1999年版，第68页。

② 同上书，第70页。

③ 范春林、张大均：《学习动机研究的特点、问题及走向》，《教育研究》2007年第7期。

分为认知内驱力、自我提高的内驱力和附属内驱力。① 认知内驱力是一种内在动机，指要求了解、理解和掌握知识以及解决问题的需要，指向学习任务本身。自我提高的内驱力来自个体通过胜任某些活动而赢得相应地位的需要，不指向学习任务，而是指向个体的地位和自尊。附属内驱力也叫做交往内驱力，是在个体为了获取他人认可、关心和支持的需要基础上产生的，其目的就是要得到他人的赞赏。

苏联心理学家 Bozhovich 将学习动机分为两类：

（1）直接的或称为局部的、狭义的学习动机，这类动机与学习本身密切相关，直接指向学生的求知需要、认知兴趣等；

（2）间接地、广泛地与社会要求相联系的学习动机，如学生的社交需要、找工作的需求等。本质上，这种分类与内在动机、外在动机的区分也是一致的。

周国韬等（1993）通过对我国中小学生学习动机的实证研究，也对学习动机作了四类区分：

（1）学习兴趣，即对所学内容和从事某种活动充满兴趣；

（2）学习能力感，即学生在学习上的自信心，也是对自己学习能力的主观推测，也有人称之为"自我效能感"；

（3）外部目的，即学生的学习目的是为了获得他人尊重、称赞等学习以外的目的；

（4）知识价值观，即对所学知识价值的认知，比如他们可能会觉得学习能使人的能力得到充分的发展。其中前两类可以划分为内在动机，后两类可划分为外在动机。②

二　学习动机的主要理论

学习动机的多样化导致对学习动机作用的解释也多种多样，由此派生出多种不同的动机理论，强调不同的侧面。尽管流派众多，但是所有的心理学家都认为，不存在所谓的没有动机的学生。所有的行为都是有动机的，只不过对于引起动机的原因都有不同解释而已。

---

① 转引自张大均《教育心理学》，人民教育出版社 1999 年版，第 73 页。

② 张大均：《教育心理学》，人民教育出版社 1999 年版，第 74 页。

长期的研究中，许多中外教育家和心理学家对学习动机相当关注，形成了一些比较成熟的理论体系。

（一）强化动机理论

新行为主义的代表人物 Skinner（1957）认为，人的低级需要与生俱来，高级需要则是通过"操作性条件作用"后天习得的。高级需要是满足低级需要的工具，是受"低级需要的满足"的强化而形成和巩固下来的。所以，在行为主义看来，动机是某种行为受到外部强化的结果，起强化作用的刺激物就是强化物。该理论认为，在学习过程中，当学生受到强化（如取得好的成绩、受到教师的表扬等）时，学习动力会得到增强，反之就会减弱。①

（二）需要层次理论

在众多的动机理论中，Abraham. h. Maslow 的需要层次说有广泛的影响。他的需要层次理论取代了本能论，超越了单纯的生理观或生存观。马斯洛把人的需要分为五种，分别为：爱的需要、尊重的需要、求知与理解的需要、美的需要和自我实现的需要。他认为人的行为动机是有需求引导的，某一项需求一旦获得满足，人们就会去寻求更高层次的需求。秦晓晴认为，"虽然需要理论不完全适用于外语学习，但该理论对于外语学习仍有一定的启发意义。外语学习的情感需要体现在学生希望得到老师和同学的认同、接受和肯定，希望跻身于优秀学生之列。学生在课堂上还需要心理安全感，否则就会产生强烈的焦虑感，不积极地响应教师。情感方面的需要得到了满足之后，才能满足与外语学习直接相关的认知需要"②。

（三）自我效能感理论

自我效能感指人们对自己是否能够成功地进行某一成就行为的主观判断，这一概念是 A. Bandura 最早提出的。在 20 世纪 80 年代，自我效能感理论得到了丰富和发展，也得到了大量实证研究的支持。A. Bandura 在他的动机理论中指出，人的行为受行为的结果因素与先行因素的影响。行为的结果因素就是通常所说的强化。在学习中没有

---

① 秦晓晴：《动机理论研究及其对外语学习的意义》，《外语研究》2002 年第 4 期。
② 同上。

强化也能获得有关的信息，形成新的行为，这主要是由于学习者对下一强化的期待。如果人预测到某一特定行为将会导致特定的结果，那么这一行为就可能被激活和被选择。例如，儿童感到上课注意听讲就会获得老师的关心，他就有可能认真听课。班杜拉同时认为，学习者的学习行为受自我效能感的影响，当学习者获得一定的知识、技能时，他就会对能否从事某项行为有一定的判断，从而作出相应的决定，这是自我效能感构成了决定因素。

（四）成就动机理论

成就动机的概念始于 H. Murray 于 20 世纪 30 年代提出的"成就需要"。默里提出，人格的中心由一系列需要构成，其中之一即成就需要，这一需要使人表现出下述行为：追求较高的目标，完成困难的任务，竞争并超过别人。[①] C. McClelland 和 J. W. Atkinson 接受了 H. Murray 的思想，并将其发展为成就动机论。

1956 年和 1957 年，J. W. Atkinson 在实验的基础上提出了成就动机的"期望—价值"理论模型。他指出，个体的成就动机主要有成就需要（M）、期望水平（P）和诱因价值（I）三者共同决定，其关系可以表现为下面的公式：

$$行为动机的强度（T）=f（动机 \times 期望 \times 诱因）$$

（五）归因理论

归因理论是由美国社会心理学家 Fritz Heider 在其对人际知觉的研究中首先提出的，B. Weiner 使归因理论不断完善。人们做完一项工作之后，往往喜欢寻找自己或他人取得成功或遭受失败的原因，这就是心理学家探索归因问题的客观依据。Heider 认为人们具有理解世界和控制环境两种需要，这两种需要得到满足的最根本手段就是了解人的行为的原因，并预言人们将如何行为。行为的原因或者在于环境，或者在于个人。如果把行为的原因归于环境，则个人对其行为结果可以不负什么责任；如果把行为的原因归于个人，则个人对其行为结果应当负责。在此基础上许多学者对人类行为的因果关系进行更为深入的探索，进一步推动了归因理论的发展。20 世纪 70 年代，归因理论成为美国社会心理学

---

① 张大均：《教育心理学》，人民教育出版社 1999 年版，第 88 页。

的中心课题。①

根据归因理论的观点，既然学习动机产生于学生对学习成败的归因，那么通过一定的归因训练就有可能促使学生形成和保持积极的动机状态。针对学生在学习情境中的消极归因倾向而采取的归因训练旨在帮助学生把注意力集中在学习任务上，不要为失败而分心；帮助学生把失败归因于自己努力不够、信息不足或方法策略不对，而不是缺乏能力。

三　二语/外语学习动机

在对外语、第二语言学习的研究中，外语学习动机是语言学习者个体因素中最具能动性的因素之一。外语学习动机研究始于 Gardner 和 Lambert。② 他们自 20 世纪 50 年代末起对第二语言学习动机进行了研究，设计了语言学习动机调查工具，即态度/动机测验量表 AMTB（Attitude /Motivation Test Battery），成为权威性的外语学习动机调查工具。

（一）Gardner 关于二语学习的社会心理学理论

二语/外语学习动机的研究在国外已有四五十年的历史，研究的主要理论依据是社会心理学和主流动机心理学，其中最具影响力的是 Gardner 以社会心理学为理论指导的融合型动机学说。经过对学习法语长达 20 年的加拿大学生的研究，Gardner 和 Lambert 发现，除了语言优势这一不可控因素外，还有人的能动因素：社会性动机（social motivation），于是提出了态度能直接影响人们学习二语效果的假设，并在后来的研究中逐渐构建了以社会心理学为依据的融合型动机学说。③ 所谓融合型，指的是学习者对目标语社团有真正的或特殊的兴趣，希望能更好地与目标语者沟通、交际，或期望参与融入目标语社团的生活，甚至成为其中一员。融合型动机是由融合型的态度、动机和对学习环境的态度三部分构成。

（二）其他二语/ 外语学习动机理论

除了 Gardner 的融合型动机学说外，许多学者都在尝试用不同的理

---

① 李昌真：《运用归因理论研究非英语专业学生英语学习行为》，《外语界》2004 年第 6 期。

② 王晓、张文忠：《国内外语学习动机研究现状分析》，《外语界》2005 年第 4 期。

③ 邱传伟：《二语/外语学习动机研究发展述评》，《天津外国语学院学报》2005 年第 2 期。

论来丰富动机学说。关于这一点，邱传伟（2005）曾经总结道：这些研究大体上可分为四类：第一类是遵循社会心理学的理论研究，注重学生的语言态度，在调查中挖掘出更多的态度因素；第二类研究试图融入主流动机的认知学说；第三类研究重视课堂外语教学环境对学生动机影响的因素，研究者特别注重结合运用社会心理学与主流动机心理学的研究成果，典型的代表为 Dornyei；第四类就是从神经生物学的角度研究动机的 Schumann 模式。[①]

四　少数民族学生的外语学习动机

在我国，有关外语学习者动机的研究成果虽多，但侧重于民族学生外语学习动机的研究却显得薄弱。

目前，很多学者的研究都集中于青海、新疆、云南等地区。如张克溪以青海师范大学和青海民族学院的少数民族学生 180 人为调查对象，运用问卷调查的方式，对少数民族大学生学习外语的学习动机进行了调查和分析，并提出了相应的教学策略以提高教学效果。[②] 郝兴跃对 104名云南少数民族大学生的英语学习动机进行了问卷调查。[③] 朱莉、杨雪姣以 101 名云南白族高中生为对象，采用问卷、访谈的方法考察研究了学生英语成绩与学习动机、学习焦虑之间的关系。[④] 曾华、寇福明对新疆少数民族学生英语学习动机进行了调查与分析，并进一步探讨了有效提高他们学习英语动机的策略。[⑤]

研究对象多集中于在校的大学生。如张克溪、郝兴跃、杨凯伶[⑥]等都探讨了少数民族大学生的学习动机，并提出了激发学习动机的策略。

---

① 邱传伟：《二语/外语学习动机研究发展述评》，《天津外国语学院学报》2005 年第2 期。

② 张克溪：《民族生学习外语的动机分析及改进策略》，《青海民族研究》2008 年第2 期。

③ 郝兴跃：《少数民族大学生英语学习动机实证研究》，《昆明理工大学学报》2009 年第6 期。

④ 朱莉、杨雪姣：《少数民族学生英语成绩与学习动机、学习焦虑的实证研究》，《海外英语》2012 年第 1 期。

⑤ 曾华、寇福明：《新疆少数民族大学生英语学习动机探讨》，《新疆职业大学学报》2008 年第 4 期。

⑥ 杨凯伶：《少数民族大学生在外语学习中的动机激发与培养》，《凯里学院学报》2007年第 5 期。

　　研究方法上很多学者们多运用学习动机理论进行实证研究，旨在对少数民族学生的外语学习动机进行梳理和分类，以便更好地总结适合少数民族学生的学习策略。如张克溪对青海师范大学和青海民族学院的少数民族学生进行问卷调查后发现，大部分少数民族学生在外语学习方面的社会心理是健康的，动机是积极的，并据此提出在外语教学上应该开拓思路，转换角色，创新方法。①

　　郝兴跃对 104 名云南少数民族大学生的英语学习动机进行了问卷调查，并对调查结果进行了描述性统计分析。研究发现，影响少数民族学生学习英语的动机主要有个人发展动机、兴趣动机和信息媒介动机。相对而言，内部动机强于外部动机。② 原一川等考察了云南少数民族学生英语学习的态度和动机类型以及与英语水平的关系，得出八种态度和动机类型，分别是：家长/教师的期望动机、学习焦虑动机、对英语为母语的人的态度、内部动机、对本民族认同的态度、教学因素动机、融合型动机和对外国语/文化的态度。并据此提出："针对少数民族学生外部/工具性动机弱的现实，要加强英语学习重要性的教育，特别是脱贫致富及实现个人价值的意义。教师还要在教学中改进教学方法，提高教学质量，随时激发学生已形成的动机，使之不断得到巩固、加深和增强。"③

　　学习动机既有社会性的一面，也有个体性的一面；既有相对稳定的静态特征，又具有动态的特征；而且二语和外语学习情境中的学习者所表现的学习动机也不尽相同，这是由语言学习动机的复杂性所决定的。少数民族地区和其他地区间有着自然地理环境、社会文化、风俗习惯和宗教信仰等诸多差异，其学生特殊的英语学习动机应该可以作为考察其学习障碍的因素。对于其学习动机的分析，有利于进一步了解学生在英语学习过程中的认知驱动力、自我提高的驱动力和附属的驱动力，有利于从心理层面上对少数民族地区英语学习现状进行归因分析，帮助其建

---

　　① 张克溪：《民族生学习外语的动机分析及改进策略》，《青海民族研究》2008 年第2 期。
　　② 郝兴跃：《少数民族大学生英语学习动机实证研究》，《昆明理工大学学报》2009 年第6 期。
　　③ 原一川、L. Lloyd、尚云、袁开春、黄炜：《云南少数民族学生英语学习动机与英语成绩关系实证研究》，《云南师范大学学报》2009 年第 1 期。

立健康的学习动机,提高其英语学习的效度。

第二节 三语环境下少数民族地区中小学生外语学习动机研究

本书在研究工具设计时通过慎重考虑,编入了部分问题,从反映学生的语言态度—动机行为—学习成绩三大因素之间的线性关系社会变量入手,同时考虑认知动机理论的内容,即目标显著性、效价、自我效能等三个中间变量,使用莱克特五级量表调查,对受试学生的英语学习动机做了研究。通过对收集的数据进行整理分析得出以下结论。

一 各民族学生的学习动机水平具有较为明显的差异

汉族、裕固族、回族的内部动机平均值大于藏族、东乡族,汉族学生动机水平大于其他少数民族学生的动机水平(见图 11 – 1)。学生内部动机由大到小依次为汉族(3.6598)、裕固族(3.6176)、回族(3.6131)、藏族(3.5704)和东乡族(3.5241)。汉语教师以及以汉语为母语的少数民族教师占绝大多数的师资结构使三语接触环境下的少数民族地区外语课堂语码转换向英语—汉语靠近,汉语作为外语学习的工具语言发挥了巨大作用。相比于藏族、东乡族,汉族学生与教师之间的交流障碍小,理解难度大大降低,学习的心理负面因素影响小,学生学习英语的兴趣高;而在样本地区很大部分操民族语的学生汉语水平低下,在课堂认知转换和课后交流方面有很大的语言障碍,打击了其英语学习的积极性,同时由于工具语言的作用未得以充分发挥,英语学习难度大。长期以汉语—英语语码转换为主要特色的外语课堂忽略了这一特殊情况,民族学生的英语学习受到很大的影响,故而英语学习的内部动机较以汉语为第一语言的学生来说较低。动机是影响语言学习的关键因素之一,学习动机水平低,表明学习外语的主动性较差,会对语言能力的发展产生负面影响。藏族和东乡族学生与汉族、回族和裕固族学生相比动机水平有一定差距,这在一定程度上可以解释少数民族学生整体学习水平低于普通汉族学生的现象。

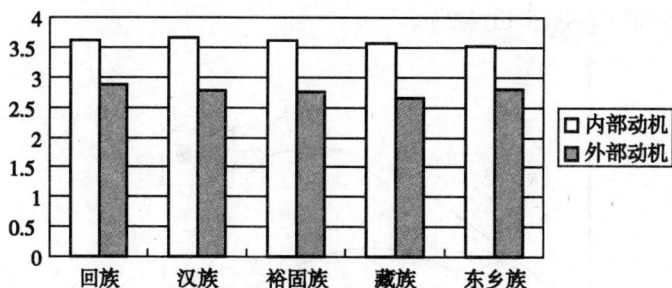

图 11-1　各民族学生学习动机比较

二　学生在英语学习中的内部动机普遍大于外部动机

少数民族地区地理位置特殊，学生大多是在艰苦环境中成长起来的，克服困难的毅力较大。学生在接受汉语文化的基础上面对西方全新的文化，有新鲜感，对这一新事物充满探究的渴求，这是其内部动机大于外部动机的一个重要原因。如学生问卷部分第五个问题是"在未来社会，英语比汉语有用，所以我更喜欢学英语"（其数据见图 11-3），发现学生外部动机内化的痕迹明显。少数民族地区近几年来随着社会面貌的变化、经济的发展、旅游资源的开发等因素的影响，英语教育的宣传力度较大，社会认可程度高，加上父母的期望，诸如此类的外部因素在发挥作用的同时也逐渐内化为学习英语的内部动机；部分学生对于问卷动机部分若干问题的误解也是一个重要的因素。这在一定程度上说明学习兴趣对样本学校学生英语学习的影响较大。培养学习兴趣，使少数民族学生对英语学习保持长久的兴趣，是提高学习效率的一个有效途径，但同时也要防止学生学习过分依赖兴趣，使学习效度随兴趣波动较大。应帮助学生建构健康的、平衡的学习动机。

研究表明，在完成难度较小的学习任务时，学习效率会随学习动机的提高有上升的倾向，具有中等偏高的动机水平时学习效果最好。在完成难度较大的学习任务时，学习效果反而会随学习动机的增强而下降。学习者持有中等偏低的动机水平时学习效果最好，在完成中等难度的学习任务时学习动机中等水平的学生学习效果最好。随着任务难度的不断增加，动机的最佳水平有随之下降的趋势，这一现象是由心理学家 R. M. Yerkes 和 J. D. Dorson 于 1908 年发现的，即耶基斯—

多德森法则①（见图 11 - 2）。

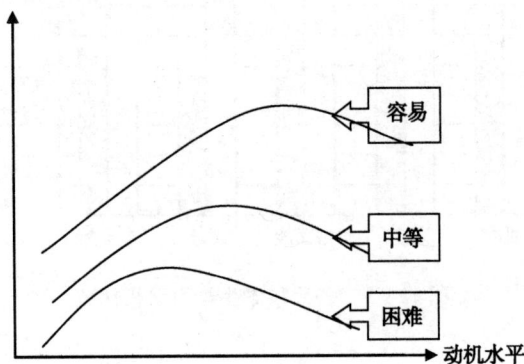

图 11 - 2　学习效率水平曲线

q5

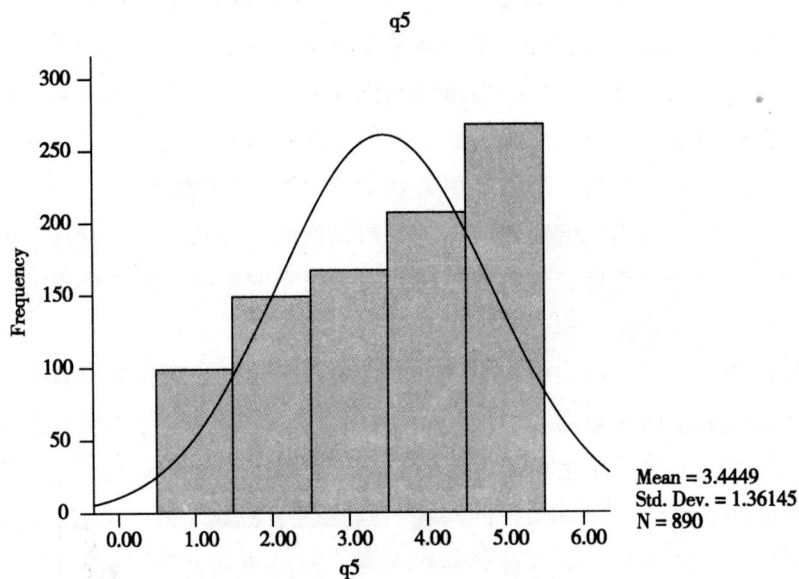

Mean = 3.4449
Std. Dev. = 1.36145
N = 890

图 11 - 3　question 5 统计数据

　　同时应该注意，学习动机与学习效果并非绝对的正相关关系，有时随着学习动机的增强学习效果反而会下降，如学生因过度在乎学习效果而造成的"考场怯场"或"发挥失常"等。因此，在具体的学习过程中，为使学习最有成效，就要避免过高或过低的动机，只有当动机水平

————————

　　①　这一规律必须是基于学习者一定的认知基础之上的，任务不能远高于或低于其学习能力。

处于最佳状态时，才能达到最好的学习效果。

　　数据还显示，民族地区少数民族学生的内部动机与外部动机相差甚大（见图11－1），这与汉族学生的学习特点一样。汉语对外语学习尤其英语学习的负迁移程度要大于其他语言，原则上汉族学生英语学习的内外动机之比要大于少数民族学生，而少数民族学生在英语学习过程中受到更为复杂的语言迁移环境的影响则可以解释这个现象。

三　外部动机的语言影响与非语言影响中，语言影响明显占优势

　　学生的外部动机由家庭、社会等多方面因素构成，如父母的期望、社会需求、职业优势、教师的赞誉等都会对学生外部动机的形成有很大影响。鉴于少数民族地区以三语为主要特色的语言生态和本书所要探究的问题，将外部动机分为语言与非语言影响因素进行考察。调查发现受试学生的语言因素较非语言因素更为明显地影响了其外部动机（见图11－4）。

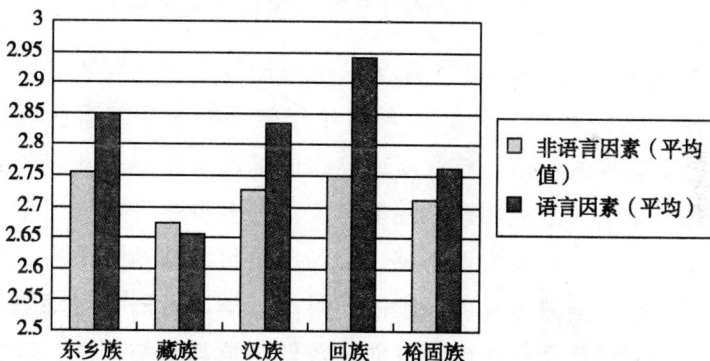

图11－4　各民族学生外部动机构成

　　语言影响普遍大于非语言影响，少数民族地区的语言生态对于学生学习英语有着非常大的作用，样本地区学生的生活环境是多语环境，各民族语言的混杂都对学生学习动机有着很大的影响。

　　学生学习动机的形成离不开社会生活条件和教育的影响。美国心理学家 Kahl 和 Halsay 认为，社会要求在许多情况下是通过家庭和学校提出来的，他们的学习动机在很大程度上体现了父母的价值取向。我国心理研究者方格和刘港曾对中美母亲对学生上大学的期望作了调查。调查

发现在一、三、五年级时母亲对孩子上大学的期望比率依次是：美国59.1%、57.4%、63%，中国为88.3%、88.5%、86%。高期望是中国家长教育热情的动力，但对孩子的过高期望则过分压抑了其求知欲，突出了动机的工具性而忽略了其人文性。

按照马斯洛的需要层次来说，人的需要可分为基础需要和成长需要两大类。学习需要属于个体的成长需要，它必须在基本需要得以满足的情况下才会产生。所以要激发其内在学习动力就必须满足其基础需要，促进求知欲的培养和激发。在少数民族英语教学中培养学生的良好学习动机非常重要。要通过成就动机训练、成功体验、评价和引导等方式加以培养；要正确使用奖惩手段和竞争手段，激发学生的求知欲，对于骄傲自满的学生要给予适当规约，而对于信心不足、胆小的学生要多鼓励，保持其学习动机的健康稳定，合理利用反馈策略，培养、激发学生的学习动机，提高学习效率。

四　学生的学习动机水平随着年龄的增长有下降趋势

调研表明，样本地区中小学生的学习动机水平随着年龄的增长有下降趋势（详见表 11-1）。学习者年纪较小时对于新事物有强烈的好奇心，期望探索钻研，接受新事物的内部动机较高；随着年龄的增长，兴趣对于学习动机的影响逐渐加大。许多少数民族地区学生在一段时间学习之后对其丧失新鲜感，逐渐产生厌恶情绪，语言、生活环境、教师、社会需求等都不同程度地影响了学习者的学习动机，加上国家对于少数民族学生在考试方面的较低要求甚至零要求，许多学生不再对其学习有很大的热情。兴趣虽不是学习动机的唯一影响因素，但对于语言的学习也至关重要。如何保证少数民族地区学生的学习兴趣和热情已不单单是一个教育问题，而是一个很深刻的亟待解决的社会问题。

表 11-1　　　　　　　学生年龄—内部动机水平对照表

年　龄	平均值	标准差
10—12 岁	3.8340	.65867
12—15 岁	3.6791	.70597

续表

年　龄	平均值	标准差
15—18 岁	3.3584	.77790
18 岁以上	3.3667	.73469
合计	3.6100	.74424

　　三语环境下，少数民族学生的外语学习动机因受三种语言、三种文化的交互影响，表现出极大的复杂性和特殊性。本章的研究结论只是基于部分样本学生的调研和访谈数据得出的，研究结论只具有一定的参考价值，并不具有完全的普遍性和整体代表性，这一领域的问题还有待于后续研究进一步的探讨和澄清。

第十二章

三语环境下少数民族地区中小学学生外语学习策略研究

第一节　学习策略概述

一　学习策略

学习策略的研究兴起于 20 世纪 70—80 年代，20 世纪中后期以后，认知心理学及认知研究的发展为学习策略的研究提供了丰富的理论知识，这一研究经历了从意识到语言学习中的策略要素，再到认识到诸多因素对策略制约的发展过程，是随着现代认知心理学对认知过程的研究进展而兴起的。认知心理学认为"学习是学习者利用自身原有的认知结构，对当时外部刺激所提供的信息作出的主动的、有选择的信息加工过程，而不是对外部刺激被动地作出适应性反应"①。Stern 认为学习策略是语言学习者采用的学习路子总的倾向或总体特征，而学习技巧是可观察的学习行为的具体形式。Rubin 认为学习策略是学习者自己构造并直接作用于学习过程、旨在促进学习者语言系统发展的策略。Oxford 将学习策略定义为学习者为了使语言学习更成功、更有目的、更愉快而采取的行为。而刘电芝对于学习策略的定义是："学习策略是指学习者在学习活动中有效学习的程序、规则、方法、技巧及调控方式。"②

（一）学习策略的概念

学习策略作为一个专业术语，是在美国心理学家 Jerome Seymour

---

① Piaget, J. & Inhelder, B., *The psychology of the child*, New York: Basic Books. 1969.
② 刘电芝：《学习策略研究》，人民教育出版社 1999 年版。

Bruner 针对学校只重视知识教学，而忽略学生智力发展与学习方法指导的弊端，于 1956 年提出"认识策略"后逐步形成和确立起来的。但至今对"学习策略"的概念还没有一个统一的定论，主要有以下几种观点。第一种观点认为学习策略是内隐的学习规则。Dufry 认为"学习策略是内隐的学习规则系统"①。第二种观点认为学习策略是学习的信息加工活动过程。Jones Amiran 和 Katims 认为"学习策略是被用于编码、分析和提取信息的智力活动或思维步骤"②；Rigney 认为学习策略是"学生用于获取、保存与提取知识和作业的各种操作的程序"③；Dansereau 认为"学习策略是能够促进知识的获得和储存，以及信息利用的一系列过程或步骤"④；Kail 和 Bisan 认为"学习策略是一系列学习活动过程而不是简单的学习条件"⑤；Mayer 认为"学习策略是学习者有目的的影响自我信息加工的活动"⑥。第三种观点认为学习策略是具体的学习方法技能。Gagne 认为学习策略是"学习者用来调节自己内部注意、记忆、思维等过程的技能"⑦；J. Nisbet 和 J. Shucksmith 认为"学习策略是选择、整合、应用学习技巧的一套操作程序"⑧。第四种观点认为学习策略是学习方法和学习监控的结合。Weinste 认为"学习策略是学习方法和学习调控的统一体"⑨；Sternberg 指出"学习策略是由执行的技能和非执行的技能整合而成。其中前者指学习的调控技能，后者指一般的

---

① Duffy, G., "Fighting of the Alligatores: What research in real classroom has to say about reading instruction", *Journal Reading Behavior*, 1982 (4), pp. 357—373.

② 史耀芳:《浅论学习策略》,《心理发展与教育》1991 年第 3 期。

③ 史耀芳:《二十一世纪国内外学习策略研究概述》,《心理科学》2001 年第 5 期。

④ Dansereau, D. F., "Learning strategy reseach", In: Segal, J. W., Chipman, S. F. & Glaser (eds.), *Thinking and Learning Skills: Relating Instruction to Research*, Hillsale N. J. Erlbaum, 1985, p. 227.

⑤ 史耀芳:《浅论学习策略》,《心理发展与教育》1991 年第 3 期。

⑥ Mayer, R. E., *Education Psychology: A Cognitive Approach*, Boston: Little Brown, 1987, p. 224.

⑦ 熊川武:《学习策略论》,江西教育出版社 1997 年版，第 42 页。

⑧ Nisbet, J. & Shucksmith, J., *Learning Strategies*, London: Routledge & Kegan Paul, 1986, p. 24.

⑨ Weinstein, C. E. & Mayer, R. E., "The Teaching of Learning Strategies", In M. C. Wittrock (Ed), *Handbook of Research on Teaching* (3rd Ed), NewYork: Macmillan, 1985, p. 81.

学法技能"①。

可以看出，第一、第二种观点突出了学习策略的内隐性特点，而第三种观点突出了学习策略的外显性特点，第四种观点则包含了这两方面的特点。实际上学习策略是外显性和内隐性的统一。虽然内隐的学习规则系统、学习调控是内部意向活动，但操作的学习方法技巧的执行过程却是外显的。

我国关于学习策略的界定也众说不一，一种观点认为学习策略是指学习方法和技巧。史耀芳研究指出，"学习策略是学生在学习过程中，为达到一定目标，有意识地调控学习环节的操作过程，是认知策略在学生学习活动中的体现形式，它在一定程度上表现为学习方法和技巧"②；刘电芝认为，学习策略是指"学习者在学习活动中有效学习的规则、方法、技巧及其调控。它既是内隐的规则系统，又是外显的程序与步骤"③。

可见，国内学者在借鉴国外研究的基础上对学习策略的内涵提出了自己的看法，但与国外学者的研究没有本质的区别，主要集中在学习策略的内隐性、外显性两方面的特点上。

根据已有的文献，国内外许多专家学者对学习策略的不同的理解可以归纳为：

（1）学习策略是内隐的学习规则系统；

（2）学习策略是具体的学习方法或技能；

（3）学习策略是学习的程序和步骤；

（4）学习策略是学生的学习过程。

学习策略可指总的学习思路与方法，也可以指具体的活动与技巧；既可能是外部行为，即外显的操作程序与步骤，也可能是内部的心理活动；而对于学习的影响，有的是直接影响，有的是间接影响；对于策略的运用，可能意识得到，也可能意识不到，同时，策略的应用也有水平层次之别。

---

① Sternberg, R. J., "Criteriafor intellectual skills training", *Educational Research*, 1983 (12), p. 6.

② 史耀芳：《浅论学习策略》，《心理发展与教育》1991 年第 3 期。

③ 刘电芝：《学习策略研究（一）》，《学科教育》1997 年第 1 期。

（二）学习策略的发展

20世纪70年代中期，有关于学习策略的研究首先在西方国家兴起。从此，关于学习策略的研究开始在应用语言学领域受到重视。

进入20世纪80年代后，对于学习策略的研究更加细化。许多研究者以不同的方式对学习策略进行定义和分类。

对于学习策略的划分有好多种，如 Nisbet 和 Shucksmith 将学习策略分为质疑、计划、调控、审核、修正、自评六个部分。Mckeachie 等人将学习策略分为认知策略、元认知策略和资源管理策略。Dansereau 认为学习策略应包括两类相互联系的策略，即主策略（primary strategy）和辅策略（support strategy）。我国学者皮连生认为，可以根据不同标准对其分类，最一般的学习策略分类是依据信息加工模式（见图 12－1），可将其分为促进选择注意的策略、促进短时记忆的策略、促进新信息内在联系的策略、促进新旧知识联系的策略和促进新知识长时保存的策略。

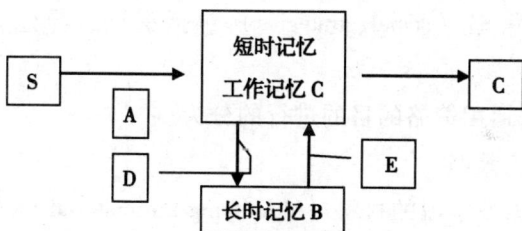

（A＝注意，B＝原有知识，C＝新知识，D＝新知识与原有知识联系，E＝新知识存入长时记忆，S＝?）

图 12－1　学习信息加工过程①

其他对学习策略比较有影响的分类有：

根据信息处理理论，O'Malley 和 Chamot 将语言学习策略分为三大类。

（1）元认知策略（metacognitive strategies）：元认知策略用于评价、管理、监控认知策略的使用；

（2）认知策略（cognitive strategies）：用于学习语言的活动之中；

（3）社会、感情策略（social/affective strategies）：为学习者提供更

---

① 莫雷：《教育心理学》，广东高等教育出版社2002年版。

多接触语言的机会。①

根据语言学习策略与语言材料的关系，Oxford（1990）将策略分为②：

1. 直接策略（direct strategies）

（1）记忆策略（memory strategies）包括建立联系网络、运用形状和声音、有计划的复习、使用动作；

（2）认知策略（cognitive strategies）包括操练、接收和发出信息、分析和推理、为输入输出信息建立规则；

（3）补偿策略（compensation strategies）包括猜测、弥补缺陷和不足。

2. 间接策略（indirect strategies）

（1）元认知策略（metacognitive strategies）包括建立学习重点、安排和计划学习、评价学习效果；

（2）情感策略（affective strategies）包括克服焦虑、鼓励自己、控制情绪；

（3）社交策略（social strategies）包括提问、与他人合作、理解他人。

Cohen 根据运用策略的目的进行的分为③：

1. 学习语言策略

（1）确定需要学习的材料（identifying the material for learning）；

（2）把材料分门别类（distinguishing it from other material）；

（3）组织材料（grouping it for easier learning）；

（4）反复接触材料（repeatedly engaging oneself in contact with the material）；

（5）采取措施记忆材料（remembering it with efforts）。

2. 语言使用策略

（1）语言提取策略（retrieval strategies）；

---

① O'Malley and Chamot, *Learning Strategies in Second Language Acquisition*, Cambridge：Cambridge University Press, 1990.

② Oxford, *Language Learning Strategies：What Every Teacher Should Know*, Boston：Heinle & Heinle, 1990.

③ Cohen, A. D., *Strategies in Learning and Using a Second Language*, Addision Wesley Longman Limited, 1998, pp. F13—14, 10.

（2）语言演练策略（rehearsal strategies）；

（3）弥补策略（cover strategies）；

（4）交际策略（communication strategies）。

20 世纪 90 年代 O'Malley and Chamot 的 *Learning Strategies in Second Language Acquisition*，Oxford 的 *Language Learning Strategies：What Every Teacher Should Know* Oxford 以及 Wenden 的 *Learner Strategies for Learner Au-tonomy* 对语言学习策略的研究方法、语言策略的训练、策略教学对学习第二语言的影响和对策略运用的评价进行了阐述。

我国到 20 世纪 90 年代后半期才出现了比较系统的以通用学习策略研究为主的刘电芝主编的《学习策略研究》。

二 二语/外语学习策略

（一）外语学习策略

讲究学习策略、提高学习效率的思想，发源于远古时代，并为历代学者所重视。例如 Aristotélēs 的读书法中就有极其丰富的元认知思想。而 Rousseau 强调了对学习策略重要性的认识，Dewey 还提出了让学生在"做中学"，掌握一定的学习策略的思想。

在我国古代，孔子提出"学而不思则罔，思而不学则殆"，王夫之提出"学非有碍于思，而学愈博则思愈远；思正有助于学，而思之困则学之勤"，都蕴含着学习策略的思想。然而真正开展外语学习策略的研究，还只是最近数十年的事。

Rubin 是语言学习策略研究的开创者之一。Rubin 通过学习行为进行观察，以及通过问卷和访谈等手段调查成功学习者在语言学习中使用学习策略的情况，并发表了其经典论文 *What the 'Good Language Learner' Can Teach Us*；Naiman 等人进行了大规模的语言学习策略研究，并且在研究的深度、广度及方法等方面有较大的改进。Wong-Fillmore 则开创了第二语言学习策略的研究，其研究以学习英语的墨西哥儿童为对象，探讨了这些儿童是如何提高英语交际能力的。此后，语言学习策略引起了语言教学界的广泛关注。在 20 世纪 80 年代，最引人注目的是 O'Malley 和 Chamot 等人的研究。他们以认知学习理论为指导，以信息加工工程理论为研究基础，在研究信息理解、处理、储存等过程的基础上，得出一整套理论化的语言学习策略，并对这些策略进行了细致的分类和描述，然后把这些学习策略拿到实际中去检测，调查了把英语作为第二语言的初级和中级学习者使用学习策略的情况，随后他们又调查了外语学习者的学习策略。Wenden 和 Rubin、Polizer 和 Mc-Groarty、Huang 和 VanNaerssen、Chesterfield 和 Chesterfield 等人也从理论到实践对语言学习策略进行了广泛的研究。[①]

（二）外语学习策略理论框架

随着 20 世纪 60 年代教育研究领域的重点由"教师如何教"向"学生如何学"转移，研究者对学习过程和学习方法展开了一系列的研究，并提出了相应的理论。受其影响，外语教学与研究界也从 70 年代开始对语言学习策略进行研究。他们通过观察、问卷调查、访谈、自述等研究方法对学习者的外语学习策略进行了调查，并对外语学习策略进行了描述和系统性的分类。

在国内外学习策略研究者中，其中，Oxford 的分类框架更为具体、更为完整，包含其他研究者对外语学习策略分类框架的主要内容和特点，在外语学习策略研究领域具有代表性和较大的影响力（见图 12 - 2）。在我国，文秋芳教授对英语学习策略进行了长期的研究，并在吸取西方优点的基础上建立了较为完整的英语学习策略理论系统[②]（见图 12 - 3）。

（三）外语学习策略的发展阶段

对于外语语言学习策略，相关的研究主要涉及善于学习者使用的策略，以及他们和不善于学习者的策略差异，策略使用和成绩的关系，影响策略使用的因素，以及语言策略培训的方式和成效。

外语学习策略的研究主要经历了三个阶段。

1. 起步阶段

1975 年，Rubin[③] 在 *TESOL Quarterly* 上发表了文章 "What Can Good Language Learners Teach Us?" 文章提出了善于学习者的七大特点。同

---

① 程晓堂、郑敏：《英语学习策略》，外语教学与研究出版社 2002 年版。
② 文秋芳：《英语学习策略论》，上海外语教育出版社 1996 年版。
③ Rubin, J., "What the 'good language learner' can teach us", *TESOL Quarterly* 1975 (9), pp. 42—51.

年，Stern[①] 和 Naiman et al. [②] 分别在 *Canadian Modern Language Review* 和 *TESL Talk* 上发表了有关于善于学习者的文章。和 Rubin 类似，Stern 也列举了善于学习者的十大特点。

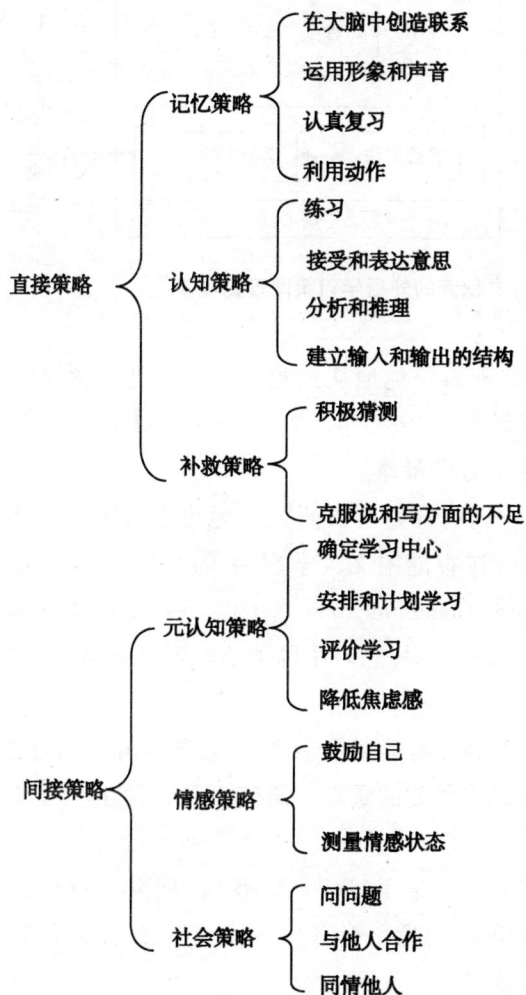

図 12 - 2　**Oxford 的外语学习策略理论框架[③]**

① Stern, H. , "What can we learn from the good language learner?" Canadian Modern Language Review, 1975 (31), pp. 304—318.

② Naiman et al. , "The Good Language learner", *Research in Education Series No. 7*, Toroto; The Ontario Institute for Studies in Education. 1978.

③ Oxford. *Language Learning Strategies: What Every Teacher Should Know*, Heinle & Heinle, Boston, 1990.

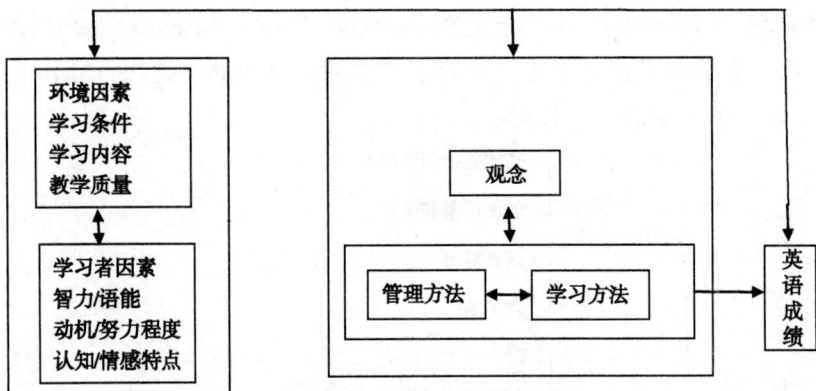

图 12 – 3　文秋芳的外语学习策略理论框架①

2. 发展阶段

20 世纪 80 年代的研究不再单纯地从经验出发，而是以学习理论为指导，逐渐由宏观向微观转换。1987 年，Wenden 和 Rubin 合编了一本论文集《第二语言学习的学习者策略》。

20 世纪 80 年代开始，国内开始有人研究，大约比国外晚十年。例如：1984 年 Huang Xiaohua 在香港中文大学完成了以 "An Investigation of Learning Strategies in Oral Communication that Chinese EFL Learners in China Employ" 为题的硕士论文，标志着中国英语学习策略研究的开端。

3. 繁荣阶段

20 世纪 90 年代，语言学习策略的研究与自主学习研究结合起来，同时语言学习策略的培训成为研究的重点。研究也开始关注学习策略与文化的关系。

1990 年，Oxford 出版了《语言学习策略》，同年，O'Malley 和 Chamot 出版了《第二语言习得的学习策略》。这两部著作标志着第二语言学习策略的研究已基本成形。

国内的研究对象主要是英语专业、非英语专业，硕士研究生、小学生。研究的范围有听力策略、口头交际策略、阅读策略、写作策略、词汇策略等。1996 年，上海外语教育出版社出版了文秋芳《英语学习策略论》，这是我国第一部有关英语学习策略的专著。在此专著中，英语学习策略系统分为观念和方法，而方法进一步分为管理方法和学习

---

① 文秋芳：《英语学习策略论》，上海外语教育出版社 1996 年版。

方法。

三 学习策略的相关研究

(一) 国外相关研究

1958 年西蒙用计算机有效地模拟了"解决问题"的策略,开拓了研究学习策略的先河,从而吸引了更多的学者开始学习策略的实证研究。

在选择性注意策略方面,Thorndyke 和 Stasz 在 1980 年让成人学习地图。结果表明,快速学习者善于对地图的有关部分引起注意,且具有更好的选择性注意策略。在编码策略方面,Moely 所作的研究表明,8—9 岁以下的儿童,很少自发采用分类编码策略进行学习与回忆,但到了10—11 岁,采用分类编码策略进行学习与回忆的证据明显增加。在提取策略方面,Flavell 所作的研究结果表明:幼儿不能自发地应用分类回忆策略,但在清晰指导下能应用这种策略;大学生多数未自发应用分类回忆策略,但在清晰指导下全部用这种回忆策略。在精加工策略方面,Weinstein[1] 的研究揭示,成功的大学生常报告使用了精加工的学习策略,而不成功的大学生则报告使用了机械复述。

由此可见,西方学者对学习策略的实证研究侧重于信息加工过程,主要探索学生在信息加工过程中有哪些有效的学习策略。

(二) 国内相关研究

我国对学习策略的实证研究主要体现在三个方面:较早是对学习策略与学业成就关系的研究,随后是具体学科如数学、英语学习策略的研究,还有对中学生整体学习策略水平的调查研究。

有关学习策略与学业成就关系的研究有:刘志华、郭占基对初中生的学业成就动机、学习策略与学业成绩关系的研究,结果表明:学习策略、成就动机在同等程度上影响学业成绩,不同成绩学生在学习策略上有显著性差异,这是导致成绩分化的主要原因[2];王振宏、刘萍的动机

① Weinstein, C. E. & Mayer, R. E., "The Teaching of Learning Strategies", In: M. C. Wittrock (Ed), *Handbook of Research on Teaching* (3rd Ed). New York: Macmillan, 1985.

② 刘志华、郭占基:《初中生的学业成就动机、学习策略与学业成绩关系研究》,《心理科学》1993 年第 4 期。

因素、学习策略、智力水平对学生学业成就影响的研究，结果表明：学习策略与学业成就呈显著的正相关，学习策略与学业成就存在着因果关系。学习策略对学业成就有显著的回归效应，直接影响学业成就。①

有关学科学习策略的研究有：首都师范大学方平的数学学习策略的实验研究，结果表明：讨论法、出声思维与实验人员指导相结合、教师随堂渗透讲授三种不同的策略训练方法影响训练效果；策略训练的时间长短不同，训练效果大小不同，策略训练时间影响训练效果；在短期训练中，在不同的训练方法下，数学学习策略训练的效果有一定的性别差异，长期的训练其效果则无显著性差异。② 刘电芝对数学、物理、化学的解题策略进行了研究，详细内容可参阅她的《学习策略研究》一书。

在实证方面，我国学者与西方学者不同，我国学者不是侧重于研究学生在信息加工过程中的学习策略，而是研究各种学习变量与学习策略的关系，以及学生的学习策略水平特点。

国内外有关学习策略的实证研究中，很多研究已证实了学习策略与学业成绩之间的因果关系，这已不用质疑，因此我国实证研究的重点应转向其他方向。虽然在具体学科学习策略方面我国已有一些研究，但不全面，大部分是关于理科解题策略的研究，需从多学科、多角度深入。今后学习策略实证研究的重点是研究学生在各科学习中普遍应用的学习策略，如信息加工、选择要点、时间管理等。深入开展策略掌握与运用的研究，了解不同年龄阶段学生学习策略的掌握水平与策略学习的一般特征，弄清楚策略学习应具备的智力条件与知识、技能基础，为一般性的学习策略指导奠定基础。

四　少数民族学生的外语学习策略相关研究

中国是一个统一的多民族国家，共有56个民族。我国的少数民族语言种类比较多，大约有80种。在55个少数民族中除了回族一直使用汉语，满族在近代转用汉语以外，其余53个少数民族绝大多数都有自

① 王振宏、刘萍：《动机因素、学习策略、智力水平对学生学业成就的影响》，《心理学报》2000年第1期。
② 方平、郭春彦、汪玲、罗峥：《数学学习策略的实验研究》，《心理发展与教育》2000年第1期。

己独特的语言，其中还有不少相应的文字。按照国际通用的语言谱系分类法，我国的少数民族语言大体可分为汉藏语系、阿尔泰语系、南岛语系、南亚语系、印欧语系等五个语系。我国不仅是一个多语种的国家，还是一个多文种的国家，24 个民族有代表自己语言的文字。对大多数少数民族学生，英语是第三种语言。

由于母语、第二语言（汉语）和外语三种语言的相互迁移，民族地区中小学生的外语学习具有特殊性和复杂性；加之民族地区外语师资不足、学历偏低、知识结构单一等客观原因，探讨和研究少数民族地区外语学习策略就显得尤为必要。近年来，随着国内学者对少数民族地区教育研究的关注，针对少数民族地区外语学习策略的研究也逐渐增多。

从地域分布看，很多学者选择甘肃、新疆、海南、云南、广西等少数民族相对集中的地区进行研究。如姜秋霞、刘全国、李志强对甘肃省五个少数民族州县的 21 所中小学中外语教育现状进行了调查研究[1]；陈慧对海南省少数民族地区，即原海南黎族苗族自治州所辖市县黎族学生英语学习策略的使用情况进行深入探讨。[2]

从调查对象的年龄来看，学者的研究对象多为中学、大学等年龄阶段的学生。如陈慧选取五指山地区的水满中学全体学生为调查对象，水满中学是五指山地区典型的民族中学，几乎 95% 以上是黎族学生，其余少数是苗族和汉族学生，具有较强的代表性[3]。徐世昌通过问卷调查及访谈对新疆两所高校 209 名少数民族和汉族非英语专业大学生英语词汇学习策略的使用情况进行了调查。调查结果显示，少数民族大学生在英语词汇学习元认知策略和认知策略的使用频率上均高于汉族大学生。[4]

除此之外，也有学者专门以少数民族研究生为调查对象进行研究。如武永、托娅以北京邮电大学民族教育学院少数民族高层次骨干人才硕士研究生基础培训班的研究生为调查对象，学生主要来自蒙古族、维吾

---

① 姜秋霞、刘全国、李志强：《西北民族地区外语基础教育现状调查———以甘肃省为例》，《外语教学与研究》2006 年第 2 期。

② 陈慧：《少数民族学生英语学习策略的实证研究》，《内蒙古农业大学学报》2005 年第 4 期。

③ 同上。

④ 徐世昌：《少数民族与汉族大学生英语词汇学习策略对比分析》，《外语教学》2011 年第 4 期。

尔族、回族、土家族、壮族等民族，探讨了少数民族外语学习者的学习策略使用情况。①

从国内学者选取研究对象上不难发现，针对我国少数民族学生学习策略使用情况的研究多数采用实证研究，调查研究时间或长或短，研究工具多使用调查问卷、访谈，在问卷设计方面，通常采用国际流行的莱克特（The Likert Scale）五级量表，问卷多采用"完全不同意/这种做法完全不适合我"、"不大同意/这种做法通常不适合我"、"有点同意/这种做法有些时候适合我"、"很同意/这种做法通常适合我"和"完全同意/这种做法完全适合我"五级选项，调查对象可以表达温和意见与强烈意见，确保所收集到的数据相对客观。数据分析由定量分析和定性分析两部分组成。问卷的数据多使用 SPSS 软件进行定量分析，而定性分析则是对访谈结果进行整理分析，用来对问卷调查进行补充，然后再分析调查结果。这些研究都旨在积极探索少数民族学生的外语学习策略的选择、优缺点及原因，并提出相应对策，目的是帮助英语教师结合地方实际，深入、系统地了解少数民族学生英语学习策略的使用情况，及时发现问题，在今后的教学中根据学生自身的特点，有针对性地开展教学，更有效地对学生进行学习策略的指导和训练，帮助学生学会如何提高学习效率，从而促进少数民族地区的教育发展，也为学生的终身学习打下基础。

少数民族地区的特殊生活、语言、社会环境使其二语习得具有特殊性和差异性，通过对其学习策略的研究则可以深刻分析少数民族地区学生的英语学习策略特点、存在的问题和困难，并在解决问题的基础上建构外语课堂的三语教学模式。

第二节　三语环境下少数民族地区中小学学生外语学习策略研究

本研究沿用文秋芳关于外语学习策略的分类，即将外语学习策略分

---

① 武永、托娅：《少数民族外语学习者学习策略问题探究》，《北京邮电大学学报》2010年第 3 期。

为形式、功能、语言的三维策略结构。形式即形式操练策略，功能即功能操练策略，语言即母语策略。持有第一种观念的人认为以精读、精听为中心来学习单词、语音和语法知识的传统活动对学好外语非常重要，认为外语学习中准确性比流利性更为重要；持有第二种观念的人认为进行大量的听、说、读、写交际活动是学好外语的重要保证；持有第三种观念的人认为以翻译为手段是学好外语的捷径。语言策略即利用母语帮助自己建构外语学习策略的一种方式，即通过翻译等方法进行语言习得，而功能则是通过进行实际场景交际来提高语言水平的方法。学习策略的使用即可体现出学习动机对学习的影响。

　　研究发现，样本地区少数民族学生英语学习策略呈现的总体趋势为：以母语策略为主，形式策略次之，功能策略最后（见图12－4）。

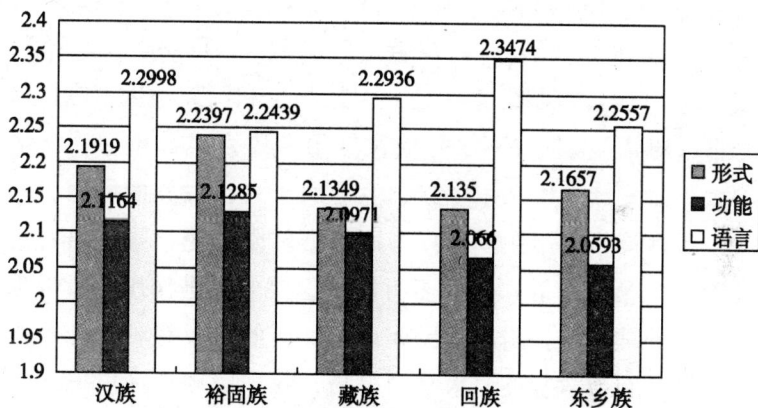

图12－4　民族学生英语学习策略对比

一　学生英语学习策略以母语策略为主

　　研究表明，样本地区少数民族学生英语学习策略以母语策略为主。这也是我国普通汉族学生经常使用的学习策略，然而我国大多数少数民族语言、汉语和英语之间差异较大，语言迁移作用大。以汉族学生为例，过多使用母语学习策略会使学生习得的英语带有明显的汉语特色，即中式英语（如表12－1所示），严重阻碍学生英语学习的进步，在某些情况下甚至导致学生外语学习石化现象；过多使用母语策略还会使学生习惯于母语思维，诸如写作文时先构思汉语结构然后翻译的思维程序，会出现诸多来自汉英字典中的生僻单词，影响深远。

表 12 - 1　　　　　　　　　　　中式英语例表

汉语	英语
喊什么喊？	Shout what shout?
去你个头！	Go ahead!
你给我站住！	You Give Me Stop！！
我叫李老大，今年25。	I call Li old big. toyear 25.
走过路过，不要错过。	Go past no mistake past.

回族和汉族使用母语策略的现象更为普遍，而藏族和东乡族学生的母语策略使用频率低，母语策略的使用由多到少依次为回族（2.3474）、汉族（2.2998）、藏族（2.2936）、东乡族（2.2557）和裕固族（2.2439）（见图 12 - 4）。回族学生和汉族学生基本以汉语为第一语言（母语），且多不懂其他民族语，语言成分单一，汉语负迁移影响大，而藏族学生和东乡族学生有属于自己民族的语言，语言成分复杂，母语策略使用频率较低。而根据阈限理论，第二语言的学习对第三语言（第二外语）的学习有着很重要的促进作用，所以他们在英语学习上更具优势。因此，民族地区汉语的普及有利于地区内英语教学工作的开展和学生英语水平的提高，我国民族地区以三语接触为特色的语言生态环境为民族地区中小学生的语言学习和认知发展提供了优越条件。

二　形式操练策略使用频率高于功能策略

学生主要使用精读、精听为中心的方法来学习单词、语音和语法知识，表明学生在学习方法上还是停留在传统的语法—翻译教学方法上，虽然形式策略是语言学习的一个有效策略，但过多地通过死记硬背、机械式重复的方法学习语言会使学生在英语学习和使用时过于死板，语言的学习脱离现实生活，在真实场景交际中影响交际效果。

少数民族地区学生英语水平低下是出现这一现象的重要原因。通过前期研究对学生的水平诊断测试发现：少数民族地区学生英语学习水平低下，英语表达仅限于使用较为简单的日常英语，如："I am a studen."等简单句型，而在实际场景中的交际不可能局限于此类简单问题。另外母语与外语学习的区别主要在于前者是以扩展知识为主要内容，而后者主要是对已知知识另外一种表达方法的习得，是一种符号替换。外语学习的一个普遍困惑就是想要表达的无法表达，而真正可以表达的却不具有任何交际意义。少数民族地区的英语教育发展落后状况使得这一问题由单面影响发展到恶性循环，严重制约着少数民族地区英语教育教学的发展。

　　功能策略的使用指通过真实场景交际任务进行听说训练，在交际中提高英语使用能力，此种学习策略能让学生切实感受场景，习得生动而实用的语言。《英语课程标准》倡导培养学生的英语综合应用能力，磨砺意志，陶冶情操，丰富生活经历，开发思维能力，发展个性和提高人文素质。功能策略是目前学生提倡较多的英语学习策略。少数民族地区由于自然地理条件等因素影响，接触到的真实外语交际场景少之又少，加上学生脆弱的学习心理，因此无法经常使用这种策略。另外，在整个调查中，没有发现任何一所学校聘有外籍教师。再加上受到传统的应试教育的影响，没有注重口语交流方面的训练，因此口语交际能力相对较差。当然，山区经济的落后、知识的闭塞也是对教学特别是英语教学造成很大困难的重要因素。

　　同时应该注意，教学方法的科学性、教师教学水平以及现代化教学手段等都对学生英语学习策略的选择有重要影响。若教学方法还停留在传统方法上，学生英语习得就会淡化场景，逐渐远离功能策略；现代化教学手段能使我们在缺乏真实交际场景的情况下通过对语言虚拟场景的模拟和体验提高语言表达水平（如音频、视频等）。少数民族地区教学条件差，设备落后，远程教育资源利用率低，不仅影响该地区英语教学，而且也严重制约了学生整体认知水平的提高和学习知识的丰富。尽管数据显示形式操练和功能策略的相关度最高，即多使用形式操练策略的学生较其他学生更容易使用功能策略（见表 12－2），但多种内外因在合力作用下，使学生的策略期待终究不能成为现实，解决这一问题也就显得异常重要了。

表 12 - 2　　　　　　　　　英语学习策略相互关系表

		形式操练策略	功能策略	语言策略
形式操练策略	皮尔逊相关系数	1	. 571 **	. 103 **
	显著性水平（2-tailed）		000	. 006
	样本总数	838	772	708
功能策略	皮尔逊相关系数	. 571 **	1	. 111 **
	显著性水平（2-tailed）	000		. 003
	样本总数	772	810	697
语言策略	皮尔逊相关系数	103 **	111 **	1
	显著性水平（2-tailed）	. 006	. 003	
	样本总数	708	697	743

** Correlation is significant at the 0. 05 level (2-tailed).

　　值得一提的是，学生在英语学习过程中学习策略的使用既不是孤立的，也不是单一的，必须多种策略交叉使用，只有注重适度性和结合性，才能有效提高英语学习水平，过多地形式策略的使用会使学生思想僵化，过多地母语策略的使用会使中介语母语化，过多地功能策略的使用会使学生淡化语法，从而不利于英语学习的长足发展。适度结合学习策略有利于学生英语学习的快速提高和学生认知水平的提升，教师应遵循循序渐进原则和适宜性原则，帮助学生构建合理的学习策略。

第十三章

三语环境下少数民族地区中小学学生
外语学习困难研究

第一节　学习困难概述

一　学习困难及其归因相关理论

学习困难（learning difficulties）最早源于医学界，20 世纪 60 年代，由美国学者 Samuel A Kirk 首先提出，它被用来描述那些智力正常但学业成绩长期滞后的学生。此后，这一概念受到了学者的普遍关注，目前已经成为心理学、教育学和医学都很感兴趣的问题，不同学科从不同角度揭示了学习困难的原因和规律[1]。

学习困难表现为一种或多种基本心理过程的障碍，包括理解语言，或使用语言口头的和书面的语言障碍。这些障碍可能表现为听、想、说、读、写、拼或算术计算能力的障碍，即知觉障碍、脑损伤、轻微脑功能失调、诵读困难、发育性失语症等，但不包括由于视觉、听力或神经障碍，以及智力落后、情绪干扰或环境不利而引起的学习问题[2]。

20 世纪 60 年代后期，美国教育办公室（U. S. Office of Education, USOE）对学习困难作了界定，并作为立法和基金计划的基础。该定义与 1962 年 Kirk 的定义基本相似。1977 年，美国教育办公室又提出，学习困难应包括以下几个方面的缺陷：口头表达能力、听力理解能力、书面表达能力、基本阅读技能、阅读理解能力、数学计算能力以及数学推理能力。1981 年美国学习困难全国联合委员会（National Joint Committee

---

① 张舒哲：《论学习困难的界定方法和基本类型》，《心理发展与教育》1994 年第 2 期。
② 赵晶、陈传锋：《学习困难：概念演变、认知表现及其影响因素》，《心理研究》2010年第 3 期。

on Learning Disabilities，NJCLD）进一步提出：学习困难是一个一般术语，它指在听、说、读、写能力或推理、数学运算能力的获得和利用方面有明显困难的不同障碍的综合体。1997 年美国颁布了《障碍者教育法案》（Individuals with Disabilities Education Act，IDEA），重新对学习困难进行了定义：

（1）从总体上来看，"特殊学习困难"是指一种或多种基本的心理过程的障碍，包括语言使用、说话、书写，这些障碍使人在听、想、读、写、拼写，或数学计算等活动中表现出不完整的能力；

（2）学习困难包括以下几种情况：知觉障碍、脑损伤、轻微脑功能障碍、失读症、发展性失语症；

（3）学习困难不包括以下几种情况：由视觉、听力、神经功能障碍、智能缺陷、情感障碍，以及环境、文化、经济因素造成的学习问题。

新近的学习困难定义主要是英国教育部（Department of Education）于 2001 年公布的题为《重视人类：21 世纪有关学习困难的新策略》（Valuing People：A New Strategy for Learning Disability for the 21st Century）白皮书里面的定义：学习困难是一种重要的理解新的或复杂的信息能力的缺失（智力的削弱），这种能力是用来学习新技能的；是一种独立处理问题能力的缺失（社会功能的削弱）；从成年前开始，在人的发展过程中具有持久的作用①。

通过一系列围绕学习困难影响因素的研究，国内外学者发现导致学习困难的因素是多方面的，包括生物学因素、心理认知因素、环境因素等。

首先，从生物学角度看，导致学习困难的生物学因素主要有：遗传因素、大脑的认知功能、出生体重、围生期及微量元素的方面。其次，从心理认知因素看，工作记忆（working memory）是学习困难潜在的根本因素。智力结构不平衡是造成学生学习困难的重要因素。在认知策略方面，学习困难儿童学习能力较差，学习能力发展后劲儿不足，学习策

---

① 赵晶、陈传锋：《学习困难：概念演变、认知表现及其影响因素》，《心理研究》2010年第 3 期。

略欠佳。另外，研究发现，学习困难儿童存在诸多方面的情绪和行为问题，最常见的如多动症，注意力不集中；这些儿童学习态度消极，缺乏学习兴趣，考试压力大。最后，从环境方面讲，家庭环境、学校环境、社会文化环境等都会导致学习困难。大量的研究表明，家庭环境特别是父母是孩子学习困难的一个重大影响因素。父母的压力、家庭教育方式及父母盲目过高的要求等，均会导致儿童学习困难。入校之后，教师的管教方式、教学态度和对学生的期望会在不同程度上影响学生的学习态度进而影响学习的效果。另外，从宏观方面看，社会文化环境是孩子成长的大环境，也会直接或间接地影响学生的学习。

综上所述，学习困难是由一组学习技能缺陷构成的发展性心理障碍，表现为听、说、读、写、算术、空间等能力的习得与应用上的缺陷，在国外一般也被称为学习障碍（learning disabilities）。学习困难学生具有正常的智力水平，但学业成绩明显低于预期成绩，并伴有较多的社会适应不良及情绪和行为问题[1]，学习困难也是由多方面的因素综合造成的。

归因（attribution）这一概念是由美国心理学家 Heider 提出来的。Heider 认为，人们具有理解世界和控制环境的两种需要，满足这两种需要的最基本途径就是了解人们行动的原因并预言人们将如何行动。人们做完一项工作后，往往喜欢寻找自己或他人之所以成功或失败的原因。在此基础上，Weiner 将人们成败的原因大致分为六类：能力、努力、任务难度、运气、身心状态及其他原因六个维度。[2]

成败归因理论对于教育实践活动的指导意义在于：首先，可以预测其学习动机。如果一个学习者将成功归因于自己的努力，他将继续努力；若将其归因于运气，他将心存侥幸，幻想奇迹再次发生，其学习动机不会提高。其次，消极归因对于学习者的个性发展不利。按照 Weiner 的观点，凡是将成败归因于内在的可控的因素就是积极归因，反之则是消极归因。如果一个学习者将失败归因于能力不足、运气不好或学习难度太大，久而久之就会形成学习无助感，缺乏尝试的勇气，这对学生的

---

① 赵晶、陈传锋：《学习困难：概念演变、认知表现及其影响因素》，《心理研究》2010年第3期。

② 张春兴：《教育心理学》，浙江教育出版社1998年版。

人格发展极为不利。再次，"教师的反馈评价是影响学习者因素的重要原因，尤其是那些缺乏自信心、个性依赖的学生，要想维持他们的学习动机，教师给予积极鼓励的反馈比其他任何方式都有效得多"①。

二　对于学习困难的相关研究

对于学习困难的研究在国外已经有 200 多年的历史了，国内的研究则起步较晚。

（一）国外对于学习困难的相关研究

国外学者把从 19 世纪初开始到现在的学习障碍研究的发展历程大致分为四个阶段②。

第一阶段为研究早期，即奠定期，从 1800 年至 1930 年。这一时期的特点是研究了学习障碍与脑外伤的关系并唤起对学习困难的认识。在这一阶段多数研究者比较重视病因上的讨论，却很少涉及治疗或教育方法。

第二阶段为转折期，从 20 世纪 30 年代开始，一直持续到 1963 年 Kirk 正式发表主张采用"学习困难"一词的演说之前为止。这一时期是学习困难研究专门化的开端，人们研究的重点已经由过去的大脑解剖转变到以补救教学和训练为主。除医生外，许多心理学家和教育工作者也投入学习障碍的研究之中。本阶段学习障碍研究还在以下几个方面有所变化：

（1）研究对象的变化，表现为从过去的成人案例转变为以儿童为主要研究对象；

（2）研究类别的变化，表现为从语言障碍和阅读障碍的研究扩展到多方面的研究，其中包括认知动机或注意力方面的障碍；

（3）研究范围的变化，表现在从过去以欧洲为主进行研究逐渐扩展到美国③。

第三阶段为研究的整合期，从 1963 年到 1980 年。这一阶段对于学习困难的研究取得了许多突破性成果。首先，1963 年在美国成立了专

① 冯维：《小学心理学》，西南师范大学出版社 2008 年版。
② 梁威：《国内外学习障碍研究的探索》，《教育理论与实践》2007 年第 11 期。
③ 同上。

门研究学习困难的组织——美国学习障碍协会，它是学习障碍研究领域的第一个专门机构。其次，在此期间，在美国还成立了"学习障碍委员会"、"学习障碍支会"、"欧登阅读障碍学社"、"学习障碍全国联合委员会"等多个学习困难研究专业组织。最后，值得关注的是，研究人员的结构发生了变化。在这一阶段，家长、教育工作者以及语言病理学家开始参与到这一研究领域的研究中。

第四阶段为现代期，即 1980 年以后。对于学习困难的研究经过整合期后，面临着再发展的问题，这一阶段发展重点是质的提高。

（二）我国对于学习困难的相关研究

我国对于学习困难的研究最早始于 1975 年的台湾地区，而大陆的研究历史并不是很长。真正将学习困难（学习障碍）儿童作为专门的教育研究对象是从 20 世纪 80 年代初期开始的[①]，研究大致经历了以下三个阶段：

第一阶段，随着 1977 年我国学校教育从遭到严重破坏到进入全面恢复整顿时期，人们对学习困难儿童的理解差距较大。从关于学习困难的研究成果来看，主要内容是成功的教学经验和学习苏霍姆林斯基的体会及成功的做法。

第二阶段，从 1986 年至 1993 年；这一阶段的显著特征是有关科研机构和人员开始专门从事这一领域的研究。在这一阶段通过对国外大量有关学习困难研究理论的译入，将美国、英国、俄罗斯等国家有关学习困难儿童教育研究的历史、特色、趋势介绍给国内教育界。这一阶段不仅在理论上有所发展，而且在实践工作中也取得了一定的成效。

第三阶段，从 1993 年 2 月 13 日党中央、国务院正式印发《中国教育改革和发展纲要》至今。这一阶段，学习困难研究的重点从探讨学习困难儿童的特点及原因，转变到如何通过教育干预切实改善他们落后的学习状况。2000 年，我国成立了专门的学习困难研究学术组织，即学习障碍研究专业委员会。

学习困难的形成是一个十分复杂的过程，它的影响因素也是多方面的。因此，对于学习困难的研究需要建立在医学、心理学、教育学等学

---

①　梁威：《国内外学习障碍研究的探索》，《教育理论与实践》2007 年第 11 期。

科的理论基础之上，同时也需要各门学科发挥自己的特点和优势，结合具体的学科实际进行深入的研究。

第二节　三语环境下少数民族地区中小学学生外语学习困难研究

　　对少数民族地区学生学习困难进行分析，有利于以实证的方式查找学生英语学习困难的原因，针对具体问题进行解决；有利于对学生的学习动机、学习态度、学习策略进行整体把握，互相印证；便于全面理解少数民族地区学生的学习特点及过程，在解决具体的教学问题的基础上，构建适当的三语教学模式，确保其务实高效，兼顾宏观和微观两个方面服务于少数民族地区的英语教学实践。对于学生学习困难的归因分析有利于掌握学生的学习心理，全面理解三语接触环境下少数民族地区英语学习的语言习得机制，构建科学的三语教学理论用以指导三语接触环境下的英语教学工作，为改善教学现状提供了一定依据。

　　本书在对本部分数据整理时，参考国内外相关研究，在结合少数民族地区英语教学现状的基础上将其按教师、自身、迁移、学校、家庭、教材、时间和语言环境等八个维度进行了划分整理。调查发现，语言环境、学习时间和自身原因成为影响少数民族学生英语学习的三个最重要因素。这在东乡族、回族、汉族、藏族和裕固族学生的调查结果中具有一致性（见表 13 - 1）。

表 13 - 1　　　　　　　　　　样本学生英语学习困难归因

维度	民族	回族	汉族	裕固族	藏族	东乡族
教师	平均值	2.2865	2.0273	1.9020	2.0343	2.2509
	标准差	1.00332	0.99664	1.00065	0.94556	0.94555
自身	平均值	2.8303	2.5989	2.4510	2.5971	2.8075
	标准差	0.85402	0.84410	0.98336	0.80303	0.83562
迁移	平均值	2.6984	2.3681	2.1911	2.3837	2.6792
	标准差	0.83606	0.81618	1.00466	0.80742	0.75849
学校	平均值	2.4196	2.2053	2.1176	2.1882	2.7222
	标准差	0.99447	1.03524	1.10720	0.97698	1.05353

续表

维度	民族	回族	汉族	裕固族	藏族	东乡族
家庭	平均值	2.5089	2.1682	2.1569	2.2444	2.5803
	标准差	1.40780	1.33815	1.46113	1.31439	1040869
教材	平均值	2.6269	2.4162	2.2381	2.3408	2.7949
	标准差	0.97787	0.95985	0.96944	0.99434	0.85984
时间	平均值	3.0000	2.5285	2.3186	2.4637	2.9007
	标准差	0.91142	0.93777	1.02723	0.92602	0.92308
语言环境	平均值	3.0417	2.6852	2.4248	2.6117	3.0593
	标准差	0.97530	1.04670	1.11371	1.01175	1.10075

一 语言环境

研究表明，语言环境是少数民族学生英语学习困难的最重要影响因素（见图 13-1）。语言与文化的关系密不可分，有一种语言存在就有一种文化存在。这首先会形成各民族文化之间的相互碰撞，在少数民族学生学习心理、学习态度、学习策略方面产生了很大的影响作用。学生的语言结构也给其外语学习带来很大冲击。少数民族学生的汉语普及程度不高，而绝大多数教师的母语为汉语，汉语作为工具语言而使用，当工具语言与目标语言都有难度时，工具语言便发挥不了作用[1]。基于民族语言思维的外语学习和基于汉语思维的课堂授课方式和语码转换方式极不协调，教与学的严重错位成为少数民族地区外语课堂的一个重要特点。

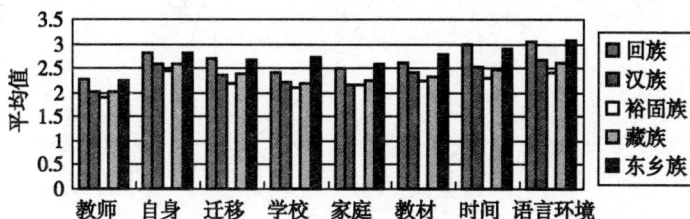

图 13-1　样本学生困难归因对比

① 姜秋霞、刘全国、李志强：《西北民族地区外语基础教育现状调查》，《外语教学与研究》2006 年第 2 期。

　　如何走出这一困境则是摆在少数民族地区外语教学活动最首位的问题。众所周知，汉语是我国使用范围最广的语言，也是我国的法定官方语言，若影响到少数民族学生汉语水平的提高，就会限制学生的交际范围，使其生存环境狭窄化，不利于学生的身心全面发展和健康成长，而且限制了学生接受高级教育的机会；少数民族聚居区学生通常来自好几个民族，如样本地区的学生中藏族学生占21%，东乡族学生占22%（见图13－2），其中藏族和东乡族学生有自己的语言，培养民族地区双语师资需要更大的人力、财力、物力，且学校学生民族成分混杂，实现分民族双语教学的可能性小，故展开民族语与英语双语教学的可能性不大；单独通过普及汉语程度也无法迅速解决这一问题。民族聚居区由于自然地理、人文等各种因素的制约，汉语的普及是一个长期而艰巨的任务。若只在汉语普及之后，再实施英语教学更不现实，工具性的作用更发挥不出来。因此应一方面大力普及汉语教育、提高少数民族学生的汉语水平；另一方面培养三语师资可以实现课堂语码转换，由以双语为主向三语进行过渡。灵活的语码转换有利于少数民族学生使用汉语和民族语两种工具语言进行英语学习。同时，灵活的课堂语码转换也可为少数民族地区外语课堂带来一定的活力，兼顾少数民族学生的英语学习心理，提高英语教学活动的效率。

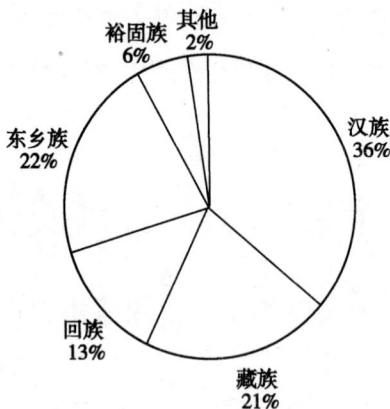

图 13－2　样本学生民族结构

二　学习时间（语言接触时长）

调查分析显示，样本地区英语学习的时间影响排在众多归因因素中的第二位。少数民族地区尤其是样本地区主要有汉语、英语、东乡语、藏语等语言。普及汉语是我国语言政策的一个重要决定，汉语的推广有助于我国少数民族地区学生走向世界，发展自我，有利于他们走出民族区域接受高等教育，回报家乡。从整体上有利于民族地区与其他地区的交流，有利于分享现代化发展的先进成果，因此，汉语的普及历来是民族地区语言工作的一个重点。在众多民族地区中小学，汉语作为一门主课开设，学习任务繁重。

1984 年 5 月 31 日第六届全国人民代表大会第二次会议通过的《宪法》第一章第四条规定：各民族都有使用、发展本民族语言文字的自由。2001 年 2 月 28 日第九届全国人大常委会第二十次会议《关于修改〈中华人民共和国区域自治法〉的决定》第三章第二十七条规定，招收少数民族学生为主的学校（或班级）和其他教育机构，有条件的应当采用少数民族语言课本，根据情况从小学低年级起或高年级起开设汉语文课程，推广全国通用的普通话和规范汉字。

"民族语言教育有利于保护各民族语言文化，有利于各民族教育、经济及文化多方面发展，并为各民族间的相互尊重、相互学习和交流提供了平台。"① 换句话说，少数民族有使本民族文化发扬光大的义务。民族语言在提高少数民族地区学生的认知水平方面发挥了重要作用，民族语在少数民族聚居区各中小学一般都作为主课开设。

在汉语和民族语都作为主课开设的情况下加授英语课程，使学生要学习的语言课程增至三门。由于语言学习是一个课堂学习、课外巩固和锻炼的多维度学习活动，学生需要在语言课程上花很多时间，而少数民族学校还有相应的数、理、化、文、史等课程，这就使此类地区基础教育负荷过重，学生负担太大，学生在照顾其他课程的同时必然减少对外语学习的关注度，英语、汉语学习的适当接触时长保证不了，给教学活动造成了不良影响。

---

① 王军：《教育民族学》，中央民族大学出版社 2007 年版。

三　学生自身因素

民族地区三语环境观照下的英语教学使得语言数量由两种变为三种，其复杂程度和控制难度大大增加，学生学习难度加大，现有的语言环境不利于英语学习。① 一方面，学生在课程选择和学习时间安排上都有难度，感觉自己对于英语学习的投入不够；另一方面，中小学生由于认知学术语言水平（CALP）不高，无法理解语言迁移对外语学习的影响，简单将其归结为自身语言天赋欠缺也是本要素数值较高的原因。"认知学术语言水平是指学习者在学术上的语言和文学水平。以藏族学生为例，在藏族中学中，多数学生是在进入学校之后才开始接触其第二语言——汉语，他通过母语——藏语来学习文化知识，CALP 系统通过藏语为载体得到促进和发展，汉语的习得通过从固有的以藏语为载体的CALP 系统获益，同时，二语环境中，课堂上汉语的学习也会促进学生CALP 的发展，而英语学习是以中介语——汉语为教学基础语言来进行的。"② 因此，在英语学习过程中，以汉语为载体的 CALP 成为他们英语学习好坏程度的决定因素之一，但如前面所论述的那样，这些藏族学生的 CALP 系统发展以藏语形式为主，虽然也存在汉语形式的 CALP 系统，然而其发展却滞后于藏语。因此，他们能从以教学语言——汉语为载体的 CALP 系统处获得的帮助就相对减少，对英语学习的促进作用自然也就缓慢得多了。

四　语言迁移

学习迁移研究一直是教育心理学研究的核心课题，其研究有助于指导教学过程，提高教学质量，促进学生的学习效率③，在理论方面有助于深入揭示学习的本质与规律，是建立相关学习理论的重要支柱，也是构建有效学习策略的重要途径。少数民族聚居区民族成分混杂，语言众

---

① 刘全国：《三语环境下外语教师课堂语码转换研究》，博士学位论文，西北师范大学，2007 年。

② 杜洪波：《"藏—汉—英"三语环境下藏族中学生英语学习的认知基础和学习机制分析》，硕士学位论文，西华大学，2008 年。

③ 莫雷：《教育心理学》，广东高等教育出版社 2002 年版。

多。不同的语言所内隐的文化因素都能影响学习的效果。调查发现，学生学习中的迁移（语言迁移）不仅给汉语学习、外语学习带来了一定的影响，而且给其他文理课程带来了很大的冲击。语言迁移导致学生学习困难加大、学习信心不足、学习动机下降，影响了少数民族地区基础教育教学的发展和学生素质的整体提高。

有别于汉族学生的汉语—外语思维，民族学生要在三种语言中实施概念选择和认知加工，因而在理解和接受上会表现得相对迟缓。以英语、汉语和民族语为载体的知识和认知系统相互发生作用并交替影响，使英语学习在受到其工具语言的知识、认知系统影响的同时，也必然受其母语的知识、认知系统的影响制约，在一定程度上给少数民族学生外语学习策略的建构造成了一定的干扰。

研究民族语、汉语、英语的相互迁移机制和各语言的本质规律、有效习得机制是解决这一问题的根本途径。首先，有必要通过科学研究，进行语言间相互对比，寻找三语间的本质差异。相关语言差异的研究有助于帮助少数民族地区外语教师更深入地了解目标语言和工具语言的本质，掌握灵活的三语课堂语码转换策略，实施更高效的教学活动。其次，三语间语言迁移机制的研究有利于教师在实际教学中有目的地采取一定措施，减少语言间的负迁移，引导语言迁移向积极方面发展。语言迁移机制的研究还有助于减轻学生的学习压力，改善学习环境，提升学生其他文化课的学习效率，促进民族地区教育的整体发展。同时，此类研究也必将促进相关三语教学理论和有效三语教学模式的建构。

调查发现，语言迁移因素在各民族学生外语学习困难归因中排名第四。具体困难归因水平为：回族（2.6948），东乡族（2.6792），藏族（2.3837），汉族（2.3681），裕固族（2.1911）（见表13-1）。回族学生没有属于自己的特有的民族语言，他们以汉语为母语，却有着自己民族的独特生活习俗、文化传统等，所以在汉英双语环境下的语言迁移对其冲击最大。东乡族和藏族学生都有属于自己民族的语言，接受调查的学生中有32.7%的东乡族学生讲东乡语，有53.8%的藏族学生讲藏语（见表13-2与表13-3）。会讲母语（民族语）的学生有较强烈的民族认同感，但在英语学习中的工具语言是民族语和汉语，复杂的语码转换对其思维方式有很大影响。结合对受试对象的访谈，东乡族和藏族学生的英语学习策略建构有相当的难度；而汉族学生和裕固族学生绝大多数以汉语为母语，在英语课堂内受教师课堂语码转换的影响程度小，学习策略建构较为容易，课堂交流活动中由于没有语言障碍而显得较为活跃。因此，如何帮助使用民族语的学生摆脱语言迁移的负面影响，构建有效的学习策略意义重大。相关三语课堂的教师和学生语码转换机制研究、语言迁移机制研究和民族语、汉语教学水平的提升都会使这种状况得到改善。如何引导学生利用母语（汉语和民族语）的正迁移，发挥三语生态的优势为英语学习服务则显得尤为重要。

表 13-2　　　　　　　　　　东乡族学生语言结构

		频数	百分比（%）	有效百分比（%）	累计百分比（%）
有　效	汉　语	131	66.8	66.8	66.8
	东乡语	64	32.7	32.7	99.5
	其　他	1	.5	.5	100.0
	合　计	196	100.0	100.0	

表 13-3　　　　　　　　　　藏族学生语言结构

		频数	百分比（%）	有效百分比（%）	累计百分比（%）
有　效	汉　语	84	45.9	46.2	46.2
	藏　语	98	53.6	53.8	100.0
	合　计	182	99.5	100.0	
缺　省		1	.5		
总　计		183	100.0		

五　教材因素

教材是影响民族地区学生英语学习的又一大要素。目前民族地区中小学除少数地区、学校外，使用的大多是人民教育出版社出版的全国统编教材。统编教材是在考虑了全国绝大多数中小学生第一语言为汉语的情况下制定的，对于大部分地区和中小学校来说具有相当积极的意义，但在民族地区使用此类教材并不现实。统编教材中的很多内容与民族地区实际生活不符，文化和经济发展差异使他们无法理解很多课本上出现的内容，认知过程中概念与意象之间的转换比较困难，从而使教师在教学中有困难，学生在理解上也有问题，很大程度上影响了教学质量。使用全国统编教材的前提是第一语言是汉语，而实际上民族学生中有很大一部分第一语言为民族，要快速提高民族地区英语教育教学水平和民族学生的整体语言水平，开发适合民族地区教育现状的教材极为紧迫。

　　归因理论及相关研究发现，在各种因素中，能力和努力是两个最为重要的要素。将成功归因于能力，则有助于增强个体的自我效能，进而有利于以后的学习；如果将失败归因于努力，有利于维持学生的信心，并激发他们投入以后的学习中去，以改变目前的境况；反之，如果将失败归因于能力就会使学生容易放弃努力，久而久之就会产生习得性无助感①，变得无助、落寞，听之任之。因此，在教学中引导学生进行积极进取的归因也是很必要的。由于归因影响期望的改变，因而也影响学生的动机。个体对先前活动结果和原因的稳定性归因首先影响其对活动的预期而后影响了从事进一步活动的动机。故而，积极归因也有利于保持学生进一步学习的动机。R. E. Mayer 的研究开创性地证明了归因与成就动机之间的关系。其研究表明，归因影响后来任务的动机，能力归因和任务难度归因能降低对随后类似任务上取得成功的期望值。教师在教学过程中应尽量引导学生对于自己的成功和失败进行积极归因。

---

　　① "习得性无助感"这一概念最早是由动物学习理论家提出来的。他们发现，当动物被置于难逃的电击区之后，起初躲避的反应积极，然而一段时间后，反应次数明显减少直至消失。这时动物表现为动机缺失、认知联想缺失、情绪缺失。"习得性无助感"是一种认为失败无法避免的观念。

第十四章

三语环境下民族地区中小学学生
外语学习风格研究

第一节　学习风格概述

一　学习风格

学习风格（learning style）最早是由美国学者 Herbert Thelen 于 1954 年首次提出，它是反映学生个体间差异的重要概念之一。自问世以来，学习风格便引起了学者的极大关注，研究者从不同的视觉和维度分析研究了学习者在信息接受和信息加工过程中存在的个体差异及各自的特点。学习风格逐步发展成为教育心理学、学习心理学、教学论等学科领域共同关注的课题。

长期以来研究者对于学习风格尚未形成一个统一的界定。西方学者从各自的角度阐述学习风格的内涵。曾任美国中学校长联合会主席的 Keefe 在 1979 年从信息加工角度将学习风格界定为："学习风格由学习者特有的认知、情感和生理行为构成，它是反映学习者如何感知信息、如何与学习环境相互作用并对之作出反映的相对稳定的学习方式。"① Keefe 把学习风格要素划分为三大类：一是认知风格，包括接受风格、概念化与保持风格等；二是情感风格，包括注意风格、期望与动机风格；三是生理风格，包括以生理特性为基础的性别差异、个人营养与健康状况以及对物理环境所作的习惯性反应。根据 Kinsella 的观点，"学习风格是指学习者个体在接受信息和信息加工过程中所采用的自然习惯的偏爱方式，这些偏爱方式具有一定的持久性。每个人都有其独特的学习风格，就像各自的签名一样与

---

① 康淑敏：《学习风格理论——西方研究综述》，《山东外语教学》2003 年第 3 期。

众不同，它既反映出个体独特的生理特征又反映出个体受环境影响的痕迹"①。美国圣·约翰大学的 Dunn 和 Dunn 认为"学习风格是学习者集中注意并试图掌握和记住困难知识和技能时表现出来的方式"②。

在我国，普遍认可的是谭顶良先生于 1995 年对学习风格所下的定义：学习风格是学习者持续一贯的带有个性特征的学习方式，是学习策略和学习倾向的总和。学习策略指学习者为完成某一学习任务或实现某一学习目标而采取的一系列步骤，其中某一特定的步骤将成为学习方法；学习倾向是指某一个体在学习过程中所表现出的不同偏好，包括学习情绪、态度、动机、坚持性以及对学习环境、学习内容等方面的偏爱。有些学习策略和学习倾向可能因学习环境、学习内容的变化而变化，而有些则表现出一惯性。那些持续一贯地表现出来的学习策略和学习倾向，就构成了学习者通常所采用的学习方式，即学习风格。

通过上述中外学者对于学习风格的一系列定义可以看出，虽然对学习风格难以统一定义，但它们在本质上仍具有许多共同点：

第一，都强调学生喜欢的或经常使用的学习策略、学习方式或倾向在学习风格中的核心地位；

第二，都强调学习风格具有稳定性，很少因学习内容、学习情况等因素的改变而变化；

第三，都认为学习风格具有个别差异性和独特性③。

二　学习风格相关研究

随着以人为本的教育理念的贯彻和个性化教学的推行，人们开始重视学习者作为个体在学习中主观能动性、创造性的发挥，在研究中更多地关注学习方式差异性的研究，进而使得学习风格的研究成为热点。

学习风格理论自问世以来，研究者为了寻求因材施教的有效方法与途径，便从不同的研究视角和维度出发，对学习者的个体学习方式差异进行

①　康淑敏：《学习风格理论——西方研究综述》，《山东外语教学》2003 年第 3 期。

②　Dunn, R., Griggs Shirley, A., "Practical approaches to using learning styles in high education: the how to steps", in Rita Dunn, Shirley A. Griggs (Eds.), *Practical Approaches to Using Learning Styles in Higher Education*, Westport: Greenwood Press, 2000, pp. 19—32.

③　张天宝、姚辉：《当代西方学习风格研究概观：兼谈学习风格的研究价值》，《江西教育科研》1996 年第 4 期。

了探究与阐释。这些研究大都围绕两个方面展开，即学习风格构成要素的研究和学习风格类型的研究。

（一）对于学习风格构成要素的相关研究

对于学习风格构成要素的研究，影响最大的要数美国圣·约翰大学的Dunn 和 Dunn 了，他们认为学习风格的形成受多层面、多种因素的影响，这些因素使得学习者个体逐步形成了各自所偏爱的信息接受、加工和储存方式。基于他们的分类，可将学习风格要素分为五大类，三个层面，即生理、心理和社会层面①。其中从生理层面讲，是指学习者对学习环境中若干要素的偏爱。外部的刺激可引起个体的不同知觉反应，因而在信息接收时，不同的学习者会采用不同的感知方式，这便导致了学习者对不同感官的偏爱，如视觉偏爱、听觉偏爱、动觉偏爱等。学习风格要素的心理层面包括认知、情感和意动三个方面。学习风格的认知要素实质上是学习者的认知风格在学习中的体现。认知风格，也称认知方式，是指学习者个体所偏爱的信息加工方式，体现在个体对外界信息的感知、注意、思维、记忆和解决问题的方式上。学习风格的情感、意动要素涉及很多方面。学习风格的社会层面的因素体现在学习者的学习活动形式上（如独自学习与结伴学习、竞争与合作学习等）。个体成长的家庭、社会等环境的不同，其处事方式上的社会特征也各不相同。

20 世纪 80 年代，Curry 在 Dunn 和 Dunn 夫妇研究基础上提出了"洋葱模型"。该模型认为，构成学习风格核心的是学习者最基本的性格特点，该模型包括三个层次：

第一层称为"教学偏好"层，这是最不稳定的测量层面，也最能展现学习环境、学生的愿望、教师的期望和其他外在特征，处于"洋葱"的最外层；

第二层称为"信息加工"层，比第一层稳定，但仍能被学习策略加以修改，它处在基本人格水平的个体差异和学习环境的交叉点上，是个体如何处理信息的加工方式；

第三层也是最内层，是"认知的人格方式"，它是个体改造和同化信息的倾向，不直接与环境相互作用，但它是基本的、相对稳定的人格维

---

① 康淑敏：《学习风格理论——西方研究综述》，《山东外语教学》2003 年第 3 期。

度。个体的学习行为首先受到最内层的人格维度的限制，经过中间层的信息加工维度，再通过与外界因素的相互作用，最后才体现在最外层的教学偏好层次上。①

关于学习风格构成要素的研究，我国学者谭顶良从我国的文化制度、教育制度特点出发，从生理、心理和社会三个层面提出他的学习风格构成要素：

（1）生理要素，包括个体对外界环境刺激（如声、光、温等）、对一天内时间节律以及在接受外界信息时对不同感觉的偏爱；

（2）心理要素，包括认知的、情感的和意志的三个方面。认知方面又包括辨别、归类、信息加工、分析与综合、记忆过程中的趋同与趋异、沉思与冲动；情感方面包括理性水平、学习兴趣与好奇、成就动机、控制点、抱负水准、焦虑水平等；意动方面包括坚持性、言语表达、冒险与谨慎、动手操作等；

（3）社会要素，包括独立学习与结伴学习、竞争与合作。②

总的来看，对于学习风格构成要素的研究，中外学者的观点大同小异，具有如下共同之处：第一，都试图使各自的观点尽可能地全面；第二，尽管研究的维度不同，但其内涵基本相同；第三，这些研究的共同目标是一致的，即试图找到学习者在学习过程中容易受到哪些因素的影响。

（二）对于学习风格类型的相关研究

对于学习风格类型的研究，国内外的研究者从不同的视角和维度对学习风格的类型进行了探究与阐释。

20世纪80年代初，David Kolb认为学习可分为具体体验、沉思观察、抽象概括、主动实践四个周期，依据学习者个体对这四个环节偏爱程度的不同，表现出不同的学习风格，可将其分为：聚合型（converger）、发散型（diverger）、同化型（assimilator）和调节型（accommodator）等四种类型，每一种学习风格有各自的优势与不足。

80年代中叶，Joy Reid将学习风格分为：视觉型（visual）、听觉型（auditory）、触觉型（tactile）、小组型（group）、个人型（individual）和

---

① 陈美荣、曾晓青：《国内外学习风格研究述评》，《上海教育科研》2012年第12期。
② 同上。

动觉型（kinesthetic）。

20 世纪 90 年代初期，美国亚拉巴马大学的 Rebecca Oxford 教授将学习风格分为五大类：

（1）与感官偏爱（sensory preferences）有关的学习风格：听觉型、视觉型和触觉型或操作型（handson）；

（2）与人格特质有关的学习风格：外向型（extroversion）和内向型（introversion）；

（3）与信息加工方式有关的学习风格：直觉性（intuitive）和序列型（concrete/sequential）；

（4）与信息接受方式有关的学习风格：封闭型和开放型；

（5）与思维方式有关的学习风格：分析型（analytic）和整体型（global）。

对于学习风格类型的研究，我国学者进行了较全面的比较分析，基于我国教育教学的实际，廖泽英从四个维度对学习风格进行了分类：

一是从"感觉通道"看，有视觉型、听觉型和动觉型；

二是从生活方式看，有正规型、社会中心型和个人人格至上型；

三是从认知方式看，有场依存型、场独立型、反思型、冲动型、整体型、系列型、聚合思维型、发散思维型、内倾型、外倾型等；

四是从大脑单侧化看，有左侧大脑半球优势型、右侧大脑半球优势型。右侧脑与直觉、艺术等倾向相联系，左侧脑则与逻辑和系统思维相联系。[①]

谭顶良从生理与心理两个方面对学习风格进行了分类：

一方面，从大脑功能方面区分学习风格类型。首先根据个体对左右脑的偏爱将学习风格分成左脑型、右脑型、左右脑协同型和左右脑混合型四类；其次根据对脑的三个基本机能联合区的偏爱，将学习风格分成直觉—操作—理智型、直觉—理智—操作型、操作—直觉—理智型、操作—理智—直觉型、理智—操作—直觉型、理智—直觉—操作型等六种类型。

另一方面，从个性方面区分学习风格类型，他将个性的外倾与内

---

① 廖泽英：《试论学习方式差异与因材施教》，《学科教育》2000 年第 5 期。

倾、感觉与直觉、思维与情感、判断与知觉这四维八极加以不同组合，区分出 16 种学习风格。①

西方学者对学习风格的分类侧重于从感觉通道和人格或个性两方面进行；而国内学者则在西方研究基础上，增加了从大脑机能或脑功能分区的维度来划分学习风格类型，这是我国学者在学习风格类型研究领域的一种进步和创新②。

学习风格是学习者作为个体在长期的学习过程中受多种因素的影响而逐步形成的相对稳定的学习方式偏爱。学习风格的形成与个体的人格特征、教育背景、生长环境有着直接或间接的联系。学习者个体之间学习风格的差异影响学习策略的取舍、信息接受及信息加工的方式。

英语学习风格是英语学习者在学习过程中表现出相对稳定的认知和信息处理方式，是影响英语学习的学习者个体差异因素之一。对少数民族学生英语学习风格的研究将有助于了解少数民族学生英语学习的心理机制，探讨他们在学习过程中母语、汉语和英语的相互作用模式，从而为少数民族英语教育提供新的思路。

第二节　三语环境下少数民族地区中小学学生外语学习风格研究

——以藏族学生为例

我们对甘肃省甘南藏族自治州 4 所中学、1 所中专和 1 所师专院校 7 个教学班的 225 名学生进行了调查，其中有效样本为 151 名学生。其中男生 66 名，占样本总数的 43.7%；女生 85 名，占 56.3%，年龄从 13 岁到 22 岁不等。

学习风格问卷采用的是美国北卡罗来纳州立大学的 Richard M. Felder 教授及其同事们所开发的学习风格检测表（Index of Learning Styles，ILS）。ILS 是一个由 44 个问题组成的测量工具，用于评价学生在以下四个维度的学习优势：积极主动型、深思熟虑型；感觉型、

---

① 转引自陈美荣、曾晓青《国内外学习风格研究述评》，《上海教育科研》2012 年第 12 期。

② 同上。

直觉型；视觉型、语言表达型；循序渐进型、总体统揽型（详见附录五）。

积极主动型、深思熟虑型属学习风格的认知类要素，它反映学习者信息加工、形成假设和解决问题过程的速度和准确性。与积极主动型的学习者相比，深思熟虑型的学习者具有更加成熟的加工信息和解决问题的策略，更多地作出不同的假设并对其进行检验；深思熟虑的学习者擅长解决维度较少的学习任务，而在解决多维度任务时积极主动型学习者则要快得多。

感觉型的学习者倾向于事实性内容的学习，而直觉型学习者则更侧重于事物发展的可能性及其相互关系。前者擅长对细节的把握，喜欢一些动手操作的实验性工作，他们能够更好地记住和理解那些与真实世界相联系的信息；后者则善于掌握新的概念，比感觉型的学习者更擅长抽象思维和数学推理。

视觉型学习者善于利用视觉途径获取语言知识，而语言表达型学习者则对书面语言和口头语言的输入非常敏感。视觉型学习者会尝试用图表、模具、照片、流程图和电影等手段辅助语言学习，或是将以语言表达为主的学习材料用视觉形式进行再现；而语言表达型学习者则喜欢通过聆听和讲述学习材料进行语言学习。

循序渐进型学习者喜欢将学习任务步骤化、程序化，他们倾向于遵循逻辑推理的步骤获得对课程材料的理解；总体统揽型的学习者则倾向于以跳跃式的方式获得对课程材料的理解，他们不太关注概念间的联系，而是通过偶然性的联系理解学习材料。

一　藏族学生英语学习风格的总体特征

调查研究表明，藏族学生最喜欢视觉型学习风格（M = 6.1788），最不喜欢循序渐进型学习风格（M = 5.0927）。由于学习风格检测表中的四个学习维度中的两种学习风格都处在学习风格量表的两个端点，因此还可以看出，藏族学生还喜欢总体统揽型学习风格，不喜欢语言表达型学习风格。如表 14 - 1 所示，藏族学生四种学习风格维度的平均值差距不大，表明他们喜欢利用多种学习风格完成学习任务，在学习风格上表现出多样性。

表 14 - 1　　　　　　　**藏族学生英语学习风格各维度描述性统计数据**

学习风格	最小值	最大值	均值	标准差
积极主动型	2.00	9.00	5.6755	1.4676
感　觉　型	1.00	11.00	5.7417	1.9612
视　觉　型	1.00	11.00	6.1788	2.0691
循序渐进型	0.00	11.00	5.0927	1.7827

研究表明，大多数藏族学生喜欢视觉型学习方式，这一结果符合我国学生的整体认知特点。对循序渐进型学习方式的排斥在一定程度上受藏族地区英语教育水平和教育资源的制约和影响，我国藏族地区英语教育面临着师资短缺、素质偏低和教材难度过大等问题，这就影响了该地区英语教学的系统性。

藏族学生在英语学习风格上表现出的多样性与英语学习的性质和特点有关。研究表明，倾向于多种学习风格的语言学习者能够通过较多的途径获取语言知识，因此在课堂语言学习中能够取得更大的成功。藏族学生在学习风格上所表现出的多样性还与我国现行的英语课程培养目标有关，英语课程标准和大纲规定，学习者应在听、说、读、写等方面全面提高自身的语言能力，不同的技能要求学生使用不同的学习风格，因此学生必须学会使用相应的学习风格和策略优化外语学习效果。

总体来讲，本研究所涉及的藏族学生倾向于运用多种学习风格，这将有助于拓宽获得语言知识的途径和渠道，这种多维的语言输入模式无疑会促进学习者语言能力的全面发展，从这个意义上来讲，藏族学生是比较成功的语言学习者。但是，藏族学生总体喜欢视觉型和总体统揽型学习方式，不喜欢循序渐进型和语言表达型学习方式，而后两种学习方式是培养语言互动交际能力的有效途径之一。因此，针对我国藏族学生的学习风格现状，英语教学实践中应鼓励学习者在现有的多种学习风格的基础上，拓宽自身的学习风格，综合运用多种学习风格完成学习任务，优化学习效果。

二　西北藏族学生英语学习风格的性别差异

男、女两性在语言学习过程中表现出的差异已成为英语教育界的共识，本项研究中藏族学生学习风格的性别差异虽未达到统计学意义上的显著性水平，但他们的性别差异仍然值得考虑。总体来讲，男生比较喜欢视觉型和循序渐进型学习风格，女生则更倾向于积极主动型和感觉型学习风格。西北藏族学生英语学习风格的性别差异值，请看表 14－2。

表 14－2　　　　　　　藏族学生英语学习风格的性别差异检验

学习风格	性别	均值	标准差
积极主动型	男	5.5152	1.4491
	女	5.8000	1.4784
感　觉　型	男	5.7273	2.1089
	女	5.7529	1.8510
视　觉　型	男	6.5152	1.8418
	女	5.9176	2.2050
循序渐进型	男	5.1061	1.8324
	女	5.0824	1.7540

如前所述，男女两性所偏好的学习风格各有千秋，男生所偏好的学习风格有利于在视觉输入的基础上，系统地理解学习材料；而女生的学习风格则是基于细节和事实性内容的学习，则更有利于学习过程中信息加工问题的解决。

受男、女两性生理差异、社会价值和民族文化等因素的影响，藏族学生在学习风格上表现出一定的性别差异，这种差异应引起语言教师和英语教育工作者应有的重视。英语教师在教学实践中应正确对待学习风格的性别差异，适时地调整教学风格和教学策略，以最大限度地实现学习风格与教学风格的匹配。在教育决策和教育管理中，英语教育工作者应将学习风格性别差异的理念贯穿于各个环节，在制定教学目标、监控教学过程和评价教学效果时，全面考虑学习风格的性别差异对外语教学活动的影响，评价这种差异对教学效果的作用。

三　藏族学生母语、第二语言（汉语）和英语相互作用模式

所调查的藏族学生以藏语为母语、以汉语为第二语言、以英语为外语，这一特殊的现象使藏族学生的英语学习心理和学习方式更加复杂。第

二语言习得理论研究认为，学习者的母语和第二语言知识对英语学习有迁移影响，正迁移促进英语学习，负迁移阻碍英语学习。根据学生对自身语言能力的等级量表（五分制）评价，在相关分析的基础上，建立了藏族学生母语、第二语言和英语的相互作用模式。如表 14-3 所示，藏语程度和英语程度呈显著的负相关（P=0.015），究其根源，是因为藏族学生学习英语的时间很短，母语程度较高的学习者英语程度相对较低；但汉语程度与英语程度的正相关达到了统计学意义上的显著性水平（P=0.000）。因此，母语与第二语言对英语学习的影响是普遍的。

表 14-3　　　　　　　　藏族学生藏语、汉语和英语程度相关分析

		藏语程度	汉语程度	英语程度
藏语程度	皮尔逊相关系数		-0.020	-0.197
	显著性水平		0.810	0.015
汉语程度	皮尔逊相关系数	-0.020		-0.410
	显著性水平	0.810		0.000
英语程度	皮尔逊相关系数	-0.197	-0.410	
	显著性水平	0.015	0.000	

藏族学生是我国一个特殊的英语学习群体，受民族特性和认知方式的影响，其英语学习心理和学习方式既有与第二语言学习相同或相似的地方，又表现出独特性。全面深刻地了解和研究藏族学生的英语学习心理和学习风格，对于拓宽我国藏族地区英语教育思路、提高藏族地区英语教育水平无疑具有普遍而积极的意义。

藏语程度与英语程度呈负相关关系，总体来讲，母语和汉语影响着英语学习的学习心理和学习方式。英语教师应考虑到三种语言的异同，正确引导藏语和汉语在英语学习过程中的迁移作用，优化英语学习效果，并在教学实践中积极探索三种语言积极的影响模式。

英语学习风格对英语学习过程和学习心理的影响和作用是普遍的、复杂的，学习者的学习风格决定他们处理语言信息的方式，影响着语言学习的心理机制。因此，在藏族地区的英语教学实践中，应充分认识到学习风格对英语学习的重要作用，使风格迥异的学习者在语言学习中扬长避短，优化英语学习效果，使他们的母语、汉语和英语能力全面协调地发展。

第十五章

余 论

本书从理论和实证两个层面对我国少数民族地区外语教育中的三语教育和三语教学的相关问题进行了探讨。

理论部分的相关章节对我国三语教育和三语教学中的概念厘定、实践形态及其特征、三语教育与三语教学的多语言环境及多元文化环境、三语教育与三语教学模式、三语接触模式、三语课堂文化建构等问题进行了探讨。需要指出的是，这些理论探讨只是对我国现行的三语教育与三语教学现象的部分问题的思考和探索，三语教育与三语教学研究在我国才刚刚起步，远未达到成熟系统的程度。因此，本书理论部分的相关研究只是遵循着自大而小，自下而上的组织逻辑对相关问题进行了零星的研究，这一领域的研究尚有太多的节点仍属空白，留待以后的研究去补充和完善。

实证部分涉及三语环境下我国少数民族地区三语师资的现状分析及补偿机制，以及我国不同少数民族裔学生的外语学习特点研究。研究关涉学习动机、学习策略、学习困难分析、学习风格等语言学习中较为重要的维度。这些维度往往既表现出明显的个体差异，也具有较为鲜明的族群特征，同时也是影响外语学习效能的重要变量，对这些问题的探讨和分析有望对系统了解我国少数民族地区三语教育与三语教学的现状有所借鉴和裨益。

本书所呈现的理论研究和实证研究分别从宏观视角和微观视角对我国民族地区三语教育与三语教学的相关问题进行了探讨，涉及的论域没有超越我国现行三语教育与三语教学的理论范畴和现实向度。两类研究相互补充，相互支撑，共同构成了本书的基本的研究思路和文本逻辑。

需要指出的是，三语教育和三语教学在我国还处于起步阶段，这一领域的研究方兴未艾，昭示着广阔的发展前景。建议后续研究注意以下几个方面。

第一，三语教育与三语教学的理论研究要承担起自身理论建构和实践指导的双重使命。

作为一种新兴的教育教学现象，三语教育与三语教学有着其内在的发展规律和理论逻辑。在三语教育与三语教学的概念、地位和任务的厘定，三语教育与三语教学研究对象的确定，三语教育与三语教学研究方法的规范，三语教育与三语教学原则体系的构建，三语教育与三语教学的环境分析，三语教育与三语教学课程方案的制订与实施，以及三语教育与三语教学的绩效评价等方面都面临着繁重的自身理论建构的重任，这些本体问题研究对三语教育与三语教学理论体系的建构至关重要。

同时，三语教育与三语教学的理论研究要坚持实践旨趣，三语人才培养、三语教材开发、三语师资准备等现实问题应该成为三语教育研究的主要方向。鼓励从三语教育与三语教学实践中发现研究问题、跟踪研究问题、解决研究问题，理论研究的成果要反哺和指导三语教育和三语教学实践。

第二，三语教育与三语教学的研究方法应逐步走向规范科学。

方法论建构是任何学科必须完成的学科使命，一门学科方法论的科学完备程度往往与研究成果的质量息息相关，共同昭示着学科的发展高度和成熟程度。三语教育与三语教学的研究刚刚起步，大多数三语研究者在走近研究问题时面临着方法论上的迷惑。

三语教育与三语教学虽属于语言教育范畴，但却具有较强的跨学科特征，学科范畴涉及教育学、语言学、人类学、文化学、民族学等，在方法论上应兼容并蓄，综合应用理论研究与实证研究、质化研究与量化研究、描写研究、人种志研究等研究方法。注意不同方法的应用范畴和科学操作，用科学规范的方法推动三语教育与三语教学研究一开始就健康发展。

三语教育与三语教学是一个尚未开拓的研究领域，因此没有相对成熟的研究模式可资借鉴，本书所呈现的研究面临着很多技术上和操作上的难题。同时，三种语言形态的介入，使语言学习的认知环境更加复杂，语言间的迁移模式也更加多元化，本书对诸多三语教育与三语教学的问题未作探讨，留待后续研究解决。

一、对影响民族地区三语环境下学生英语学习水平的学习动机、学习策略、学习困难、学习风格等因素的相关研究。

学习动机是引起学生学习英语的内在驱动力，它维持着学生的学习积极性与主动性，因而在保证与提高其学习效果方面起着关键作用。学习者在学习中采用的计划、管理、监控、协调等一系列的行为课统称为"学习策略"。学习策略的研究有助于我们了解学生英语学习的本质过程，便于探索学习策略，提高学习效率。学习风格是学生在学习过程中表现出的较为持久、稳定的认知倾向和特点，这些因素都对学生英语学习效果起着重要作用。学习动机与学习策略之间是什么关系？学习策略的形成和学习动机、学习风格有无关联？此类问题的研究将有助于从本质上了解影响三语教学质量和民族学生英语学习效果的因素。相关研究还有待进一步开展。

二、对民—汉、英—汉双语教育和民—汉—英三语教育相互关系的研究。

同任何一个新兴的研究领域一样，三语教育与三语教学的研究要处理好继承和创新的辩证关系。毋庸置疑，三语教育与三语教学在理论上离不开相对成熟的双语教育与双语教学研究的滋养和补充，在实践上又以双语教育与双语教学为其厚重的、不可或缺的现实基础。我国三语教育与三语教学是在民族地区双语教学的基础上添加一门外语（英语）而出现的，其理论与实践的发展都离不开双语教育与双语教学，对两者相互关系的研究是这一领域研究应该解决的研究问题。

研究双语教育与三语教育的相关关系有助于防止那种片面理解三语教育与三语教学的含义，以简单地开设少数民族语言、汉语、外语三门课程代替三语教育与三语教学全部含义的倾向，注意在少数民族语言、汉语、英语三门课程教学中的互相联系、互相配合和互相促进，全面提高三种语言的教学水平，提高学生的三语应用能力。

三、有关三语认知系统、三语语言迁移及其心理机制还有待专门研究。

Wilson曾指出，认知不仅是言语及其他可观察现象的一个潜在特征，更是进行思维、记忆和推理的潜在特征。外语学习者大脑中固有的语言系统与所学习的目标语言系统存在交替和重叠，在一定程度上学习者固有的语言知识和认知系统能够参与并促进目标语言系统的构建和积累，将新知识和旧知识进行联结，促进目标语言的理解和吸收，降低学生使用单一目标语言完成学习的认知负担。少数民族学习者大脑中具有母语的知识和认知系统、汉语的知识和认知系统、英语的知识和认知系统，三个系统之间存在一定的交替重叠和相互作用。

三语环境下民族地区英语学习者在三种认知系统之间构建关联和相互迁移的过程必然伴随着复杂的心理过程，并制约和影响着学习者的三语语言迁移及其心理机制。运用认知心理学相关理论进行此类研究将有利于深层次剖析民族地区学生英语学习特点和相应的心理因素，从另一独特的角度解读三语教育与三语教学的认知密码。

本书基于田野工作和调查研究，对三语教学模式、三语接触模式、三语实践形态、三语课堂文化等相关理论问题进行了阐释，对三语环境下民族地区外语师资现状及其补偿机制进行了分析，对三语环境下学生的外语学习特征进行了描写，并对各主要影响因素、三语教学的影响模式及其生成机制进行了解读。

本书所涉及的三语教育与三语教学是在民族地区原有的双语教学的基础上添加一门外语，以此为教学目标语言的第三语言教学，这是目前我国民族地区普遍存在的外语教育形态。虽然本研究的结论主要是在藏、汉、英三语接触环境下开展研究的基础上衍生抽象而来的，研究结论的普适范围和应用价值还有待进一步的求证，但应当指出，研究的结果和发现对我国民族外语教育事业的发展有一定的启示意义，为后续的三语教育与三语教学系统化理论的构建和三语学习特点的探究起到抛砖引玉的作用。在研究三语教学现状与模式的过程中，必然对我国现行的民族外语教育政策、师资、课程等问题有所了解，并对影响这些教育问题的因素进行认识和评价。这些主观的经验知识将成为民族外语教育研究的宝贵素材，经过科学求证后，会上升为民族外语教育的理论知识，对我国民族地区三语教学会起到提纲挈领的作用。

最后必须指出，由于作者学识有限，且不懂藏语言，在与有些个案教师交流沟通时必须借助藏汉翻译，可能产生信息的失真和流失，加上研究课题的前沿性和创新性，研究中定有诸多不妥之处，有待后续研究补充修正。

附录一

三语教育与三语教学系列研究
学生调查问卷

各位同学：

　　您现在要作答的这份问卷是"三语教育与三语教学系列研究"课题组有关西北民族地区中小学外语三语教育与三语教学研究课题的一个组成部分。该课题旨在客观、准确地反映西北民族地区中小学外语教育及三语教学现状，为全面提高该地区外语教学水平提供科学依据。本问卷将匿名进行，答案就基于您本人的实际情况，并无正确与错误之分，请按您的实际的想法与做法作答。

　　谢谢您的合作与参与，衷心感谢您对三语教育与三语教学研究工作的支持。

"三语教育与三语教学系列研究"课题组

您的基本信息：（请在符合您情况的方框中打上√）

性别：男□ 女□　　　年龄：10—12 岁□　12—15 岁□　15—18 岁□　18 岁以上□

所在年级：初一□　初二□　初三□　高一□　高二□　高三□

所在学校类别：初中□　高中□　完全中学□（学校里设有初中和高中）

学校所在地区：城市□　农村□

你能流利使用的语言种类：一种□　两种□　三种□　三种以上□

民　　族：汉□　　其他＿＿＿＿＿＿＿＿＿＿

你的母语：＿＿＿＿＿＿＿＿＿＿＿

所在学校：＿＿＿＿＿＿＿＿＿＿＿

填写问卷时间：□□□□年 □□月 □□日

　　本问卷的目的是了解你学习英语的全面情况，了解内容包括"你为什么学习英语"，"你是怎样学习英语的"，"造成你英语学习困难的原因有哪些"，"你认为你的英语老师水平如何"等。

　　请你根据实际情况，在相应的数码上打√，每个数码的意义如下所示：

<table>
<tr><td></td><td>完全符合
↓
⑤</td><td>基本符合
↓
④</td><td>说不太准
↓
③</td><td>不太符合
↓
②</td><td>完全不符
↓
①</td></tr>
</table>

	完全符合 ↓ ⑤	基本符合 ↓ ④	说不太准 ↓ ③	不太符合 ↓ ②	完全不符 ↓ ①
1. 我对英语一见钟情，说不出有什么特别的原因	⑤	④	③	②	①
2. 我学英语是父母要我学	⑤	④	③	②	①
3. 我学英语是为了考个好成绩，得到老师表扬，同学羡慕	⑤	④	③	②	①
4. 我学英语主要是因为我喜欢英语老师	⑤	④	③	②	①
5. 在未来社会，英语比汉语有用，所以我更喜欢学习英语	⑤	④	③	②	①
6. 我学英语主要是英语教材编得好	⑤	④	③	②	①
7. 英语文化比汉语文化更有意思，所以我更喜欢学习英语	⑤	④	③	②	①
8. 我学英语的主要目的是考大学	⑤	④	③	②	①
9. 我学英语主要是因为学校对英语很重视	⑤	④	③	②	①
10. 我学英语主要是因为英语老师很凶，学不好要受惩罚	⑤	④	③	②	①
11. 英语语法比汉语语法好学，所以我更喜欢学习英语	⑤	④	③	②	①
12. 我学英语是因为我想和外国人交流	⑤	④	③	②	①
13. 我学习英语对其他科目有很大帮助	⑤	④	③	②	①
14. 我学习英语是为了增进我们民族与世界各国的相互了解	⑤	④	③	②	①
15. 英语文化跟我们民族的文化有点像	⑤	④	③	②	①
16. 英语词汇跟我们民族语言的词汇很像，很好学，所以我要学					
	⑤	④	③	②	①
17. 英语语音比汉语语音好学，所以我更喜欢学习英语	⑤	④	③	②	①
18. 英语语法跟我们民族语言的语法很像，很好学，所以我要学					
	⑤	④	③	②	①
19. 我学习英语是因为我喜欢这门语言本身	⑤	④	③	②	①
20. 对英语歌曲/电影/文学作品的爱好使我对英语产生了兴趣	⑤	④	③	②	①
21. 我们班的学生英语都很好，所以我要学	⑤	④	③	②	①
22. 英语水平高是教育程度和修养的象征，所以我要学英语	⑤	④	③	②	①
23. 学好英语我才能很好地为民族兴旺出力	⑤	④	③	②	①
24. 学好英语我才能不辜负父母的期望	⑤	④	③	②	①
25. 英语词汇比汉语词汇好写、好记，所以我更喜欢学习英语	⑤	④	③	②	①

26. 我学英语是为了阅读外文资料、浏览外文网站　　⑤　④　③　②　①

27. 英语发音跟我们民族语言的发音很像，很好学，所以我要学

　　　　　　　　　　　　　　　　　　　　　　　⑤　④　③　②　①

28. 记外语句型对学习外语很重要　　　　　　　　⑤　④　③　②　①

29. 记单词对学习外语很重要　　　　　　　　　　⑤　④　③　②　①

30. 反复朗读课文对学好外语很重要　　　　　　　⑤　④　③　②　①

31. 背诵课文对学习外语很重要　　　　　　　　　⑤　④　③　②　①

32. 学英语最重要的是要学习语法　　　　　　　　⑤　④　③　②　①

33. 猜单词和句子的意思是学好外语的一个重要方法　⑤　④　③　②　①

34. 进行大量的听力练习对学好外语很重要　　　　⑤　④　③　②　①

35. 要学好外语大量阅读外语材料比熟读课文重要　⑤　④　③　②　①

36. 进行大量的口语训练对学好外语很重要　　　　⑤　④　③　②　①

37. 进行大量的写作练习对学好英语很重要　　　　⑤　④　③　②　①

38. 我们少数民族学生既要学自己民族的文化，还要学汉族的，再学英语就太费事
　　了　　　　　　　　　　　　　　　　　　　　⑤　④　③　②　①

39. 理解课文最好的方法是翻译　　　　　　　　　⑤　④　③　②　①

40. 要想将所听的内容记下来，最好的办法是记母语　⑤　④　③　②　①

41. 要想写出好作文，最好是用自己的语言先组织好要写的内容

　　　　　　　　　　　　　　　　　　　　　　　⑤　④　③　②　①

42. 说英语时，最好先用母语想好要说的内容　　　⑤　④　③　②　①

43. 我们民族跟外国人不接触，不需要学习英语　　⑤　④　③　②　①

44. 我们民族的人很少有懂英语的，我也就不需要学习英语了 ⑤　④　③　②　①

45. 学英语最重要的是学习将母语译成英语　　　　⑤　④　③　②　①

46. 英语和我们的母语在语法方面有点像，很好学　⑤　④　③　②　①

47. 英语和我们的母语在语音方面有点像，很好学　⑤　④　③　②　①

48. 英语和我们的母语在词汇方面有点像，很好学　⑤　④　③　②　①

49. 跟汉语相比，学英语容易多了、有趣多了　　　⑤　④　③　②　①

50. 在英语学习中，我通常是反复结合母语背诵英语单词　⑤　④　③　②　①

51. 阅读课文时，我争取弄懂课文每一处　　　　　⑤　④　③　②　①

52. 当我不懂句子意思时，我分析句子的语法结构　⑤　④　③　②　①

53. 我常常背诵英语课文　　　　　　　　　　　　⑤　④　③　②　①

54. 我记课文中出现的生词和短语　　　　　　　　⑤　④　③　②　①

55. 当听英语材料时，我争取听懂每一句话的意思　⑤　④　③　②　①

56. 在英语课上，我注意老师所用的词语　　　　　⑤　④　③　②　①

57. 我查词典时，我只看词的汉语意思 　　　　　　　　⑤　④　③　②　①

58. 我在课外经常阅读英语报纸、杂志、小说等 　　　　　⑤　④　③　②　①

59. 为了提高英语听力，我在课外经常听各种英语录音和英语广播

　　　　　　　　　　　　　　　　　　　　　　　　⑤　④　③　②　①

60. 在英语课上，我经常主动回答问题 　　　　　　　　　⑤　④　③　②　①

61. 我课外主动看英语电视和电影 　　　　　　　　　　　⑤　④　③　②　①

62. 我课外经常用英语和老师及同民族的同学交流 　　　　⑤　④　③　②　①

63. 我经常自己对自己说英语 　　　　　　　　　　　　　⑤　④　③　②　①

64. 我主动用英语记笔记、留言、写信或写日记 　　　　　⑤　④　③　②　①

65. 为了帮助理解课文，我经常把课文翻译成我自己的语言 ⑤　④　③　②　①

66. 听英语时，我用我自己的语言记住所听内容 　　　　　⑤　④　③　②　①

67. 说英语时，我首先用我自己的语言组织意思，再翻译成英语

　　　　　　　　　　　　　　　　　　　　　　　　⑤　④　③　②　①

68. 写英语作文时，我先用我自己的语言组织意思，再翻译成英语

　　　　　　　　　　　　　　　　　　　　　　　　⑤　④　③　②　①

69. 学英语时，我先记住语法规则，再学习规则的使用 　　⑤　④　③　②　①

70. 我经常抓住一切可能的机会练习说英语 　　　　　　　⑤　④　③　②　①

71. 在与别人用英语交流时，我总是先考虑语法是否正确 　⑤　④　③　②　①

72. 在读英语材料时，我在词典中查找每一个不认识的单词 ⑤　④　③　②　①

73. 在学习新的语言项目时，我总是把它与以前学的知识联系起来以加深理解

　　　　　　　　　　　　　　　　　　　　　　　　⑤　④　③　②　①

74. 在学习中，我喜欢请教少数民族英语老师 　　　　　　⑤　④　③　②　①

75. 在学习中，我爱和同民族的同学交流 　　　　　　　　⑤　④　③　②　①

76. 我们民族的同学英语不太好，我总爱和汉族同学交流 　⑤　④　③　②　①

77. 我经常把英语国家文化和我们民族的文化加以比较，发现有趣的东西

　　　　　　　　　　　　　　　　　　　　　　　　⑤　④　③　②　①

78. 学英语时，我经常用汉语拼音或汉语词汇给英语单词注音 ⑤　④　③　②　①

79. 学英语时，我经常用民族语言给英语单词注音 　　　　⑤　④　③　②　①

80. 说、写英语时，我常先用汉语组织要表达的意思 　　　⑤　④　③　②　①

81. 学到一个新的英语单词时，我常在汉语中找跟它对应的词 ⑤　④　③　②　①

82. 学到一个新的英语单词时，我常在民族语言中找跟它对应的词

　　　　　　　　　　　　　　　　　　　　　　　　⑤　④　③　②　①

83. 我们和汉族英语老师交流不方便，所以就不能学好英语了 ⑤　④　③　②　①

84. 我天生愚笨，不是学英语的料 　　　　　　　　　　　⑤　④　③　②　①

85. 我对英语学习不感兴趣，所以英语学得不好　　　⑤　④　③　②　①
86. 我学习英语不够努力，所以英语学得不好　　　⑤　④　③　②　①
87. 汉语发音对英语发音学习干扰太大了　　　　　⑤　④　③　②　①
88. 汉语词汇对英语词汇学习干扰太大了　　　　　⑤　④　③　②　①
89. 汉语语法对英语语法学习干扰太大了　　　　　⑤　④　③　②　①
90. 汉族文化与英语文化差别太大了，对我们学习英语造成了很大障碍
　　　　　　　　　　　　　　　　　　　　　⑤　④　③　②　①
91. 我们学校的英语教学设备太落后了，根本不可能学好外语　⑤　④　③　②　①
92. 我没能经常性地复习、预习所学英语知识　　　⑤　④　③　②　①
93. 英语文化和我们的民族文化差别太大了，我不感兴趣　⑤　④　③　②　①
94. 英语的语法跟我自己语言的语法差距太大了，很难掌握　⑤　④　③　②　①
95. 英语的语音跟我自己语言的语音差距太大了，总是绕来绕去
　　　　　　　　　　　　　　　　　　　　　⑤　④　③　②　①
96. 英语单词跟我自己语言的词汇差距太大了，我总是记不住　⑤　④　③　②　①
97. 课外时间，没人帮助我学习英语　　　　　　　⑤　④　③　②　①
98. 我的母语学得不好，所以学习英语有困难　　　⑤　④　③　②　①
99. 我的其他科目学得不好，所以学习英语有困难　⑤　④　③　②　①
100. 我们的英语教材编写的内容离我们的生活太遥远了，我们一点都不感兴趣
　　　　　　　　　　　　　　　　　　　　　⑤　④　③　②　①
101. 我们的英语老师讲课太差，所以我英语没有学好　⑤　④　③　②　①
102. 我对我们的英语老师不喜欢，所以英语没有学好　⑤　④　③　②　①
103. 我们的英语教材都是英汉对照的，这对我们学习英语造成很大的障碍
　　　　　　　　　　　　　　　　　　　　　⑤　④　③　②　①
104. 我们的英语学习材料实在太少了，除课本外几乎什么都没有
　　　　　　　　　　　　　　　　　　　　　⑤　④　③　②　①
105. 除英语课外，我们再没有学习英语的机会　　　⑤　④　③　②　①
106. 我们的英语课外活动开展得太少了，大家都逐渐没兴趣了
　　　　　　　　　　　　　　　　　　　　　⑤　④　③　②　①
107. 没人和我用英语进行交流，这是导致我英语学不好的主要原因
　　　　　　　　　　　　　　　　　　　　　⑤　④　③　②　①
108. 我不知道如何学英语效率才会高　　　　　　　⑤　④　③　②　①
109. 和我一块的同学英语都不好，所以我也就不太好了　⑤　④　③　②　①
110. 我英语考试老是不理想，我越来越不想学它了　⑤　④　③　②　①
111. 我回家太忙了，没时间复习英语　　　　　　　⑤　④　③　②　①

112. 我们学校对英语不重视，所以我英语学得不太好　　　⑤　④　③　②　①

113. 其他科目的老师抓得太紧了，我没有时间学习英语　　⑤　④　③　②　①

114. 我的家庭对我学习英语支持不够　　　　　　　　　　⑤　④　③　②　①

115. 你的英语老师英语口语很流利　　　　　　　　　　　⑤　④　③　②　①

116. 你的英语老师英语语法知识丰富，讲解清楚　　　　　⑤　④　③　②　①

117. 你们的英语老师经常会根据你们性格给你们布置不同的作业

　　　　　　　　　　　　　　　　　　　　　　　　　⑤　④　③　②　①

118. 你们的英语老师经常根据你们的学习需求来安排教学活动，提供学习材料

　　　　　　　　　　　　　　　　　　　　　　　　　⑤　④　③　②　①

119. 你们的英语老师经常指导你们利用课本外的英语资料来促进英语学习

　　　　　　　　　　　　　　　　　　　　　　　　　⑤　④　③　②　①

120. 你们的英语老师知道很多英语词汇　　　　　　　　　⑤　④　③　②　①

121. 你们的英语老师对英语文化很了解，常给你们讲解　　⑤　④　③　②　①

122. 你的英语老师的其他知识很渊博　　　　　　　　　　⑤　④　③　②　①

123. 你的英语老师工作很认真　　　　　　　　　　　　　⑤　④　③　②　①

124. 你的英语老师经常对你们进行英语学习方法指导　　　⑤　④　③　②　①

125. 当你们学习英语失去信心时，你们的老师总是耐心鼓励你们

　　　　　　　　　　　　　　　　　　　　　　　　　⑤　④　③　②　①

126. 在英语课上，你们犯了语言错误时，英语老师总是训斥你们

　　　　　　　　　　　　　　　　　　　　　　　　　⑤　④　③　②　①

127. 你们的英语老师上课讲解清楚、通俗易懂　　　　　　⑤　④　③　②　①

128. 你们英语课上经常开展英语游戏　　　　　　　　　　⑤　④　③　②　①

129. 在英语课上你们总有很多机会说英语　　　　　　　　⑤　④　③　②　①

130. 你们在课堂上经常使用录音机、投影仪、录像机等电教设备

　　　　　　　　　　　　　　　　　　　　　　　　　⑤　④　③　②　①

131. 你们的英语老师的英语语音总带有他自己的语言的语音　⑤　④　③　②　①

132. 你们的英语老师在课外经常组织各种英语活动　　　　⑤　④　③　②　①

133. 你们的英语老师经常使用一些课本外的英语资料来丰富你们的英语学习

　　　　　　　　　　　　　　　　　　　　　　　　　⑤　④　③　②　①

134. 你们的英语老师经常以考试成绩高低来衡量你们英语学习的好坏

　　　　　　　　　　　　　　　　　　　　　　　　　⑤　④　③　②　①

135. 你们的英语老师很关心你们，经常鼓励你们学习英语　⑤　④　③　②　①

136. 你们的英语老师经常会参加你们的英语活动　　　　　⑤　④　③　②　①

137. 你们的英语老师经常给你们布置一些与英语有关的课外任务，如寻找生活中常

见的英语商标、编排英语短剧、学习英语歌曲、阅读英语作品等

⑤　④　③　②　①

以下问题请根据实际情况来选择：

138. 你们的英语老师是：

A. 汉族　　B. 藏族　　C. 回族　　D. 其他（请写出）＿＿＿＿＿＿＿＿

139. 英语课上，教师教学主要以（　　）

A. 讲解语法、词汇为主　　B. 翻译、领读课文为主

C. 训练学生的听、说能力为主

D. 教师能兼顾训练学生的听、说、读、写能力

140. 英语课上，教师授课以（　　）

A. 民族语言为主　　B. 以英语为主　　C. 教师授课全用英语

D. 全用民族语言　　E. 英语和民族语言各占一半

141. 英语课上，教师通常安排的活动是：（　　　）

A. 英汉互译　　B. 句型换词练习

C. 安排讨论、扮演角色、对话等小组活动　　D. 朗读、背诵等活动

142. 英语课上，教师常用的教具是：（　　　）

A. 录音机　　B. 投影仪　　C. 语音教室

D. 多媒体教室　　E. 除课本、粉笔、黑板外什么都不用

143. 英语课上，老师使用的英语材料包括：（　　　）

A. 英语报纸、杂志　　B. 英语电影

C. 其他英语读物　　D. 除课本外，再不用其他的材料

144. 英语老师经常布置的课外作业是：（　　　）

A. 背诵课文、句型　　B. 抄写单词、句子

C. 语 法、词汇练习　　D. 阅读、写作练习

E. 听力、表演练习

145. 你希望你们的英语老师是哪个民族的？（　　　）

A. 汉　　B. 藏　　C. 回　　D. 其他（请写出）＿＿＿＿＿＿＿＿

你有条件上网吗？若没有的话，请直接跳跃至170题。

146. 你是主要以哪种方式利用网络学习英语的？

A. 收发英语电子邮件

B. 在 BBS 上发布、阅读英语新闻

C. 利用网络聊天室和别人用英语交流

D. 浏览、阅读、下载网络上的英语学习资料

E. 利用网络上的练习题

147. 你利用网络学习英语的频率是：

A. 经常　　B. 老师布置时才上　　C. 偶尔　　D. 从不上

148. 你经常在哪儿利用网络学习英语？

A. 学校　　B. 家里　　C. 网吧　　D. 没地方去

149. 你利用网络学习英语主要是为了：

A. 找一些有趣的东西看看　　B. 查找一些相关的英语学习资料

C. 做一些英语练习题　　D. 完成老师布置的作业

150. 你利用网络学习英语的主要内容是：

A. 练习英语听力　　B. 通过网络交流，提高写作能力

C. 模仿发音，纠正语音　　D. 做练习题

E. 了解有关的英语文化背景知识

151. 你认为网络对你学习英语：

A. 很有帮助　　B. 帮助一般　　C. 帮助很少　　D. 几乎没有帮助

152. 你是怎么搜索网络上的英语学习资料的：

A. 老师给我们作了指导　　B. 同学之间互相交流

C. 自己漫无目的地搜索　　D. 不知道怎么搜索

153. 你在搜索英语学习资料时，常用的搜索引擎是：

A. Yahoo　　B. Google　　C. Sohu　　D. Baidu　　E. 其他（请列出）

154. 你经常浏览的英语学习网站有哪些，请列出你知道的：

_____

_____

155. 在利用网络学习英语时，你碰到的最大困难是：

A. 不知道到哪儿找学习资料　　B. 不知道如何利用网络

C. 资料太多，不知道如何精选　　D. 适合我的资料太少

156. 你是否参加过网校上提供的英语课程学习？

A. 经常参加　　B. 有时参加　　C. 很少参加　　D. 从不参加

157. 你认为网络上的哪种资源对你英语学习帮助最大？

A. 英语新闻等英语资料　　B. 英语歌曲等娱乐性资料

C. 英语练习题　　D. 网校提供的课程

158. 在你们课堂上使用网络的频率是：

A. 经常使用   B. 有时使用   C. 很少使用   D. 从不使用

159. 在利用网络学习英语时，你碰到的来自外部的最大影响是：

A. 没钱上网   B. 没地方上网   C. 家人不支持   D. 老师反对

160. 你认为网络上的英语学习资料：

A. 适合我用的很多   B. 很多但不适合我用

C. 很少   D. 我找不到

161. 在网络上和你用英语交流最多的人是：

A. 你的老师   B. 你的同学   C. 外国人   D. 陌生人

162. 利用网络学习英语最大的好处是：

A. 网络上有很多资料   B. 网络上的资料呈现形式很吸引人

C. 网络上要什么有什么，很便捷

D. 较为自由，可自定步速

E. 犯了错误也没人知道，不必感到紧张

163. 你们的校园网上安装、使用的教学软件有哪些（可多选）：

A. 学校信息网   B. 教学资源库   C. 视频点播系统

D. 电子阅览室   E. 邮件服务系统   F. 其他（请注明）

164. 在英语学习中你经常利用的网络资源是：

A. 校园网上的资源   B. 网校提供的资源

C. 国内网站上的资源   D. 国外网站上的资源

165. 你们的老师经常要求你们利用网络学习英语，此说法与你的实际情况：

A. 完全相符   B. 基本相符   C. 不太相符   D. 根本不相符

166. 你们的老师经常要求你们用网络完成以下哪项工作：

A. 利用电子邮件提交作业   B. 利用电子邮件与别人交流

C. 查找英语资料   D. 练习英语技能

E. 做英语练习题

167. 你认为你们班利用网络学习英语的人数占你们班总人数的：

A. 90% 以上   B. 70% —90%   C. 50% 左右   D. 30% 左右

E. 很少有人

168. 你是怎样开始利用网络学习英语的：

A. 老师指导下开始使用的   B. 同学、朋友、家人告诉我的

C. 我自己发现的   D. 从书报、杂志、电视等媒体上发现的

169. 你们的老师经常指导你们如何利用网络学习英语，此说法与你的实际情况：

A. 完全相符   B. 基本相符   C. 不太相符   D. 根本不相符

170. 你知道网络能干什么吗？

A. 非常清楚　　B. 知道　　C. 知道一点　　D. 听人说过

E. 不知道

171. 你能列出几项网络与学习有关的功能吗？

1. _____

2. _____

3. _____

172. 你认为网络对学习英语有帮助吗？

A. 有很大帮助　　B. 有帮助　　C. 说不上　　D. 帮助不大　　E. 根本没

帮助

173. 你没机会上网的原因是：

A. 没电脑　　B. 电脑没联网　　C. 没人指导，不会上网

D. 学校限制，家长禁止

174. 你想利用网络学习英语吗？

A. 非常想　　B. 想　　C. 一般　　D. 无所谓　　E. 一点都不想

175. 造成你英语学习困难的原因还有哪些，请列出：

1. _____

2. _____

3. _____

附录二

三语教育与三语教学系列研究
教师调查问卷

各位老师：

    您现在要作答的这份问卷是"三语教育与三语教学系列研究"课题组有关西北民族地区中小学外语三语教育与三语教学研究课题的一个组成部分。该课题旨在客观、准确地反映西北民族地区中小学外语教育及三语教学现状，为全面提高该地区外语教学水平提供科学依据。本问卷将匿名进行，答案就基于您本人的实际情况，并无正确与错误之分，请按您的实际的想法与做法作答。

    谢谢您的合作与参与，衷心感谢您对三语教育与三语教学研究工作的支持。

"三语教育与三语教学系列研究"课题组

您的基本信息：（请在符合您情况的方框中打上√）

性　　别：男□　女□　　年　龄：55 岁以上□　45—54 岁□　35—44 岁□

           25—34 岁□　24 岁以下□

民　　族：汉□　其他＿＿＿＿＿＿＿＿＿

学　　历：大学本科□　专科□　中师□　高中□

毕业学校：＿＿＿＿＿＿＿＿＿＿　所学专业：英语□　俄语□　其他□

职　　称：高级□　中级□　初级□　无□

所教年级：初一或初二□　初三□　高一或高二□　高三□

所教班级数：一个班□　两个班□　三个班□　四个班或四个班以上□

班级规模：30 人以下□　31—40 人□　41—50 人□　51—60 人□

          61—70 人□　70 人以上□

周课时数：9 小时以下□　10—14 小时□　15 小时以上□

填写问卷时间：□□□□年 □□月 □□日

第一部分　关于新课程标准

请您仔细阅读下列各项陈述，并根据自己的实际情况，在相应的数码上打钩，每个数码的意义如下所示：

⑤　④　③　②　①
↓　↓　↓　↓　↓
完　基　说　不　完
全　本　不　太　全
符　符　准　符　不
合　合　　合　符

1. 我认为实行新课程标准以后，学生学习英语的兴趣提高了，教学更加富于成效

⑤　④　③　②　①

2. 我认为新课程标准听起来虽然不错，但在教学实践中实行起来非常困难

⑤　④　③　②　①

3. 新课程标准不利于升学率的提高，所以领导并不支持　⑤　④　③　②　①

4. 我认为新课程标准过于灵活，老师和学生都感到无所适从　⑤　④　③　②　①

5. 我认为英语课的教学要求就是向学生传授英语语言知识，并培养听、说、读、写等方面的技能　⑤　④　③　②　①

6. 英语教学要始终使学生发挥主体作用，强调学生的参与和体验

⑤　④　③　②　①

7. 作为一门语言学习课，把非智力因素放在教学目标首位，我认为是本末倒置

⑤　④　③　②　①

8. 我认为强调交际能力，就不应该讲解语法知识　⑤　④　③　②　①

9. 我认为在语言教学中，应以训练学生的听、说能力为主　⑤　④　③　②　①

10. 我认为学习英语主要靠记性好，探究式的学习意义不大　⑤　④　③　②　①

11. 学生的考试成绩能准确地反映出他们的学习状态，因而我十分重视

⑤　④　③　②　①

12. 对于我所在的地区，现行的英语课程并不适合　⑤　④　③　②　①

13. 我提倡学生经常与他人交流学习体会，借鉴成功的学习策略

⑤　④　③　②　①

14. 我认为以学生接受式学习为主的传统课堂更有利于语言的学习

⑤　④　③　②　①

15. 在中学英语教学中，教学重点应放在对于语法及词汇知识的讲解上

　　　　　　　　　　　　　　　　　　　　　　　⑤　④　③　②　①

16. 我认为在语言教学中，应该兼顾训练学生的听、说、读、写能力

　　　　　　　　　　　　　　　　　　　　　　　⑤　④　③　②　①

17. 和传统课堂相比，我更喜欢采用互动的课堂模式　　⑤　④　③　②　①

18. 我认为交际能力就是口语能力　　　　　　　　　　⑤　④　③　②　①

19. 我在教学中尽可能地关注学生个体差异，满足他们的不同需要

　　　　　　　　　　　　　　　　　　　　　　　⑤　④　③　②　①

20. 由观察、面谈、调查、作品展示、项目活动报告等评价方式得到的结果不如传

　　统的笔试结果可靠　　　　　　　　　　　　　　⑤　④　③　②　①

21. 我认为听、读理解可以很好地促进学生说和写的表达技能　⑤　④　③　②　①

22. 我认为在英语教学中，没必要把语言点抠得很细　　⑤　④　③　②　①

23. 我在教学中组织学生经常运用合作、小组等学习方式　⑤　④　③　②　①

24. 情感态度不是英语课的教学内容，因此与英语老师也没多大关系

　　　　　　　　　　　　　　　　　　　　　　　⑤　④　③　②　①

25. 在实际教学中，要求教师去关注每一个学生的个体差异是不现实的

　　　　　　　　　　　　　　　　　　　　　　　⑤　④　③　②　①

26. 我经常鼓励学生摸索最适合自己的学习策略　　　　⑤　④　③　②　①

27. 我认为英语学习的确能够促进学生的全面发展　　　⑤　④　③　②　①

28. 培养学生学习英语的兴趣、策略虽然重要，但最重要的还是考试成绩

　　　　　　　　　　　　　　　　　　　　　　　⑤　④　③　②　①

29. 中学英语教学主要是教给学生英语的语音、词汇、语法的规则

　　　　　　　　　　　　　　　　　　　　　　　⑤　④　③　②　①

30. 我在教学活动中能和学生达成团结、合作、相互支持的人际关系

　　　　　　　　　　　　　　　　　　　　　　　⑤　④　③　②　①

31. 我的学生愿意尝试用所学的英语谈论他们熟悉或感兴趣的话题

　　　　　　　　　　　　　　　　　　　　　　　⑤　④　③　②　①

32. 我认为模仿、背诵、操练等形式在教学实践中仍然发挥着很重要的作用

　　　　　　　　　　　　　　　　　　　　　　　⑤　④　③　②　①

33. 所谓的学习策略对提高学习效果没有什么实际意义　⑤　④　③　②　①

34. 我的学生基本能恰当得体地运用所学过的日常表达方式　⑤　④　③　②　①

35. 有没有学习策略是学生在学习中自己形成的，老师基本不起作用

　　　　　　　　　　　　　　　　　　　　　　　⑤　④　③　②　①

36. 我认为外语学习与本国文化的学习没有多大关系　　⑤　④　③　②　①

37. 我认为在语言教学中，老师应该把重点放在创造一个有利于学生用外语交际的
语言环境上　　⑤　④　③　②　①

38. 在词汇教学中，我强调学生要记住所学词汇的意义　⑤　④　③　②　①

39. 在教学过程中，我在教学内容的安排上会考虑到不同层次的学生
⑤　④　③　②　①

40. 学习主要靠刻苦努力，我不认为解决情感问题有助于提高语言学习效果
⑤　④　③　②　①

41. 在语音教学中，我对语音知识和语音规则都非常重视　⑤　④　③　②　①

42. 我在教学中经常有意识地对学生进行学习策略的训练　⑤　④　③　②　①

43. 我认为性格外向有利于语言学习，性格内向不利于语言学习
⑤　④　③　②　①

44. 在语法教学中，复杂的语法形式是我教学的重点　⑤　④　③　②　①

45. 在教学中，我会利用本国文化通过对比去引导学生发现两种文化的异同
⑤　④　③　②　①

46. 我在教学中尽量安排多样化的课堂活动来适应不同的学生　⑤　④　③　②　①

47. 我了解任务型语言教学途径并经常在教学实践中加以应用　⑤　④　③　②　①

48. 我鼓励学生观看外国影视作品　⑤　④　③　②　①

49. 作为在民族地区任教的英语老师，我认为新的课程标准在民族地区的实行比在
其他地区更加困难　⑤　④　③　②　①

50. 在民族地区实施新的课程标准，遇到的困难主要有下列几个方面（请在您同意
的项目上打钩）

　　A. 语言环境差，学生接触英语的机会少

　　B. 硬件条件差，电教设备缺乏

　　C. 教师缺乏相关的培训

　　D. 我的补充_____

第二部分　关于课堂教学

51. 为了让学生听懂讲解，中学英语课讲解时就主要用汉语　⑤　④　③　②　①

52. 我在教学中经常利用网络英语教学资源　⑤　④　③　②　①

53. 在英语课上，我通常安排的是英汉互译、句型换词练习、朗读、背诵等活动
⑤　④　③　②　①

54. 在英语课上，我经常使用录音机、投影仪、语音教室、多媒体教室等教具
⑤　④　③　②　①

55. 我经常布置的课外作业是：背诵课文、句型；抄写单词、句子等语法、词汇练习　　　　　　　　　　　　　　　　　⑤　④　③　②　①

56. 在教学实践中，应该坚持以英语授课为主　　　⑤　④　③　②　①

57. 我对学生所犯的英语口语表达错误几乎不纠正　⑤　④　③　②　①

58. 在英语课上，我使用的英语材料只有课本　　　⑤　④　③　②　①

59. 在英语课上，我通常安排讨论、扮演角色、对话等小组活动
　　　　　　　　　　　　　　　　　　　　　　⑤　④　③　②　①

60. 我在教学中经常使用语法翻译法　　　　　　　⑤　④　③　②　①

61. 英语课上，我除了课本、粉笔、黑板外什么都不用　⑤　④　③　②　①

62. 我对每堂课都精心准备　　　　　　　　　　　⑤　④　③　②　①

63. 英语课上，我使用的英语材料包括英语报纸、杂志、英语电影和其他英语读物
　　　　　　　　　　　　　　　　　　　　　　⑤　④　③　②　①

64. 我的英语口语讲得很流利　　　　　　　　　　⑤　④　③　②　①

65. 在教学实践中，授课语言实际上是英汉各半　　⑤　④　③　②　①

66. 我经常对学生进行英语学习方法指导　　　　　⑤　④　③　②　①

67. 英语课上，我经常为学生介绍英语国家的文化、历史、地理等方面的知识
　　　　　　　　　　　　　　　　　　　　　　⑤　④　③　②　①

68. 我经常布置的课外作业是阅读、写作练习　　　⑤　④　③　②　①

69. 我的英语发音、语调很标准　　　　　　　　　⑤　④　③　②　①

70. 当我的学生学习英语失去信心时，我总是鼓励他们　⑤　④　③　②　①

71. 在我的英语课上大多数学生都很活跃　　　　　⑤　④　③　②　①

72. 在英语课上，学生犯了语言错误时，我经常鼓励学生　⑤　④　③　②　①

73. 我在英语课上经常开展游戏活动　　　　　　　⑤　④　③　②　①

74. 我经常布置的课外作业是听力、表演练习　　　⑤　④　③　②　①

75. 我对英语国家知识了解很多　　　　　　　　　⑤　④　③　②　①

76. 我认为学习语言知识的最佳方式就是"精讲多练"　⑤　④　③　②　①

77. 我在教学中经常使用交际法　　　　　　　　　⑤　④　③　②　①

78. 我的少数民族学生在日常生活中只使用本民族语　⑤　④　③　②　①

79. 我的少数民族学生在日常生活中只使用汉语　　⑤　④　③　②　①

80. 我的少数民族学生在日常生活中同时使用汉语和本民族语　⑤　④　③　②　①

81. 我认为，对于少数民族学生而言，学习英语比学习汉语更容易
　　　　　　　　　　　　　　　　　　　　　　⑤　④　③　②　①

82. 我认为少数民族学生的本民族语对学习英语有正面的影响　⑤　④　③　②　①

83. 在给少数民族学生上课时，我经常使用他们的本民族语　⑤　④　③　②　①

84. 我认为使用少数民族学生的本民族语授课，最易为他们所接受

⑤ ④ ③ ② ①

85. 当少数民族学生有疑难问题时，我会以他们的民族语言进行解答

⑤ ④ ③ ② ①

86. 我认为少数民族学生的本民族语和汉语相比，前者对他们的英语学习影响更大

⑤ ④ ③ ② ①

87. 我所在的学校要求教师在英语课上全用英语 ⑤ ④ ③ ② ①

88. 在我的授课过程中，本族语、汉语和英语所占比例大致分别为

89. 根据我的教学体会，我认为民族学生和普通汉族学生相比，在下列方面更有优势（请在您同意的项目上打钩）

A. 发音　　B. 拼写　　C. 语法　　D. 词汇　　E. 您的补充

90. 我认为我的学生在学习英语的过程中，在以下几个方面会受到和汉语学生不同的影响：

A. 来自社会家庭方面的：＿＿＿＿＿＿＿＿＿＿＿

B. 来自以前的教育背景的：＿＿＿＿＿＿＿＿＿＿＿

C. 来自自身经历的：＿＿＿＿＿＿＿＿＿＿＿

D. 来自本民族语言的：＿＿＿＿＿＿＿＿＿＿＿

E. 我的补充：＿＿＿＿＿＿＿＿＿＿＿

第三部分　关于教材

91. 我认为目前使用的教材体现了先进的外语教学方法 ⑤ ④ ③ ② ①

92. 我认为目前使用的教材的内容与学生生活联系紧密 ⑤ ④ ③ ② ①

93. 我认为目前使用的教材的内容注重反映社会、科技发展的现实

⑤ ④ ③ ② ①

94. 我认为目前使用的教材的组成部分还有欠缺，应该更多地利用多种媒介

⑤ ④ ③ ② ①

95. 我认为目前使用的教材设计精美，有利于课堂教学和学生自学

⑤ ④ ③ ② ①

96. 我认为目前使用的教材的语言素材真实地道 ⑤ ④ ③ ② ①

97. 我认为教材使用的语言基本适合于少数民族学生 ⑤ ④ ③ ② ①

98. 少数民族学生对于教材中的内容能够完全理解 ⑤ ④ ③ ② ①

99. 我认为用民族语言编撰的教材更适合于少数民族学生 ⑤ ④ ③ ② ①

第四部分　关于教师

100. 教学工作对我而言比较合适　　　　　　　⑤　④　③　②　①
101. 我对教学工作积极性很高　　　　　　　　⑤　④　③　②　①
102. 我的教学工作量长期以来都是超负荷　　　⑤　④　③　②　①
103. 我的教学工作量长期以来都不够饱满　　　⑤　④　③　②　①
104. 我的教学工作量基本合适　　　　　　　　⑤　④　③　②　①

教师教学负担情况

英语课教学量			其他课教学量			批改作业量			周兼职工作量（小时）
周课时量	学生数	二者比	周课时量	学生数	二者比	周次	学生数	二者比	

105. 在工作方面，我目前遇到的主要困难有（请按次序写出选择四项，按重要性依次将序号写在横线上）：
　　①缺少进修机会　②教学和科研经费短缺　③工作条件差　④职务晋升机会少
　　⑤领导不重视　⑥学生的需求和想法不好把握　⑦工作安排不合理
　　⑧工作考核制度不完善　⑨我的补充＿＿＿＿＿＿
　　A.＿＿＿＿＿＿　B.＿＿＿＿＿＿　C.＿＿＿＿＿＿　D.＿＿＿＿＿＿

106. 我认为现在的中学英语教师具备了相当的学科专业知识的深度与广度
　　　　　　　　　　　　　　　　　　　⑤　④　③　②　①

107. 我认为现在的中学英语教师具备一定的教育学和心理学知识
　　　　　　　　　　　　　　　　　　　⑤　④　③　②　①

108. 我认为现在的中学英语教师了解并掌握必要的教育科研方法
　　　　　　　　　　　　　　　　　　　⑤　④　③　②　①

109. 我认为现在的中学英语教师十分熟悉并能在工作中运用现代教育技术
　　　　　　　　　　　　　　　　　　　⑤　④　③　②　①

110. 以我的专业知识和技能，我完全能够胜任今后承担的教学工作
　　　　　　　　　　　　　　　　　　　⑤　④　③　②　①

111. 我认为教师在新形势下应积极提高自身素质，调整知识结构
　　　　　　　　　　　　　　　　　　　⑤　④　③　②　①

112. 我能利用电脑自己动手编制教学辅助软件　⑤　④　③　②　①
113. 我能利用电脑查阅资料，打简单的文稿　　⑤　④　③　②　①

114. 我对电脑完全不懂　　　　　　　　　　　　　　　⑤　④　③　②　①

115. 对于学习和在教学中应用信息技术，我有浓厚的兴趣　⑤　④　③　②　①

116. 我认为科研很重要，教学科研相长　　　　　　　　　⑤　④　③　②　①

117. 我认为教学科研齐抓很难，有压力　　　　　　　　　⑤　④　③　②　①

118. 我对科研有兴趣，但不知如何做　　　　　　　　　　⑤　④　③　②　①

119. 我经常参与科研工作　　　　　　　　　　　　　　　⑤　④　③　②　①

120. 我认为中学科研环境不理想，缺少资金和支持，很难做　⑤　④　③　②　①

第五部分　关于教师继续教育

请您根据自己的实际情况和看法，从备选项中挑出适合本人情况的选择项，并在相应的位置打钩

121. 我从教以来参加过的培训是（可选多项）

　　　A. 岗前培训　　　　　B. 高级研讨班　　　　C. 骨干教师进修班

　　　D. 短期研讨班　　　　E. 参加学术会议　　　　F. 信息技术和现代教育技术培训

　　　G. 单科进修　　　　　H. 师德教育和政治思想培训

　　　I. 出国学习或考察　　　J. 没有参加过任何培训

122. 我参加上述培训的时间累计共

　　　A. 三个月以下　　　B. 三个月到半年　　　C. 半年到一年　　　D. 一年以上

123. 我参加以上培训的途径是

　　　A. 所在学校根据需要或计划安排选派　　　B. 个人争取，所在学校同意

　　　C. 纯粹是个人行为

124. 我参加以上培训的费用

　　　A. 由学校承担　　　B. 由学校、学院、个人按比例承担　　　C. 由您个人承担

　　　D. 所在学校和您个人按比例分担　　　E. 从科研启动费中支付

　　　F. 根据进修学业的完成情况确定

125. 我参加继续教育的主要类型有（可多选）：

　　　A. 学历补偿教育　　　B. 综合素质培训　　　C. 教育理念的更新

　　　D. 其他_____

126. 我参加继续教育的主要形式有（可多选）：

　　　A. 脱产学习　　B. 半脱产学习　　C. 利用节假日学习　　D. 在职学习

127. 我的学校对教师继续教育的政策是：

　　　A. 自愿报名　　B. 骨干教师优先　　C. 轮流参加　　D. 尽量不送

128. 我的学校对教师参加继续教育的奖励机制是：

A. 物质奖励　　　　　B. 精神奖励（如评优秀、选模范等）

C. 与晋级提薪挂钩　　D. 与聘任制度挂钩

129. 我的学校在教师接受继续教育期间，对工学矛盾的解决办法是：

A. 其他教师代课　　B. 调课　　C. 补课　　D. 学习期间不安排教学工作

130. 我对教师继续教育内容的需求

继续教育内容	非常需要	需要	比较需要	不需要	不知道
教育革新的理念					
语言水平的再提高					
英语课堂教学方法					
一般教学策略					
课堂管理策略					
英语教学研究方法					
课程开发					
信息技术、教育技术					
认识教师自我					
提高自身修养					
处理人际关系					
青少年心理发展					
学生学习理论					
班级事务管理					
教师权责、学校事故处理					
有效沟通，营造学习型社区					
民族教育学					
民族心理学					
语言学理论					

问卷到此结束，感谢您的支持与合作！

附录三

三语教育与三语教学系列研究
学校管理人员调查问卷

各省、自治区、直辖市中小学校：

　　您现在要作答的这份问卷是"三语教育与三语教学系列研究"课题组有关西北民族地区中小学外语三语教育与三语教学研究课题的一个组成部分。该课题旨在客观、准确地反映西北民族地区中小学外语教育及三语教学现状，为全面提高该地区外语教学水平提供科学依据。本问卷将匿名进行，答案就基于您本人的实际情况，并无正确与错误之分，请按您的实际的想法与做法作答。

　　以下问卷内容，希望您能认真填写。问卷的设计采用填空和选择题（请在相应的序号上画"√"）。您的回答和提供的情况对这项调查无疑是重要而有意义的，谢谢您的支持与合作！

　　谢谢您的合作与参与，衷心感谢您对三语教育与三语教学研究工作的支持。

"三语教育与三语教学系列研究"课题组

一　被试学校基本信息

1. 您所在的学校名称：＿＿＿＿＿＿＿＿＿＿

2. 您所在的学校位于＿＿＿＿＿＿省（自治区、直辖市）＿＿＿＿＿＿市（地区）
＿＿＿＿＿＿县（区、县级市）

3. 您所在学校的办学类型：

（1）小学　　（2）初中　　（3）完全中学（初中＋高中）　　（4）高中
（5）九年一贯制学校

4. 您所在学校的隶属关系是：

（1）城市学校　　（2）县直属学校　　（3）乡镇学校　　（4）村校

5. 您所在学校的所有制类型：

（1）公办学校　　（2）民办学校

6. 您的学校属于：

（1）示范试点学校　　（2）一般学校

7. 您的学校在校生数为：

（1）200 人以下　（2）200—500 人　（3）500—1000 人　（4）1000—2000 人　（5）2000 人以上

8. 您的学校教职员工数为：

（1）50 人以下　（2）50—100 人　（3）100—150 人　（4）150—200 人（5）200 人以上

9. 您的学校少数民族教师占学校教职员工总数的百分比

（1）一半　（2）不到一半　（3）少于一半　（4）多于一半

二　外语师资情况问卷

1. 学校外语教师基本情况表

学校学生总数			师生比		
年龄情况（人）	55 岁以上		教龄情况	30 年以上	
	45—54 岁			20—29 年	
	35—45 岁			10—19 年	
	25—35 岁			5—9 年	
	25 岁以下			5 年以下	
职称情况（人）	高级		学历	大学	
	一级			专科	
	二级			中师	
	三级			非本专业	
	暂无		流动情况	正常调出	
工作量（不含自习辅导）	9 小时以下			流失	
	10—14 小时			调入	
	15 小时以上		科研情况	论著	（万字）
进修情况（人次）（近两年）	脱产			辅导资料	（万字）
	函授			译著	（万字）
	自考			参加学术会议	（人次）
	短期培训			邀请讲学	（人次）
	其他形式			参加学术机构	
				教研活动	
				发表学术论文	（篇）
少数民族教师人数			民族教师所占百分比		

2. 外语电教设施调查表

名称	数量	在外语教学中的利用情况				估计价值（万元）
		很高	较高	一般	很少	
电教设施	录像机/影碟机（台）					
	录像带/光盘（盒）					
	录音机（台）					
	录音带（盒）					
	幻灯机（台）					
	投影仪（台）					
	语音实验室（座位数）					
	电脑（台）					
	多媒体教室（座位数）					
	无线广播站（个）					

3. 您的学校对教师基本素质的评价如何？

项目	非常满意	满意	一般	不太满意	非常不满意
思想和职业道德					
英语基本功					
现代化教育观念					
整体知识结构					
英语教学能力					
英语教学技能					
教学科研能力					

4. 您的学校认为教师合适的进修方式是（可多选）：

（1）脱产学习　（2）业余学习　（3）远程教学　（4）学历进修　（5）专题培训　（6）研修班

5. 您的学校对师资培训内容的意见和要求是（可多选）：

（1）语言文学专业知识课　（2）完善知识结构课程　（3）提高教学能力的有关课程　（4）提高教学技能的有关课程　（5）提高科研能力的有关课程（6）自我心理调节和控制

6. 教师脱产学习的院校主要是：

（1）综合性大学　（2）师范院校　（3）专门的民族院校　（4）综合性大学

的民族师资班　　（5）师范院校的民族师资班

三　西部少数民族地区中小学校网络设施建设情况调查

1. 校园网基础设施建设情况？

A. 已经建好　B.　规划建设进行中　C. 尚未进行规划建设

2. 网络教室（根据实际情况填写，有几个就填写几个，不够使用附加页）

教室序号	计算机数量（台）	主要配置	平均每天投入使用的时间总和（小时）
1			
2			
3			
4			
5			

3. 大部分老师对学校购买的应用软件，如资源库、视音频点播系统、电子阅览室等使用的熟练程度？

A. 非常熟悉　B. 熟悉　C. 一般　D. 不很熟练　E. 不熟练

4. 老师对学科教学中应用信息技术的普遍状态？

A. 没有想过，也没有尝试过

B. 还存在着很多疑惑，因此还没有尝试

C. 虽然存在着很多疑惑，但已经在实践中尝试过

D. 已经有了一些成功的探索，决定继续进行下去

5. 您的学校是否已经开设信息技术课？

A. 是　　B. 否

6. 老师对学习信息技术的普遍态度？

A. 随时关注技术的最新发展并不断学习新的技术和技能

B. 有学习的愿望和兴趣，但不愿花太多的精力和时间

C. 无学习的愿望和兴趣

7. 学生对信息技术在课堂教学应用的态度？

A. 非常感兴趣　　B. 感兴趣　　C. 一般　　D. 不感兴趣

8. 学校是否有信息化建设（教学）专门科室？

A. 有　B. 无

9. 是否有专职的领导负责学校信息化建设？

A. 有　B. 无

10. 有专职网络管理员＿＿＿＿＿名，兼职＿＿＿＿＿名（根据实际情况填写，有几个就填写几个）。

11. 学校是否制定了信息化建设的发展规划？

A. 有　　B. 无

12. 您所在的学校是否为远程教育示范基地＿＿＿＿＿　A. 是＿＿＿＿＿　B. 不是

13. 如果您选择的是 A，请继续选择示范类型

A. 第一种　B. 第二种　C. 第三种

您认为有哪些不足之处

_____

_____

_____

_____

四　西部少数民族地区中小学英语教师继续教育情况调查问卷

1. 您的学校是否有老师正在接受或曾经接受过继续教育：

（1）是　（请继续回答问题）

（2）否

2. 您的学校教师参加继续教育的主要类型有（可多选）：

（1）学历补偿教育　（2）综合素质培训　（3）教育理念的更新　（4）其他

3. 您的学校教师参加继续教育的主要形式有（可多选）：

（1）脱产学习　（2）半脱产学习　（3）利用节假日学习　（4）在职学习

4. 您的学校对教师继续教育的政策是：

（1）自愿报名　（2）骨干教师优先　（3）轮流参加　（4）尽量不送

（5）少数民族教师优先

5. 您的学校对教师参加继续教育的奖励机制是：

（1）物质奖励　（2）精神奖励（如评优秀、选模范等）

（3）与晋级提薪挂钩　（4）与聘任制度挂钩

6. 您的学校在教师接受继续教育期间，对工学矛盾的解决办法是：

（1）其他教师代课　（2）调课　（3）补课

（4）学习期间不安排教学工作

7. 您的学校对教师继续教育内容的需求如何？（请在相应的栏内打"√"）

继续教育内容	非常需要	需要	比较需要	不需要	不知道
教育革新的理念					
学科内容					
学科教学方法					
一般教学策略					
课堂管理策略					
教育教学研究方法					
课程开发					
信息技术、教育技术					
认识教师自我					
提高自身修养					
处理人际关系					
儿童心理发展					
学生学习理论					
班级事务管理					
教师权责、学校事故处理					
有效沟通，营造学习型社区					

8. 您的学校教师参加继续教育所需费用的分担情况（根据实际情况填写具体数目）

	数额（元）	经费分担的比例（%）			
		个人（%）	学校（%）	教育主管部门（%）	其他（%）
学费					
交通费					
住宿费					
课本资料费					
伙食费					
其他费用					
总计					

9. 在您学校现有的条件下，使用下列形式培训，其资源的便利程度如何？（请在相应的栏内打"√"）

培训形式	非常便利	便利	比较便利	不方便	不知道
文字教材					
录音带					
录像带					
VCD/DVD					
单机环境的多媒体教学课件					
单机环境的资源数据库					
网络资源					

五 近五年西部少数民族地区中小学学生、教师及教师教育变化趋势

1. 近五年学生人数和外语教师人数情况及其变化趋势（根据实际情况填写具体数目）

年份 项目	2000		2001		2002		2003		2004		备注	
	汉族	少数民族	汉族	少数民族	汉族	少数民族	汉族	少数民族	汉族	少数民族	汉族	少数民族
教师数（人）												
学生数（人）												
师生比（%）												

2. 近五年来基础教育外语师资的供求关系变化趋势（根据实际情况填写具体数目）

年份 项目		2000		2001		2002		2003		2004		备注	
		汉族	少数民族	汉族	少数民族	汉族	少数民族	汉族	少数民族	汉族	少数民族	汉族	少数民族
所需人数（人）	本科												
	专科												
	中专												
到岗人数（人）	本科												
	专科												
	中专												

3. 近五年学生高考平均成绩变化情况（根据实际情况填写具体数目）

民族＼成绩＼年份	2000	2001	2002	2003	2004	备注
少数民族						
汉族						

4. 近五年外语师资继续教育情况（根据实际情况填写具体数目）
（1）人数变化趋势

人数＼年份	2000		2001		2002		2003		2004		备注	
	汉族	少数民族	汉族	少数民族	汉族	少数民族	汉族	少数民族	汉族	少数民族	汉族	少数民族
男教师												
女教师												

（2）年龄分布趋势（根据实际情况填写具体数目）

年龄分布＼年份	2000		2001		2002		2003		2004		备注	
	汉族	少数民族	汉族	少数民族	汉族	少数民族	汉族	少数民族	汉族	少数民族	汉族	少数民族
20—25 岁												
26—30 岁												
31—35 岁												
36—40 岁												
41—45 岁												
46 岁以上												

（3）教育方式趋势（根据实际情况填写具体数目）

教育方式＼年份	2000		2001		2002		2003		2004		备注	
	汉族	少数民族	汉族	少数民族	汉族	少数民族	汉族	少数民族	汉族	少数民族	汉族	少数民族
教师总人数（人）												
外出学历教育（人）												
在职学历教育（含自考与函授）（人）												

续表

教育方式 \ 年份	2000		2001		2002		2003		2004		备注	
	汉族	少数民族	汉族	少数民族	汉族	少数民族	汉族	少数民族	汉族	少数民族	汉族	少数民族
外出参观、听课、交流等（人次）												
在职学习（小时）												
邀请来人报告、讲课等（人次）												
其他												

（4）经费分担比例（根据实际情况填写具体数目）

经费投入（%）	2000 年		2001 年		2002 年		2003 年		2004 年		备注	
	汉族	少数民族	汉族	少数民族	汉族	少数民族	汉族	少数民族	汉族	少数民族	汉族	少数民族
教师个人分担												
学校分担												
教育行政部门												
其他												

5. 教师教学负担情况（根据实际情况填写具体数目）

	英语课教学量			其他课教学量			批改作业量			兼职工作量
	周课时量（小时/周）	学生数（人）	二者比（%）	周课时量（小时/周）	学生数（人）	二者比（%）	周次（次/周）	学生数（人）	二者比（%）	（小时/周）
汉族教师										
少数民族教师										

六　西部少数民族地区中小学英语教育实施情况调查问卷

注：该问卷主要是为调查有无少数民族学生，少数民族学生的英语教育是如何开展的（包括课时安排、教材选择、班级编排、教师选派、制度制定等），开展情况如何（主要是教师及学生反映），对少数民族学生开展英语教育的困难等。

1. 你们学校的少数民族学生主要是哪个民族（填写具体民族）＿＿＿＿＿＿

2. 少数民族学生占到学校学生总数的百分之几？

（1）50%以下　　　（2）50%　　　（3）50%以上

3. 你们的少数民族学生是如何编班的？

（1）混合编班（与汉族学生）　　　（2）独立编班（少数民族班）

4. 混合编班时少数民族学生占班级学生总数的百分之几？

（1）50%以下　　　（2）50%　　　（3）50%以上

5. 你们的少数民族学生学习英语的起始年级是：

（1）小学（填写具体名称）＿＿＿＿＿＿＿

（2）初中（填写具体名称）＿＿＿＿＿＿＿

（3）高中（填写具体名称）＿＿＿＿＿＿＿

6. 你们使用的英语教材是哪个版本？

（1）北师大版　　　（2）人教版　　　（3）苏教版　　　（4）其他（填写具体名称）＿＿＿＿＿＿

7. 你们的学生对该教材的反映如何？

（1）非常感兴趣　　　（2）感兴趣　　　（3）一般　　　（4）不感兴趣

8. 你们的老师对该教材的反映如何？

（1）非常满意　　　（2）满意　　　（3）一般　　　（4）不太满意　　　（5）非常不满意

9. 少数民族学生班级的英语任课老师是哪个民族的？

（1）汉族　　　（2）外教　　　（3）少数民族（填写具体民族）＿＿＿＿＿＿＿

10. 目前你们学校少数民族教师在教学实施中主要的问题有：

（1）教学方法陈旧　　　（2）教学观念落后　（3）对新教材不熟悉　　　（4）其他（具体填写）

11. 对少数民族学生班级的英语教学，你们是否采取了特殊政策？

（1）是（请继续回答11题）　　　（2）否（跳过11题）

12. 这些特殊政策主要从何途径展开？

（1）课时安排　　　（2）教材选择　　　（3）班级编排　　　（4）教师选派

（5）制度制定

13. 对少数民族学生英语学习的评估，你们是否有特殊政策？

（1）有（请继续回答 12 题）　　　（2）否（跳过 12 题）

14. 这些特殊政策主要是从何途径展开？

（1）升学成绩考核　　　（2）入学成绩考核　　　（3）平时成绩考核

（4）期中、期末考试成绩考核

15. 你们的少数民族学生的母语是（填写具体内容）＿＿＿＿＿＿＿＿＿

16. 你们的少数民族学生的母语属于哪种情况：

A. 有口头语言，无书面语言　　　B. 既有口头语言，也有书面语言

C. 只有书面语言，没有口头语言　　　D. 其他

　　尊敬的老师，在繁忙的工作中，您抽出一定的时间，完成了以上问卷。您的答案不仅对于我们完成专题研究十分重要，而且从您填写的问卷中，我们也得到了您的一份真诚和奉献。如果需要，我们会为您保密。再一次感谢您的合作！

附录四

三语教育与三语教学系列研究
校长/英语教研组长访谈提纲

日期： 　　年　月　日　　　　　　时间：　　　　　　　　AM/PM

地点：　　　　县/市　　　　中学　　　　记录人：

议题：　　　　民族地区三语教育与三语教学现状调查

出席者：

【1】外语、语文和数学是中学阶段的三门基础课，请问我们学校外语教师的现状和需求如何。

□人数 □□ 人

□学历结构　本科 □□ 人；专科 □□ 人；中专 □□ 人；非英语专业 □□ 人

□教师进修　人数 □□ 人

□需求人数　本科 □□ 人；专科 □□ 人；中专 □□ 人；非英语专业 □□ 人

【2】据我们了解，实行新课程标准以来，很多学校在使用新教材时遇到了不少困难，请问我们学校是如何看新课标的？具体遇到了哪些困难？我们又是如何解决的？

<u>□ 新课标的优点</u>

1.

2.

3.

<u>□ 推行新课标的具体困难</u>

1.

2.

3.

☐ 如何解决这些问题

1.

2.

3.

【3】我们学校英语远程教学的使用情况和存在的具体问题

1.

2.

3.

【4】自由访谈（请记录要点）

1.

2.

3.

附录五

三语教育与三语教学系列研究
学习风格检测表

以下是费尔德教授及其同事编写的学习风格问卷，问卷共有 44 个问题，每个问题有 a 和 b 两个答案可供选择，你可选出最符合你特点的答案。

---

1. 在我_____之后，我才能更好地理解事物。

（a）尝试以后　　（b）深思熟虑之后

2. 我宁愿被人称为_____。

（a）现实主义者　　（b）创新主义者

3. 当我回想起昨天所做过的事时，我最有可能_____。

（a）获得一个完整的画面　　（b）用语言来表达

4. 我常常_____。

（a）能较好地理解学科内容的细节但对总体结构却不十分清楚

（b）能较好地理解学科的总体结构但对具体细节却不十分清楚

5. 当我在学习某种新东西时，它能帮助我_____。

（a）谈论它　　（b）思考它

6. 如果我是一个教师，我情愿去教一门_____。

（a）涉及事实和真实生活情境的课程　　（b）涉及观念和理论的课程

7. 我喜欢用_____方式来获取新的信息。

（a）照片、图表、图画或地图　　（b）书面的指导或语言信息

8. 一旦我理解了_____。

（a）所有的部分，我才能理解整体　　（b）整体，我就能看到每一部分的作用

9. 在小组中学习有一定难度的材料时，我很可能_____。

（a）会很投入，并提出各种想法　　（b）喜欢坐在后面听他人讲

10. 我发现学习_____更容易些。

（a）事实性内容　　（b）概念性内容

11. 在一本附有插图的书中，我喜欢_____。

（a）仔细看插图 （b）主要阅读文字内容

12. 当我在解决数学问题时，_____。

（a）我通常在一段时间内一步一步地思考问题的答案

（b）我通常直接能得到问题的答案，然后再努力去想出获取答案的步骤

13. 在班上，我常常_____。

（a）能记住大部分同学的名字 （b）无法记住大部分同学的名字

14. 在阅读传记性的作品时，我喜欢_____。

（a）那些能告诉我新的事实或教我怎样去做的内容

（b）那些能启发我思考新的想法的内容

15. 我喜欢_____。

（a）在黑板上使用许多插图的教师

（b）花许多时间滔滔不绝地讲授的教师

16. 当我在分析一个故事或一篇小说时，_____。

（a）我会回忆起故事的情节，并努力把它综合起来思考故事的主题思想

（b）等我阅读完之后，我马上就知道故事的主题思想，然后再倒回去找出体现主题思想的情节

17. 当我开始做家庭作业时，我很有可能_____。

（a）一开始就知道答案

（b）先要完整地理解家庭作业的含义

18. 我喜欢那些_____。

（a）必然性的想法 （b）理论性知识

19. 我最能记住_____。

（a）我所见到的东西 （b）我所听到的东西

20. 对我来说，教师_____是很重要的。

（a）以严密的逻辑步骤来呈现课程材料

（b）给我总体性的认识，找出课程材料与其他学科的联系

21. 我喜欢_____。

（a）小组学习 （b）单独学习

22. 我很有可能被看成是一个_____。

（a）十分注意工作细节的人 （b）工作富有创造性的人

23. 当我得到一本有关新的地方的指南时，我喜欢这本指南是_____

（a）一本地图 （b）一本书面说明书

24. 在我学习时，_____。

（a）以一种相当固定的步调学习，如果我努力学习，我一定能成功

(b) 以断断续续的方式学习，在总体上有时我会感到困惑，但会突然产生灵感

25. 我宁愿首先_____。

(a) 尝试各种事情   (b) 思考一下该怎样去做

26. 当我在看书时，我喜欢作者_____。

(a) 明白无误地说出他想说的事

(b) 以一种创造性的、有趣的方式陈述内容

27. 当我在班上看到图表或结构图时，我很可能记住_____。

(a) 总体框架   (b) 教师所说的内容

28. 当我在考虑一组信息时，我很可能_____。

(a) 关注这些信息的细节而错过总体认识

(b) 在了解这些信息的细节之前获得总体认识

29. 我很容易记住_____。

(a) 我已经做过的事   (b) 我深思熟虑过的事

30. 当我必须去完成一项任务时，我喜欢_____。

(a) 已有一种完成这项任务的方法   (b) 提出完成这项任务的新的方法

31. 当某人向我提供资料时，我喜欢_____。

(a) 以图表形式   (b) 以突出要点的文字形式

32. 当我在写文章时，我很可能会_____。

(a) 从头到尾一步一步地写

(b) 先写出各个不同的部分，然后再进行综合

33. 当我必须讨论小组方案时，我首先想_____。

(a) 采用"头脑风暴"的形式让每人提出各自的想法

(b) 让每人先提出各自的想法，然后把各种想法组合起来进行比较

34. 我会对_____人予以高度的评价。

(a) 办事果断的   (b) 有想象力的

35. 当我在晚会上碰到陌生人时，我很可能会记住_____。

(a) 他们的长相   (b) 他们介绍自己的话

36. 当我学习一门新的课程时，我喜欢_____。

(a) 长时间地学习该课程内容，并尽我所能地学得多一些

(b) 努力建立该课程内容与相关课程内容间的联系

37. 我很有可能被看成是一个_____。

(a) 乐于助人的人   (b) 矜持寡言的人

38. 我喜欢那些强调_____的课程。

（a）材料具体的（事实、资料等）　　　（b）材料抽象的（概念、理论等）

39. 一旦有闲暇时间，我宁愿_____。

（a）看电视　　（b）看书

40. 某些教师开始讲课时会有讲授纲要，这些纲要_____。

（a）对我有点帮助　　（b）对我帮助很大

41. 在小组中做家庭作业，整个小组成员均为同一年级的做法对我_____。

（a）很有吸引力　　（b）没有一点吸引力

42. 当我在做复杂的计算时，_____。

（a）我会注意重复所有的计算步骤，然后再仔细检查计算的结果是否正确

（b）我会对检查计算结果是否正确感到很枯燥，因此不得不强迫自己这样做

43. 我在描述我曾经到过的地方时，我感到_____。

（a）非常容易，相当准确　　（b）很困难，无法记住很多细节

44. 在小组中解决问题时，我很有可能_____。

（a）会想到解决问题的步骤

（b）会想到可能的结果或把结果运用于较大的范围中

　　下面是上述问卷的统计表，你可把所选出的答案统计在表格中。例如，在"积极主动型/深思熟虑型"一栏中，如果你选的第一个问题的答案是 a，你就在第一个问题的 a 空栏内写上 1，如果是 b，就在 b 空栏内写上 1，依次类推。然后对每个栏目内的结果进行统计。例如，如果在"积极主动型/深思熟虑型"一栏的统计结果分别为 4a 和 7b，那么，你的最终结果为 3b（7－4＝3），这样你就可以大致了解自己属于何种学习风格了。

积极主动型／深思熟虑型			感觉型／直觉型			视觉型／语言表达型			循序渐进型／总体统揽型		
问题	a	b	问题	a	b	问题	a	b	问题	a	b
1			2			3			4		
5			6			7			8		
9			10			11			12		
13			14			15			16		
17			18			19			20		
21			22			23			24		
25			26			27			28		

积极主动型 / 深思熟虑型			感觉型 / 直觉型			视觉型 / 语言表达型			循序渐进型 / 总体统揽型		
29			30			31			32		
33			34			35			36		
37			38			39			40		
41			42			43			44		
每个栏目的总数											
	a	b		a	b		a	b		a	b
大数减小数的结果											

参 考 文 献

英文参考文献

1. Ames, Carole, "Classroom Goals: Structures and Student Motivation", *Journal of Educational Psychology*, Vol. 84, No. 3, September 1992.

2. Ana Deumert, "Markedness and Salience in Language Contact and Second-language Acquisition: Evidence from a Non-canonical Contact Language", *Language Sciences*, Vol. 25, No. 6, November 2003.

3. Andrew D. Cohen, *Strategies in Learning and Using a Second Language*, Addision Wesley Longman Limited, 1998.

4. Angel Huguet, Ignasi Vila and Enric Llurda, "Minority Language Education in Unbalanced Bilingual Situations: a Case for the Linguistic Interdependence Hypothesis", *Journal of Psycholinguistic Research*, Vol. 29, No. 3, May 2000.

5. Anne-Marie Di Sciullo, Pieter Muysken and Rajendra Singh, "Government and Code-mixing", *Journal of Linguistics*, Vol. 22, No. 1, March 1986.

6. Bonnie Johnson, "The Politics, Policies, and Practices in Linguistic Minority Education in the People's Republic of China: the Case of Tibet", *International Journal of Educational Research*, Vol. 33, No. 6, 2000.

7. Braj B. Kachru, *The Indianization of English: the English Language in India*, Delhi: Oxford University Press, 1983.

8. Brian Hok-Shing Chan, *Aspects of the Syntax, the Pragmatics, and the Production of Code-switching: Cantonese and English*, New York: Peter

Lang Publishing Inc, 2003.

9. Bruce Bain and Agnes Yu, "Toward a Fuller Appreciation of Codeswitching", *Journal of Pragmatics*, Vol. 32, No. 9, August 2000.

10. Carol Myers-Scotton, "Common and Uncommon Ground: Social and Structural Factors in Codeswitching", *Language in Society*, Vol. 22, No. 4, December 1999.

11. C. E. Weinstein and R. E. Mayer, "The Teaching of Learning Strategies", In M. C. Wittrock (Ed), *Handbook of Research on Teaching* (3rd Ed), NewYork: Macmillan, 1985.

12. Colette Grinevald Craig, "Language Contact and Language Generation", *The Handbook of Sociolinguistics*, Oxford: Blackwell Publishers Ltd. , 1997.

13. Cyril Orvin Houle, *The Inquiring Mind*, University of Wisconsin Press, 1961.

14. Dale H. Schunk, "Introduction to Section and Efficacy", *Journal of Educational Psychology*, Vol. 82, No. 1, March 1990.

15. David A. Blackledge and Barry Dennis Hunt, *Sociological Interpretations of Education*, London, Sydney, Dover: Croom Helm Ltd, 1985.

16. David Birdsong and Michelle Molis, "On the Evidence for Maturational Constraints in Second-language-acquisition", *Journal of Memories and Language*, Vol. 44, No. 2, February 2001.

17. D. L. Simon, "Toward a New Understanding of Codeswitching in the Foreign Language Classroom", *Canadian Modern Language Review*, Vol. 58, 2001.

18. Donald Winford, *An Introduction to Contact Linguistics*, Oxford: Blackwell Publisher Ltd, 2003.

19. Ervin-Tripp. "Is Second Language Learning Like the First?" *TESOL Quarterly*, No. 8, 1974.

20. Eva M. Moreno, Kara D. Federmeier and Marta Kutas, "Switching Languages, Switching Palabras (words): an Electrophysiological Study of Code Switching", *Brain and Language*, Vol. 80, No. 2, February 2002.

21. Florian Coulmas, *The Handbook of Sociolinguistics*, Beijing: Foreign Language Teaching and Research Press, 2001.

22. Francine Chamber, "Promoting Use of the Target Language in the Classroom", *Language Learning Journal*, Vol. 4, No. 1, 1991.

23. George Psathas, *Conversation Analysis: the Study of Talk-in-interaction*, Thousand Oaks, London and New Delhi: Sage Publications, 1995.

24. Gerard A. Postiglione, *Chinese National Minority Education: Culture, Schooling and Development*, New York and London: Falmer Press, 1999.

25. Hadumod Bussmann, *Routledge Dictionary of Language and Linguistics*, Beijing: Foreign Language Teaching and Research Press, 2000.

26. H. H. Stem, "What Can We Learn From the Good Language Learner?" Canadian Modern Language Review, 1975 (31).

27. Hugo Baetens Beardsmore, H., *Bilingualism: Basic Principles* 2nd ed., Clevedon: Multilingual Matters, 1986.

28. Jack C. Richards, John Platt and Heidi Platte, *Language Dictionary of Language Teaching & Applied Linguistics*, London: Longman Group Ltd, 1992.

29. James A. Banks, "Fostering Language and Cultural Literacy in the Schools", *Learning in Two Languages from Conflict to Consensus in the Reorganization of Schools*, New Brunswick, New Jersey, Transaction Publishers, 1990.

30. Jan Blommaert, James Collins and Stef Slembrouck, "Space of Multilingualism", *Language and Communication*, Vol. 25, No. 3, July 2005.

31. Jasone Cenoz and Ulrike Jessner, "Expanding the Scope: Sociolinguistic, Psycholinguistic and Educational Aspects of Learning English as a Third Language in Europe", *English in Europe: The Acquisition of a Third Language*, Clevedon: Multilingual Matters, 2000.

32. Jean Piaget and Barbel Inhelder, *The Psychology of the Child*, New York: Basic Books, 1969.

33. Jeanne Rolin-Ianziti and Siobhan Brownlie, "Teacher Use of Learners' Native Language in the Foreign Language Classroom", *Canadian Modern Language Review*, Vol. 58, No. 3, March 2002.

34. Jef Verschueren, *Understanding Pragmatics*, London, New York, Sydney and Auckland: Arnold, 1999.

35. J. Micheal O'Malley and Anna Uhl Chamot, *Learning Strategies in Second Language Acquisition*, Cambridge: Cambridge University Press, 1990.

36. J. Nesbet and J. Shucksmith, *Learning Strategies*, London: Routledge & Kegan Paul, 1986.

37. Joan Rubin, "What the 'Good Language Learner' Can Teach Us", *TESOL Quarterly*, Vol. 9, No. 1, March 1975.

38. John Donald Nisbet and Janet Shucksmith, *Learning Strategies*, London: Routledge & Kegan Paul, 1986.

39. John E. Farley, "Majority-minority Relations", *Combating Prejudice*, Englewood Cliffs, NJ: Prentice Hall, Ch3, 1995.

40. Joseph Boyle, "The Use of Mixed Code in HongKong English Language Teaching", *System*, Vol. 25, No. 1, March 1997.

41. Josiane F. Hamers, Michel H. A. Blanc, *Bilinguality and Bilingualism*, Cambridge: Cambridge University Press, 1989.

42. J. X. Yan, "Learners' Perceptions of How Anxiety Interacts With Personal and Instructional Factors to Influence Their Achievement in English", *Language Learning*, 2008, 58 (1)

43. Katherine A. Nelson and Janice Gruendel, *Event Knowledge: Structure and Function in Development*, Hillsdale, NJ: Erlbaum, 1986.

44. Kathryn A. Riley, Ismeal Abu-Saad and Mary Hermes, "Big Change Question: Should Indigenous Minorities Have Their Right to Have Their Own Education Systems Without Reference to National Standard?", *Journal of Educational Change*, Vol. 6, No. 2, June 2005.

45. K. K. Luck, "Expedient and Orientational Language Mixing in Hong Kong", *York Papers in Linguistics*, Vol. 11, 1984.

46. K. K Luke, "Why Two Languages Might be Better than One: Motivations of Language Mixing in Hong Kong", *Language in Hong Kong at Century's End*, Hong Kong: Hong Kong University Press, 1997.

47. Linnenbrink & Pr intrich. Current. , *Theory and Research in Motivation*, University of Nebraska Press, 2002.

48. Li Wei, "The 'Why' and 'How' Questions in the Analysis of Conversational Code-switching", *Code-Switching in Conversation: Language, Interaction and Identity*, London and New York: Routeledge, 1998.

49. Maria L. Munoz, Thomas P. Marquardt and Gary Copeland, "A Comparison of the Codeswitching Patterns of Aphasic and Neurologically Normal Bilingual Speakers of English and Spanish", *Brain and Language*, Vol. 66, No. 2, February 1999.

50. Martha Carr, Joyce Alexander and Trisha Folds Bennett, "Met Cognition and Mathematics Strategy Use", *Applied Cognitive Psychology*, Vol. 8, No. 6, November 1994.

51. Martin Carnoy, "Education and Racial Inequality: the Human Capital Explanation Revisited", *Economics of Education Review*, Vol. 15, No. 3, June 1996.

52. Martin-Jones, M. , "Codeswitching in the Classroom: Two Decades of Research", *One Speaker, Two Languages: Cross Disciplinary Perspectives on Code-switching*, Cambridge: Cambridge University Press, 1995.

53. Mary W. J. Tay, "Codeswitching and Codemixing as a Communicative Strategy in Multilingual Discourse", *World Englishes*, Vol. 3, No. 3, November 1989.

54. M. H. Hansen, *Lessons in Being Chinese: Minority Education and Ethnic Identity in Southwest China*, Hong Kong: Hong Kong University Press, 1999.

55. Michael G. Clyne, *Community Languages: the Australian Experience*, Cambridge: Cambridge University Press, 1991.

56. Milk, R. , "An analysis of the Functional Allocation of Spanish and English in a Bilingual Classroom", *California Association for Bilingual Educa-*

tion: *Research Journal*, Vol. 2, No. 2, 1981.

57. Modood, T. & May, S., "Multilingualism and Education in Britain: an Internally Contested Debate", *International Journal of Educational Research*, Vol. 35, 2001.

58. Naiman et al., *The Good Language learner. Research in Education Series No. 7*, Toroto; The Ontario Institute for Studies in Education. 1978.

59. N. Purdie, and R. Oliver, "Language Learning Strategies Used by Bilingual School-aged Children", *System*, Vol. 27, No. 3, September 1999.

60. O'Malley and Chamot, *Learning Strategies in Second Language Acquisition*, Cambridge: Cambridge University Press, 1990.

61. Oxford., *Language Learning Strategies: What Every Teacher Should Know*, Heinle & Heinle, Boston: 1990.

62. P. Auer, "The Pragmatics of Code-switching: a Sequential Approach", *One Speaker, Two Languages: Cross Disciplinary Perspectives on Code-switching*. Cambridge, Cambridge University Press, 1995.

63. Paul B. Pedersen, "Recent Trend in Cultural Theories", *Applied and Preventive Psychology*, Vol. 6, No. 4, Autumn 1997.

64. Penelope Gardner-Chloros, Reeva Charles and Jenny Cheshire, "Parallel Pattern? A Comparison of Monolingual Speech and Bilingual Codes-witching Discourse", *Journal of Pragmatics*, Vol. 32, No. 9, August 2000.

65. Peter Pluddemann, "Multilingualism and Education in South Africa: One Year on", *International Journal of Educational Research*, Vol. 31, No. 4, 1999.

66. Pieter Muysken, "Code-switching and Grammatical Theory", *One Speaker, Two Languages: Cross-disciplinary Perspectives on Code-switching*, New York and Melbourne: Cambridge University Press, 1995.

67. Rebecca L. Huss-Keeler, "Teaching Perception of Ethnic and Linguistic Minority Parental Involvement and Its Relationships to Children's Language and Literacy Learning: a Case Study", *Teaching and Teacher Education*, Vol. 13, No. 2, February 1997.

68. René Appel and Pieter Muysken, *Language Contact and Bilingual-*

ism, London: Edward Arnold, 1987.

69. Richard E. Mayer, *Education Psychology: A Cognitive Approach*, Boston: Little Brown, 1987.

70. Rita Dunn, Griggs Shirley, A., "Practical Approaches to Using Learning Styles in High Education: the How to Steps", in Rita Dunn, Shirley A. Griggs (Eds.), *Practical Approaches to Using Learning Styles in Higher Education*, Westport: Greenwood Press, 2000

71. R. J. Sternberg, "Criteria for Intellectual Skills Training", *Educational Research*, Vol. 12, 1983.

72. Rodolfo Jacobson, *Codeswitching Worldwide*, Berlin, New York: Mouton de Gruyter, 1998.

73. Skutnabb-Kangas, Tove, *Language, Literacy and Minorities*, London: Minority Rights Group, 1990.

74. Susan Malone, "Education for Multilingualism and Multi-literacy: Linking Basic Education to Life-long Learning in Minority Language Communities", *Conference on Language Development, Language Revitalization and Multilingual Education*, Bangkok, 6—8th November. 2003.

75. Terence Odlin, *Language Transfer*, Cambridge: Cambridge University Press, 1989.

76. Terence Odlin, *Language Transfer: Cross-linguistic Influence in Language Learning*, Shanghai: Shanghai Foreign Language Education Press, 2001.

77. U. Dagmar Scheu, "Cultural Constraints in Bilinguals' Codeswitching", *International Journal of Intercultural Relations*, Vol. 24, No. 1, January 2000.

78. Umberto Ansaldo, "Contact, Typology and the Speaker: the Essentials of Language", *Language Sciences*, Vol. 26, No. 5, September 2004.

79. Vic Webb, "Multilingualism in Democratic South Africa: the Overestimation of Language Policy", *International Journal of Educational Development*, Vol. 19, No. 4-5, July 1999.

80. Vivian Cook, *Second Language Learning and Language Teaching*,

London: Edwar Arnold, 1991.

81. Weinstein, C. E. & Mayer, R. E., "The Teaching of Learning Strategies", *Handbook of Research on Teaching* (3rd Ed.), NewYork: Macmillan, 1985.

82. Wolters, C. A., Pintrich, P. R., "Contextual Differences in Student Motivation and Self-regulated Learning in Mathematics, English, and Social Studies Classrooms", *Instructional Science*, No. 2, 1998.

中文参考文献

1. 安方明:《俄罗斯社会转型期教育改革中多元文化的体现》,《民族教育研究》2002 年第 3 期。

2. 安会云、吕琳、尚晓静:《学习风格研究综述》,《现代中小学教育》2005 年第 4 期。

3. 敖木巴斯尔:《三语教育改革实验研究课题的理论构思与实践框架》,《民族教育研究》2004 年第 1 期。

4. 敖特根其其格:《语言接触中的音变模式——谈语言学家赵杰教授的音变理论》,《青海民族学院学报》2002 年第 3 期。

5. 巴战龙、滕星:《人类学·田野工作·教育研究——一个教育人类学家的关怀、经验和信念》,《中南民族大学学报》2004 年第 2 期。

6. 白浩波:《少数民族杂居地区"三语"教学改革的创新研究》,《辽宁教育研究》2005 年第 10 期。

7. 卜荣华:《学习动机研究综述》,《安徽工业大学学报》2008 年第 4 期。

8. 蔡寒松、周榕:《语言耗损研究述评》,《心理科学》2004 年第 4 期。

9. 蔡其勇:《新课程改革背景下的教师专业发展研究》,《教育探索》2006 年第 12 期。

10. 陈保亚:《从语言接触看历史比较语言学》,《北京大学学报》(哲学社会科学版) 2006 年第 2 期。

11. 陈慧:《少数民族学生英语学习策略的实证研究》,《内蒙古农业大学学报》2005 年第 4 期。

12. 陈嘉映：《语言哲学》，北京大学出版社 2003 年版。

13. 陈美荣、曾晓青：《国内外学习风格研究述评》，《上海教育科研》2012 年第 12 期。

14. 陈南南：《藏汉语言在"倒话"中的混合以及语言深度接触研究》，《南开语言学刊》2006 年第 1 期。

15. 陈勤：《教师话语、课堂角色与语言学习》，《四川师范大学学报》（社会科学版）2004 年第 4 期。

16. 陈向明：《质的研究方法与社会科学研究》，教育科学出版社 2000 年版。

17. 陈焱、丁信善：《方言与标准语接触的互动模式》，《现代语文》2007 年第 2 期。

18. 陈晓端、龙宝新：《回归事件：后现代有效教学的使命》，《陕西师范大学学报》（哲学社会科学版）2007 年第 2 期。

19. 陈原：《社会语言学》，商务印书馆 2004 年版。

20. 陈永明、杨丽霞：《当代心理语言学研究的若干重要问题》，《心理科学》1999 年第 5 期。

21. 陈月明丹：《少数民族地区实施校本多元化课程初探》，《民族教育研究》2004 年第 1 期。

22. 陈至立：《陈至立在第五次全国民族教育工作会议上的讲话》，2002 年 7 月，中国少数民族教育网（http：//www. ssmz. edu. cn/shmzjy_ 10728/）。

23. 陈至立：《高举邓小平理论的伟大旗帜 认真实践"三个代表"重要思想 努力开创民族教育工作新局面——在第五届全国民族教育工作会议上的讲话》，国家教育发展研究中心《2003 年中国教育绿皮书——中国教育政策年度分析报告》，教育科学出版社 2003 年版。

24. 陈慰：《英汉语言学词汇》，商务印书馆 2003 年版。

25. 程丽霞：《语言接触、类推与形态化》，《外语与外语教学》2004 年第 8 期。

26. 程晓堂、郑敏：《英语学习策略》，外语教学与研究出版社 2002 年版。

27. 丛立新：《教育概念的形成及意义》，《北京师范大学学报》

2007 年第 5 期。

28. 崔延虎:《文化濡化与民族教育研究》,《新疆师范大学学报》(哲学社会科学版) 1995 年第 4 期。

29. 邓浩、郑婕:《汉语与汉民族的思维——汉语文化研究之二》,《新疆教育学院学报》1990 年第 Z1 期。

30. 董艳:《文化环境与双语教育》,民族出版社 2002 年版。

31. [英] 戴维·克里斯特尔编:《现代语言学词典》,沈家煊译,商务印书馆 2000 年版。

32. 杜洪波:《"藏—汉—英"三语环境下藏族中学生英语学习的认知基础和学习机制分析》,硕士学位论文,西华大学,2008 年。

33. 范春林、张大均:《学习动机研究的特点、问题及走向》,《教育研究》2007 年第 7 期。

34. 范国睿:《教育生态学》,人民教育出版社 2000 年版。

35. 方平、郭春彦、汪玲、罗峥:《数学学习策略的实验研究》,《心理发展与教育》2000 年第 1 期。

36. 费孝通:《创建一个和而不同的全球社会》,重庆出版社 2005 年版。

37. 冯维:《小学心理学》,西南师范大学出版社 2008 年版。

38. 冯燕华:《生态哲学视域下的课堂文化研究》,硕士学位论文,海南师范大学,2010 年。

39. 冯友兰:《中国现代哲学史》,广东人民出版社 1999 年版。

40. 冯增俊:《教育人类学》,江苏教育出版社 1998 年版。

41. 冯增俊等:《教育人类学教程》,人民教育出版社 2005 年版。

42. 高文:《现代教学的模式化研究》,山东教育出版社 1998 年版。

43. 甘肃省教育厅办公室、甘肃省教育科学研究所:《2007 甘肃教育年鉴》,甘肃教育出版社 2008 年版。

44. 盖兴之:《三语教育三题》,《大理学院学报》2003 年第 6 期。

45. 高新才、马文龙:《西北少数民族传统文化的现代化思考》,《兰州大学学报》1999 年第 4 期。

46. 龚腾龙、陈嘉云:《新疆初中少数民族学生英语学习策略的现状调查研究》,《考试周刊》2010 年第 45 期。

47. 顾明远：《民族文化传统与教育现代化》，北京师范大学出版社1998年版。

48. 郭春丽：《英语走进藏族课堂，三语教学发展的必然》，《基础教育外语教学研究》2003年第1期。

49. 国家民委语文室：《加强双语教学，切实提高民族教育质量》，《中国民族报》2002年10月1日。

50. 郭孟秀：《三家子满汉语言文化接触与融合浅析》，《黑龙江民族丛刊》2004年第3期。

51. 桂诗春、宁春岩：《语言学方法论》，外语教学与研究出版社1997年版。

52. 菅志祥：《"族群"：社会群体研究的基础性概念工具》，《北京大学学报》（哲学社会科学版）2007年第5期。

53. 哈经雄、滕星：《民族教育学通论》，教育科学出版社2001年版。

54. 郝兴跃：《少数民族大学生英语学习动机实证研究》，《昆明理工大学学报》2009年第6期。

55. 何增俊、柯森：《双语教育与综合英语》，中山大学出版社2003年版。

56. 何自然、于国栋：《语码转换研究述评》，《现代外语》2001年第1期。

57. 胡斌武：《学习策略的结构探析》，《西南师范大学学报》（哲学社会科学版）1995年第3期。

58. 胡德映：《云南少数民族三语教育》，云南大学出版社2007年版。

59. 胡艳霞：《濒危语言——黑龙江现代满语借词及其特点研究》，硕士学位论文，黑龙江大学，2005年。

60. 胡学常：《文学话语与权力话语》，浙江人民出版社2000年版。

61. 胡素华：《多语型民族语言习得的特点分析——四川盐源县白家村藏族多语习得的个案研究》，《中央民族大学学报》（哲学社会科学版）2006年第4期。

62. 黄成夫：《论英语课堂中的语码转换》，《云南师范大学学报》

2004 年第 6 期。

63. 黄崇玲：《双语教学的理论与实践》，上海译文出版社 2009 年版。

64. 黄景、Phil Benson：《第二语言教育的教师自主性研究》，《外语与外语教学》2007 年第 12 期。

65. 黄书光、王伦信、袁文辉：《中国基础教育改革的文化使命》，教育科学出版社 2001 年版。

66. 黄行：《语言接触与语言区域性特征》，《民族语文》2005 年第 3 期。

67. 黄行：《中国少数民族语言活力研究》，中央民族大学出版社 2000 年版。

68. 黄旭：《学习策略的教学问题》，《教育研究》1992 年第 7 期。

69. 黄远振：《新课程英语教与学》，福建教育出版社 2003 年版。

70. 黄小苹：《课堂话语微观分析：理论，方法与实践》，《外语研究》2006 年第 5 期。

71. 吉标：《教师话语霸权的危害、成因及消解》，《教育导刊》2006 年第 7 期。

72. 江巴吉才、潘建生：《藏族传统宗教思维方式初探》，《西藏研究》1992 年第 1 期。

73. 姜秋霞、刘全国、李志强：《西北民族地区外语基础教育现状调查——以甘肃省为例》，《外语教学与研究》2006 年第 3 期。

74. 姜艳红：《从汉俄语的三次借词高潮看语言文化接触情况》，《苏州大学学报》（哲学社会科学版）2005 年第 6 期。

75. 金莺、宋桂月：《高中英语课程标准教师读本》，华中师范大学出版社 2003 年版。

76. 教育部：《教育部关于积极推进小学开设英语课程的指导意见》，教基 ［2001］ 2 号文件，2001 年 1 月 18 日 （http：//www. moe. edu. cn/）。

77. 教育部：《全日制义务教育普通高级中学英语课程标准》，北京师范大学出版社 2001 年版。

78. 教育部：《英语新课程标准》（实验稿），高等教育出版社 2001

年版。

79. 蒋茵：《遗忘与追寻：关于教师话语权的问题》，《当代教育科学》2003 年第 14 期。

80. 康淑敏：《学习风格理论——西方研究综述》，《山东外语教学》2003 年第 3 期。

81. 雷虹霁：《汉文化形成时期的多样性与区域性特点——以汉代历史文献为中心的考察》，《南都学坛》2009 年第 4 期。

82. ［英］理查茨等：《朗文语言教学及应用语言学词典》，管燕红译，外语教学与研究出版社 2000 年版。

83. 李昌真：《运用归因理论研究非英语专业学生英语学习行为》，《外语界》2004 年第 6 期。

84. 李秉德、李定仁：《教学论》，人民教育出版社 1991 年版。

85. 李定仁：《西北民族地区校本课程开发研究》，民族出版社 2006 年版。

86. 李方强：《教师成长阶段理论对我国师资培养的启示》，《继续教育》2002 年第 4 期。

87. 李昆：《中国大学生英语学习动机调控策略研究》，《现代外语》2009 年第 3 期。

88. 李强：《语言接触在民族文化关系中的作用》，《云南民族大学学报》2008 年第 2 期。

89. 李儒忠：《中国少数民族双语教育历史进程综述》，《新疆教育学院学报》2009 年第 1 期。

90. 李少伶：《少数民族地区英语教学的现状与发展——以云南省少数民族地区英语教学调查为据》，《基础教育外语教学研究》2002 年第 11 期。

91. 李世业：《延边朝鲜族中小学三语教学中若干问题研究》，硕士学位论文，延边大学，2004 年。

92. 李树刚：《海南少数民族地区英语基础教育的现状与对策》，《琼州学院学报》2012 年第 3 期。

93. 李松林：《课堂场域中的权力运作与学生的生存境遇》，《教育科学》2006 年第 8 期。

94. 李毅夫、王恩庆：《世界民族译名手册》，商务印书馆 1994 年版。

95. 李雁冰：《策略性学习与主体性教育》，《内蒙古师范大学学报》1999 年第 2 期。

96. 李秀莲、全红：《教师话语策略与学生交际能力的培养》，《南昌大学学报》（人文社科版）2004 年第 4 期。

97. 梁威：《国内外学习障碍研究的探索》，《教育理论与实践》2007 年第 11 期。

98. 寮菲、冯晓媛：《英语课堂华语的认知语境与交际效果分析》，《外语教学》2005 年第 1 期。

99. 廖泽英：《试论学习方式差异与因材施教》，《学科教育》2000 年第 5 期。

100. 刘电芝：《学习策略研究》，人民教育出版社 1999 年第 4 期。

101. 刘电芝：《学习策略研究（一）》，《学科教育》1997 年第 1 期。

102. 刘全国：《西北藏族学生英语学习风格的调查研究》，《民族教育研究》2005 年第 5 期。

103. 刘全国：《我国民族地区外语教育中的三语教学问题》，西部民族地区外语基础教育研讨会论文，甘肃兰州，2005 年 8 月。

104. 刘全国：《三语环境下外语教师课堂语码转换研究》，博士学位论文，西北师范大学，2007 年。

105. 刘全国、姜秋霞：《我国少数民族地区外语三语教学理论的本土化阐释》，《西北师范大学学报》2010 年第 3 期。

106. 刘全国、李倩：《我国民族地区英语课堂三语教学模式探索》，《青海民族研究》2011 年第 1 期。

107. 刘全国、慕宝龙：《我国少数民族地区外语课堂三语接触模式》，《当代教育与文化》2011 年第 2 期。

108. 刘汝山、刘金侠：《澳大利亚语言政策与语言规划》，《中国海洋大学学报》（社会科学版）2003 年第 6 期。

109. 刘彦尊：《人种志方法在比较教育研究中的应用》，《外国教育研究》2006 年第 9 期。

110. 刘志华、郭占基：《初中生的学业成就动机、学习策略与学业成绩关系研究》，《心理科学》1993 年第 4 期。

111. 罗美珍：《论族群互动中的语言接触》，《语言研究》2000 年第 3 期。

112. ［美］马尔塞拉等：《跨文化心理学》，吉林文史出版社 1991 年版。

113. 马小玲：《新疆民汉语言接触模式探源》，《语言与翻译（汉语）》2006 年第 4 期。

114. 莫雷：《教育心理学》，广东高等教育出版社 2002 年版。

115. 欧阳林舟：《教学话语事件带给教学研究的启示》，《当代教育论坛》2007 年第 12 期。

116. ［美］P. K. 博克：《多元文化与社会进步》，余兴安、彭振云、童奇志译，辽宁人民出版社 1988 年版。

117. 彭刚、蔡守龙：《教学现场与教学细节》，教育科学出版社 2004 年版。

118. 皮亚杰：《儿童心理学》，商务印书馆 1980 年版。

119. 秦志强：《中国高中学生综合语言运用能力的研究》，《西安外国语学院学报》2006 年第 3 期。

120. 秦晓晴：《动机理论研究及其对外语学习的意义》，《外语研究》2002 年第 4 期。

121. 邱传伟：《二语/外语学习动机研究发展述评》，《天津外国语学院学报》2005 年第 2 期。

122. 施良方：《课程理论——课程的基础、原则与问题》，教育科学出版社 1996 年版。

123. 施良方：《学习论》，人民教育出版社 2001 年版。

124. 史民英、肖铖：《西藏"三语教学"的价值取向及模式探析》，《民族教育研究》2009 年第 6 期。

125. 史耀芳：《浅论学习策略》，《心理发展与教育》1991 年第 3 期。

126. 史耀芳：《二十一世纪国内外学习策略研究概述》，《心理科学》2001 年第 5 期。

127. 宋明钧：《反思：教师专业发展的应有之举》，《课程·教材·教法》2006 年第 7 期。

128. 苏金智：《香港言语社区两文三语的格局及其变化》，《云南师范大学学报》（哲学社会科学版）2010 年第 3 期。

129. 苏新春：《文化语言学教程》，外语教学与研究出版社 2006 年版。

130. 孙宏开：《丝绸之路上的语言接触和文化扩散》，《西北民族研究》2009 年第 3 期。

131. 孙振玉：《论"玛曲教育现象"——藏区牧区教育问题研究》，《中央民族大学学报》（哲学社会科学版）2000 年第 6 期。

132. 镡东玲：《语码转换的心理语言学分析》，《外语学刊》2002 年第 2 期。

133. 谭顶良：《学习风格论》，江苏教育出版社 1995 年版。

134. 滕星著：《族群、文化与教育》，教育科学出版社 2002 年版。

135. 滕星、王军：《20 世纪中国少数民族与教育》，民族出版社 2002 年版。

136. 滕星：《族群、文化与教育》，民族出版社 2002 年版。

137. 田家乐：《西藏三语教学的昨天今天和明天》，《西藏大学学报》2001 年第 4 期。

138. 田瑞云、刘永慧：《语文教育行为论》，青岛海洋大学出版社 2002 年版。

139. 万光荣：《少数民族与汉族本科生英语词汇学习策略的对比研究》，《外语研究》2006 年第 11 期。

140. 万明钢：《多元文化视野价值观与民族认同研究》，民族出版社 2006 年版。

141. 万明钢、王亚鹏：《藏族大学生的民族认同》，《心理学报》2004 年第 1 期。

142. 万明钢：《"积极差别待遇"与"教育优先区"的理论构想——西部少数民族贫困地区教育发展途径探索》，《教育研究》2002 年第 5 期。

143. 王斌华：《双语教育与双语教学》，上海教育出版社 2003

年版。

144. 王初明：《影响外语学习的两大因素与外语教学》，《外语界》2001 年第 6 期。

145. 王海妹：《浅谈制约海南民族地区英语基础教育的主要因素》，《琼州学院学报》2011 年第 1 期。

146. 王策三：《教学论稿》，人民教育出版社 1985 年版。

147. 王嘉毅：《课程与教学设计》，高等教育出版社 2007 年版。

148. 王鉴：《多元文化教育：西方民族教育的实践及其启示》，《民族教育研究》2003 年第 6 期。

149. 王鉴、李艳红：《藏汉双语教学模式研究》，《西北师范大学学报》（社会科学版）1999 年第 3 期。

150. 王瑾、黄国文：《语码转换之结构研究述评》，《外国语言文学》2004 年第 2 期。

151. 王军：《教育民族学》，中央民族大学出版社 2007 年版。

152. 王昌善：《新世纪我国本科学历初等教育专业课程体系初探》，《中国教育学刊》2005 年第 3 期。

153. 王晓、张文忠：《国内外语学习动机研究现状分析》，《外语界》2005 年第 4 期。

154. 王学俭、买艳霞：《西部地区文化素质教育与文化的多元性》，《兰州大学学报》2002 年第 5 期。

155. 王永祥：《我国中学英语教学模式发展现状和趋势探讨》，硕士学位论文，湖南师范大学，2005 年。

156. 王振宏、刘萍：《动机因素、学习策略、智力水平对学生学业成就的影响》，《心理学报》2000 年第 1 期。

157. 魏宏君：《中国少数民族"三语教学"形式浅析》，《石河子大学学报》（哲学社会科学版）2005 年第 4 期。

158. 翁燕珩：《如何看待最近十年国外双语政策的变化》，《中央民族大学学报》2011 年第 1 期。

159. 文秋芳：《英语学习策略论》，上海外语教育出版社 1996 年版。

160. 文旭：《国外认知语言研究综观》，《外国语》1999 年第 1 期。

161. 吴福祥：《关于语言接触引发的演变》，《民族语文》2007 年第 2 期。

162. 吴刚平：《校本课程开发的定性思考》，《课程·教材·教法》2000 年第 7 期。

163. 武永、托娅：《少数民族外语学习者学习策略问题探究》，《北京邮电大学学报》2010 年第 3 期。

164. 乌力吉：《少数民族三语教育的纵横解读》，《贵州民族研究》2005 年第 4 期。

165. 武文：《文化学论纲——社会文化人类学的解读》，兰州大学出版社 2000 年版。

166. 夏纪梅、冯芄芄：《现代外语教学理念与行动》，高等教育出版社 2007 年版。

167. 谢若秋：《汉文化起源辨析：考古学历史语言学的观点》，《山西师范大学学报》2009 年第 7 期。

168. 熊川武：《学习策略论》，江西教育出版社 1997 年版。

169. 徐大明、陶红印、谢天蔚：《当代社会语言学》，中国社会科学出版社 1997 年版。

170. 徐大明：《约翰·甘柏兹的学术思想》，《语言教学与研究》2002 年第 4 期。

171. 徐大慰：《巴特的族群理论述评》，《贵州民族研究》2007 年第 6 期。

172. 徐世昌：《少数民族与汉族大学生英语词汇学习策略对比分析》，《外语教学》2011 年第 4 期。

173. 薛才德：《藏语汉借词的特点》，《民族语文》1999 年第 3 期。

174. 邢思珍：《社会学视角下的教师话语权》，《当代教育科学》2004 年第 7 期。

175. 严海英：《少数民族地区语言教育现状及对策——延边为例》，《中国科技博览》2010 年第 11 期。

176. 杨宏丽：《课堂文化冲突的多视角审视》，《东北师范大学学报》（哲学社会科学版）2006 年第 5 期。

177. 杨凯伶：《少数民族大学生在外语学习中的动机激发与培养》，

《凯里学院学报》2007 年第 5 期。

178. 杨四耕：《我国双语教学研究新进展》，载黄兰宁《学校双语课程》，广西教育出版社 2004 年版。

179. 杨永林：《社会语言学研究：功能·称谓·性别篇》，上海教育出版社 2004 年版。

180. 于国栋：《英汉语码转换的语用学研究》，山西人民出版社 2001 年版。

181. 于国栋：《语码转换的顺应性模式》，《当代语言学》2004 年第 1 期。

182. 余志鸿：《语言接触与语言结构的变异》，《民族语文》2000 年第 4 期。

183. 原一川、L. Lloyd、尚云、袁开春、黄炜：《云南少数民族学生英语学习动机与英语成绩关系实证研究》，《云南师范大学学报》2009 年第 1 期。

184. 雍琳、万明钢：《影响藏族大学生藏、汉文化认同的因素研究》，《心理与行为研究》2003 年第 1 期。

185. 曾华、寇福明：《新疆少数民族大学生英语学习动机探讨》，《新疆职业大学学报》2008 年第 4 期。

186. 曾丽：《儿童三语习得中元语言意识的发展对我国少数民族外语教育政策制定的启示》，《外语教学与研究》2011 年第 5 期。

187. 曾丽：《从"三语习得"视阈探讨我国少数民族地区的外语》，《民族教育研究》2012 年第 1 期。

188. 张春兴：《教育心理学》，浙江教育出版社 1998 年版。

189. 张大均：《教育心理学》，人民教育出版社 1999 年版。

190. 张海洋：《论中国的多元文化与和谐社会之三》，http：//www. myzx. cun. edu. cn/yanjiuchengguo/yanjiulunwen/20090409/207. html。

191. 张华龙：《课堂教学：从求真殿堂的膜拜到意义家园的营建》，《教育评论》2006 年第 5 期。

192. 张桂菊：《澳门回归后"三文四语"教育现状研究》，《比较教育研究》2009 年第 3 期。

193. 张克溪：《民族生学习外语的动机分析及改进策略》，《青海民族研究》2008 年第 2 期。

194. 张舒哲：《论学习困难的界定方法和基本类型》，《心理发展与教育》1994 年第 2 期。

195. 张天宝、姚辉：《当代西方学习风格研究概观：兼谈学习风格的研究价值》，《江西教育科研》1996 年第 4 期。

196. 张亚玲、郭德俊：《学习策略教学对学习动机的影响研究》，《心理科学》2001 年第 3 期。

197. 张贞爱：《少数民族多语人才资源开发与三种语言教育体系构建》，《延边大学学报》（社会科学版）2007 年第 6 期。

198. 张贞爱：《中国朝鲜族教育研究综述——作为第三语言教育研究》，《延边大学学报》（社会科学版）2008 年第 6 期。

199. 赵晓红：《大学英语阅读课教师话语的调查与分析》，《外语界》1998 年第 2 期。

200. 赵晶、陈传锋：《学习困难：概念演变、认知表现及其影响因素》，《心理研究》2010 年第 3 期。

201. 郑金洲：《教育文化学》，人民教育出版社 2000 年版。

202. 钟启泉：《"双语教学"之我见》，《全球教育展望》2003 年第 38 期。

203. 周健敏、赵风雨：《新课程背景下课堂社会的教师话语权探析》，《当代教育科学》2005 年第 14 期。

204. 朱崇先：《双语现象与中国少数民族双语教育体制和教学模式》，《民族教育研究》2003 年第 14 期。

205. 朱莉、杨雪姣：《少数民族学生英语成绩与学习动机、学习焦虑的实证研究》，《海外英语》2012 年第 1 期。

206. 朱效惠：《三语习得中语言迁移研究及其对双外语专业教学的启示》，《广东外语外贸大学学报》2008 年第 9 期。

207. 祝畹瑾：《社会语言学概论》，湖南教育出版社 1992 年版。

208. 祖述勋、刘志峰：《关于课堂生态系统特征的思考》，《教学与管理》2009 年第 8 期。